谢林著作集

先刚 主编

自然哲学体系初稿

Erster Entwurf eines Systems der Naturphilosophie

〔德〕谢林 著 施林青 译

图书在版编目（CIP）数据

自然哲学体系初稿 /（德）谢林著；施林青译. 北京：北京大学出版社，2024. 10. -- (谢林著作集). ISBN 978-7-301-35556-5

Ⅰ. B516.34

中国国家版本馆CIP数据核字第2024FM1497号

书　　　名	自然哲学体系初稿	
	ZIRAN ZHEXUE TIXI CHUGAO	
著作责任者	〔德〕谢　林（F.W.J.Schelling）著　施林青 译	
责 任 编 辑	王晨玉	
标 准 书 号	ISBN 978-7-301-35556-5	
出 版 发 行	北京大学出版社	
地　　　址	北京市海淀区成府路205号　100871	
网　　　址	http://www.pup.cn　新浪微博 @ 北京大学出版社	
电 子 邮 箱	编辑部 wsz@pup.cn　总编室 zpup@pup.cn	
电　　　话	邮购部 010-62752015　发行部 010-62750672	
	编辑部 010-62752025	
印 刷 者	北京中科印刷有限公司	
经 销 者	新华书店	
	890毫米×1240毫米　16开本　21印张　348千字	
	2024年10月第1版　2024年10月第1次印刷	
定　　　价	108.00元	

未经许可，不得以任何方式复制或抄袭本书之部分或全部内容。
版权所有，侵权必究
举报电话：010-62752024　电子邮箱：fd@pup.cn
图书如有印装质量问题，请与出版部联系，电话：010-62756370

目 录

中文版"谢林著作集"说明 ………………………………… 1
译者序 ……………………………………………………… 1

自然哲学体系初稿(1799) ………………………………… 1
自然哲学体系初稿导论(1799) ………………………… 247

人名索引 …………………………………………………… 303
主要译名对照 ……………………………………………… 306

中文版"谢林著作集"说明

如果从谢林于1794年发表第一部哲学著作《一般哲学的形式的可能性》算起,直至其1854年在写作《纯粹唯理论哲学述要》时去世,他的紧张曲折的哲学思考和创作毫无间断地延续了整整60年,这在整个哲学史里面都是一个罕见的情形。① 按照人们通常的理解,在德国古典哲学的整个"神圣家族"(康德—费希特—谢林—黑格尔)里面,谢林起着承前启后的关键作用。诚然,这个评价在某种程度上正确地评估了谢林在德国古典哲学的发展过程中的功绩和定位,但另一方面,它也暗含着贬低性的判断,即认为谢林哲学尚未达到它应有的完满性,因此仅仅是黑格尔哲学的一种铺垫和准备。这个判断忽略了一个基本事实,即在黑格尔逐渐登上哲学顶峰的过程中,谢林的哲学思考始终都处于与他齐头并进的状态,而且在黑格尔于1831年去世之后继续发展了二十多年。一直以来,虽然爱德华·冯·哈特曼(Eduard von Hartmann)和海德格尔(Martin Heidegger)等哲学家都曾经对"从康德到黑格尔"这个近乎僵化的思维模式提出过疑问,但真正在

---

① 详参先刚:《永恒与时间——谢林哲学研究》,第1章"谢林的哲学生涯",北京:商务印书馆,2008年,第4—43页。

这个领域里面给人们带来颠覆性认识的，乃是瓦尔特·舒尔茨（Walter Schulz）于1955年发表的里程碑式的巨著《德国唯心主义在谢林后期哲学中的终结》。① 从此以后，学界对于谢林的关注度和研究深度整整提高了一个档次，越来越多的学者都趋向于这样一个认识，即在某种意义上来说，谢林才是德国古典哲学或德国唯心主义的完成者和终结者。②

我们在这里无意对谢林和黑格尔这两位伟大的哲学家的历史地位妄加评判。因为我们深信，公正的评价必须而且只能立足于人们对于谢林哲学和黑格尔哲学乃至整个德国古典哲学全面而深入的认识。为此我们首先必须全面而深入地研究德国古典哲学的全部经典著作。进而，对于研究德国古典哲学的学者来说，无论他的重心是放在四大家的哪一位身上，如果他对于另外几位没有足够的了解，那么很难说他的研究能够多么准确而透彻。在这种情况下，对于中国学界来说，谢林著作的译介尤其是一项亟待补强的工作，因为无论对于康德、黑格尔还是对于费希特而言，我们都已经拥有其相对完备的中译著作，而相比之下，谢林著作的中译仍然处于非常匮乏的局面。有鉴于此，我们提出了中文版"谢林著作集"的翻译出版规划，希望以此推进我国学界对于谢林哲学乃至整个德国古典哲学的研究工作。

---

① Walter Schulz, *Die Vollendung des deutschen Idealismus in der Spätphilosophie Schellings*, Stuttgart 1955; zweite Auflage, Pfullingen 1975.

② 作为例子，我们在这里仅仅列出如下几部著作: Axel Hutter, *Geschichtliche Vernunft: Die Weiterführung der Kantischen Vernunftkritik in der Spätphilosophie Schellings*, Frankfurt am Main 1996; Christian Iber, *Subjektivität, Vernunft und ihre Kritik: Prager Vorlesungen über den Deutschen Idealismus*, Frankfurt am Main 1999; Walter Jaeschke und Andreas Arndt, *Die Klassische Deutsche Philosophie nach Kant: Systeme der reinen Vernunft und ihre Kritik (1785-1845)*, München 2012。

中文版"谢林著作集"所依据的德文底本是谢林去世之后不久，由他的儿子（K. F. A. Schelling）编辑整理，并由科塔出版社出版的十四卷本《谢林全集》（以下简称为"经典版"）。① "经典版"分为两个部分，第二部分（第11—14卷）首先出版，其内容是晚年谢林关于"神话哲学"和"天启哲学"的授课手稿，第一部分（第1—10卷）的内容则是谢林生前发表的全部著作及后期的一些手稿。自从这套全集出版以来，它一直都是谢林研究最为倚重的一个经典版本，目前学界在引用谢林原文的时候所遵循的规则也是以这套全集为准，比如"Ⅵ, 60"就是指所引文字出自"经典版"第六卷第60页。20世纪上半叶，曼弗雷德·施罗特（Manfred Schröter）为纪念谢林去世100周年，重新整理出版了"百周年纪念版"《谢林全集》。② 但从内容上来看，"百周年纪念版"完全是"经典版"的原版影印，只不过在篇章的编排顺序方面进行了重新调整，而且"百周年纪念版"的每一页都标注了"经典版"的对应页码。就此而言，无论人们是使用"百周年纪念版"还是继续使用"经典版"，本质上都没有任何差别。唯一需要指出的是，"百周年纪念版"相比"经典版"还是增加了新的一卷，即所谓的《遗著卷》（Nachlaßband）③，其中收录了谢林的《世界时代》1811年排印稿和1813年排印稿，以及另外一些相关的手稿片段。1985年，曼弗雷德·弗兰克（Manfred Frank）又编辑出版了一套六卷本《谢

---

① F. W. J. Schelling, *Sämtliche Werke*, Hrsg. von K. F. A. Schelling, Stuttgart und Augsburg: Cotta'sche Buchhandlung, 1856-1861.
② *Schellings Werke. Münchner Jubiläumsdruck, nach der Originalausgabe (1856-1861) in neuer Anordnung*, Hrsg. von Manfred Schröter, München 1927-1954.
③ F. W. J. Schelling, *Die Weltalter: Fragmente. In den Urfassungen von 1811 und 1813*, Hrsg. von Manfred Schröter, München: Biederstein Verlag und Leibniz Verlag 1946.

林选集》①，其选取的内容仍然是"经典版"的原版影印。这套《谢林选集》因为价格实惠，而且基本上把谢林的最重要的著作都收录其中，所以广受欢迎。虽然自1976年起，德国巴伐利亚科学院启动了四十卷本"历史—考据版"《谢林全集》②的编辑工作，但由于这项工作的进展非常缓慢（目前仅仅出版了谢林1801年之前的著作），而且其重心是放在版本考据等方面，所以对于严格意义上的哲学研究来说暂时没有很大的影响。总的说来，"经典版"直到今天都仍然是谢林著作的最权威和最重要的版本，在谢林研究中占据着不可取代的地位，因此我们把它当作中文版"谢林著作集"的底本，这是一个稳妥可靠的做法。

目前我国学界已经有许多"全集"翻译项目，相比这些项目，中文版"谢林著作集"的主要宗旨不在于追求大而全，而是希望在基本覆盖谢林各个时期的著述的前提下，挑选其中最重要和最具有代表性的著作，陆续翻译出版，力争做成一套较完备的精品集。从我们的现有规划来看，中文版"谢林著作集"也已经有二十二卷的规模，而如果这项工作进展顺利的话，我们还会在这个基础上陆续推出更多的卷册（尤其是最近几十年来整理出版的晚年谢林的各种手稿）。也就是说，中文版"谢林著作集"将是一项长期的开放性的工作，在这个过程中，我们也希望得到学界同人的更多支持。

---

① F. W. J. Schelling, *Ausgewählte Schriften in 6 Bänden*, Hrsg. von Manfred Frank, Frankfurt am Main: Suhrkamp 1985.
② F. W. J. Schelling, *Historisch-kritische Ausgabe, im Auftrag der Schelling-Kommission der Bayerischen Akademie der Wissenschaften*, Hrsg. von Jörg Jantzen, Thomas Buchheim, Jochem Hennigfeld, Wilhelm G. Jacobs und Siegbert Peetz, Stuttgart-Band Cannstatt: Frommann-Holzboog 1976 ff.

本丛书得到了国家社科基金项目"德国唯心论在费希特、谢林和黑格尔哲学体系中的不同终结方案研究"(项目批准号20BZX088)的支持,在此表示感谢。

先 刚
北京大学外国哲学研究所
北京大学美学与美育研究中心

译者序

本卷为汉译"谢林著作集"第四卷，主要内容来自"谢林全集"的第III卷。本卷由两个文本构成，其中《自然哲学体系初稿》（以下简称《初稿》）在1798年、1799年就已经作为讲稿印发给耶拿的听众了。拜访歌德之后，谢林在耶拿大学为冬季学期开设了两门课程，一门是自然哲学，另一门是先验唯心论。1798年11月，谢林将这些讲稿汇集并寄给了歌德，在1799年3月完成所有写作。《初稿》初版于1799年，中译本参照的是由谢林儿子组织出版的全集版，这一版中除了初版内容之外，还添加了谢林的一份手稿，其中不仅包含对正文内容的补充解释，还有大量翔实的脚注，不乏谢林对最新自然科学进展的关注和对初版所获评论的回应。根据历史-考据版的考证，这份手稿很可能完成于1799年。另一个文本《自然哲学体系初稿导论或论思辨物理学的概念以及这门科学之体系的内在有机体》（以下简称《导论》），是谢林在完成《初稿》后写就，同样完成于1799年。

这两个文本延续了谢林在《一种自然哲学的理念》（*Ideen zu einer Philosophie der Natur*, 1797）和《论世界灵魂》（*Von der Weltseele*, 1798）中逐步形成的自然观：将自然视为一个有机体整体，而非自然事物的机械性堆积，无机自然、有机自然以及它们的关系都必须在一个共同的"世界灵魂"的古老概念之下被把握。这些观点让谢林迅速在哲学圈内崭露头角，也引领了德国大学，尤其是耶拿大学的自然哲学研究热潮。不断兴起的具有跨学科性质的科学社团和学术杂志在讨论和交战中引介了自然科学的新尝试，将法国和荷兰最新的病理学和生理学进展带入德语学界，促使谢林进一步讨论有机体和有机自然的概念，明确自然哲学作为一门严格意义上的科学所要面对的任务和界限。《初稿》和《导论》的写作都是围绕这一目标展开的。

《初稿》以一种清晰的、体系性更强的结构呈现了自然哲学的理念：

第一章围绕自然的有机属性展开，强调自然必须以有机的方式来生产它的原初产物。谢林预设了自然中的生产性东西和原初的二元性作为解释自然的起点。原初生产力出于自身内部的二元性在不同层面受阻形成产物，因此无尽的质和形态无非"同一个绝对有机体的不同发展的阶段"（III, 33）。哲学的任务就是对每一种物质背后的自然进程进行先天的演绎。谢林使用内演（die Involution）这个概念来指称这种原初的构形过程，它区别于绝对的演化（die Evolution）进程，是一切演化进程的开端和前提。在这个基础上，谢林围绕有机体的接受性和活动，讨论有机自然与无机自然的关系，这是《初稿》的重点内容。

第二章以无机自然为研究对象。谢林从物质团块和重力的本质开始讨论，物质要能组成团块和更大范围的整体，就必须以某个共同之处为条件，无机产物的体量和范围逐级上升，就引出了普遍世界构形的必要性。谢林认为，这种普遍构形无非是宇宙有机体在万有引力体系中的演进，"宇宙无非一个原初综合的发展"（III, 127）。这个进程的现象除了重力以外，还包含了光、电和化学活动，化学进程又已经部分进入了有机自然的领域中。这一章继承了《一种自然哲学的理念》和《论世界灵魂》中的很多命题，可以相互佐证。

第一章和第二章分别呈现了有机自然和无机自然的动态阶序（Stufenfolge），也已经准备了诸如"原初二元性"和"宇宙有机体"这样的概念。但正如谢林在《导论》中强调的，《初稿》的论述是从对最高本原的设定开始的。第一章和第二章中论及的生产力与产物的同一性实际上是被绝对预设下来的，因为没有任何更高的东西能够作为它们的解释条件。从最高的预设出发，第一章和第二章得出的普遍命题也具有假设性。尽管这些关于受阻和再生产的命题对于解释体系的内在有机体是必要的，但哲学演绎不能满足于假设性的真理。谢林指出："如果没有给有机自然和无机自然建构出一种共同的表达，那么有机自然和无机自然就都得不到解释，但这种表达只有通过综合的部分才是可能的。"（III, 305-306）《初稿》的第三章相对于前两章而言就是一个更高的综合，这一章重新处理了无机自然与有机自然的关系这一问题。在《导论》中，谢林也将其表述为一门思辨物理学的最高任务：将有机产物和无机产物的建构带入一种共同的表述中。

有机自然与无机自然的关系问题表现为一组辩证关系。一方面，由于构形在不同的阶段受阻形成特定的产物，有机的、活生生的自然与僵死的自然应当有实在的区分，这也能够从经验中获得佐证。另一方面，有机自然的特征之一就在于能够在特定范围内接受外部的刺激并做出反应，因此有机自然应当能够与无机自然接触并发生关联。个别的有机体同时处于两个自然、两个世界之中，显现为有生命的、个体性的存在者。按照第一章已经得出的结论，有机功能的序列构成了有机自然的动态阶序,因此对上述辩证关系的讨论就集中为对有机体生命功能和过程的构建。

《初稿》相对于《论世界灵魂》的推进就在于,谢林肯定并强调了布朗和布朗主义者对应激性概念的发现,应激性概念刻画了有机体在外部环境的刺激之下做出的有机活动,也同意应激性概念是生命过程与化学反应的区别点。但同时谢林也指出,布朗的问题在于无法从一个更高的角度推出应激性概念,也就是无法解释为什么有机体具有应激性和伴随而来的生命功能。按照谢林的演绎,虽然有机体的应激性以外部刺激为条件,但其本身的可激发性(die Erregbarkeit)才是真正的原因。有机体之所以是可以被激发的,是因为有机体同样在自身之中具有必然的、原初的二重性。有机体在自身之中同时具有接受性的部分和活动的部分,换言之,有机体中同时具有作为客体的有机体和作为主体的有机体。有机体就自身而言就是敏感的,应激性是这种内在敏感性(die Sensibilität)的外在表现。而外部环境的影响并不是直接作用于有机活动的,外部刺激的唯一功能是在有机体中重建二重性(敏感性),有机体进一步的生命功能也建立在敏感性—应激性这组概念上。有机自然与无机自然共享原初的构形力量,区别在于,无机自然的构形力量是盲目的,它不加挑选地接受一切外部环境的影响,形成我们在第二章看到的物质团块;而有机体的构形力量却经过了敏感性和应激性的中介,为自己确定了一个接受性的范围,盲目的构形力量在这个范围内成了构形本能或所谓的生产力。有机体在不断的激发过程中更新自身,这就是有机体的营养过程,直到有机体完成性别的分化和生殖活动,有机的循环才终于结束。此外,《初稿》中还包含对有机体的器官、功能乃至特殊本能(例如动物的艺术本能)的详尽论述。在所有生命功能中，生产力是最普遍的，也是最容易被观察的，应激性相对而言少见，敏感性则是最为内在的，也是无法在经验层面被直接观察的。

在有机体的这个应激模式中我们可以看到费希特哲学对谢林的影响，二重性与同一性、接受性与活动、主体与客体统一在有机体中，有机体的主动性得到了高扬，有机自然对无机自然的优先性也被进一步确认。与其说有机自然是进化的无机自然，不如说无机自然是沉睡的有机自然。在谢林的设想中，一旦我们掌握了有机自然与无机自然的共同表述，就能从更高的综合的角度演绎出它们各自的真理。与有机自然中的生命过程相对应的就是无机世界中的化学过程，在谢林看来，所有的化学过程本质上都是燃烧过程，都可以导向元素的相互过渡和无限的同质性。因此，"对自然的普遍表述是：二重性中的同一性和同一性中的二重性"（III，251）。

《初稿》基本上遵循了经典的演绎方法，从对绝对生产力和宇宙有机体的预设开始，推出有机自然与无机自然的综合。《初稿》是谢林早期自然哲学中最为成熟完备的一个版本，虽然名为初稿，但重点应当落于"体系"二字。当谢林使用体系这一概念时，其含义往往与"有机体"概念相关，因此《导论》又将体系称为内在有机体，强调的是部分隶属于整体，以整体为前提这一特点。对有机体的这种定义并非谢林首创，而是延续了康德的第三批判。但谢林对体系的要求不仅是形式上的，也是内容上的。形式上，《初稿》的前两章应当以第三章的综合为前提。对体系的形式必然性的追求与其内容也是相符的，谢林要求将传统的自然历史提升为自然体系。自然历史（die Naturgeschichte）是通过对自然现象的观察和描述所得到的对自然之渐进变化的知识，我们现在熟悉的自然科学（die Naturwissenschaft）概念则是在1790年之后才逐渐兴起的。作为一门科学的自然体系，它试图重现自然本身的构形过程，因此谢林也在多处强调自己对自然对象所做的工作并不是单纯的分析和解释，而是一种先天的建构（die Konstruktion），目的是摆脱对经验的依赖。在《一种自然哲学的理念》中谢林就已经主题化地处理了物质的建构。在那里谢林参考了康德用吸引力和排斥力来建构物质运动的动力学方案，但也对这套动力学方案提出了疑问，因为它既不能解释质的特殊性，也不能解释物质之间的万有引力体系。《初稿》提出原初的分化是一切物质建构的前提，如果要将原初的对立固定在某个产物中，就需要超出产物的第三种力，因此谢林主张重力是不同于吸引力和排斥力的第三种力。更重要的是，无论有机物质还是无机物质都以原初的二重性为条件，因此对自然的建构必须以体系性的方式来进行。

为了更进一步地说明自然哲学作为一门体系性科学的定义和界限，谢林又写作了《导论》，后者站在一个全景式的角度上，说明自然哲学的方法论以及自然哲学与其他科学体系的关系。对自然哲学来说，最需要回应的问题之一就是自然哲学在什么意义上可以是一门严肃科学。从经验科学的立场来看，自然哲学对"作为主体的自然""生产性的自然"（natura naturans）的主张纯粹是观念性的。一些科学家甚至将这种观点庸俗化，将自然设想为某种主观意识，来强行解释自然现象中的某种合目的性。谢林以艺术本能为例回击了这种观点，拒绝凭借粗糙的类比将某种理性的类似物安置在动物身上。

针对那些更为严肃的批评，谢林认为有必要澄清自然哲学的认识论前提。在意识活动中，生产性的直观负责把握绵延和连续性，原初反思负责把握分离和断裂，动力学物理学体系基于直观，原子论物理学体系则基于反思。在《一种自然哲学的理念》中谢林曾经批评过单纯的反思是人的精神疾病，并且是所有疾病中最危险的那个（II, 72）。人原初地处于力与意识的平衡中，人可以自由地打破这种平衡并将反思作为工具，但目的是重新回到平衡。《初稿》和《导论》对人的思辨能力有了更积极的评价，自然哲学以思辨的方式从自然的二重性内核出发构建自然，需要的是"构建出一种对观念性无限的经验性呈现"（III, 290），它的任务区别于其他所有物理学体系，它为一切物质设定最简单的观念性根据，将直观和反思的立场综合在自身之中，并且将这种建构延续到有机自然的领域内。物质的原初建构发展为向着无差别点的二次建构，我们可以看到，不仅仅自然哲学的方法是建构性的，自然的产物本身也在生产力与产物的二元格局中自行进行着阶段性的自身建构，正如谢林所言，"这里存在着从正题到反题再到综合的一个发展进程"（III, 317）。自然哲学将自然的构形过程建构为三个潜能阶次，并且得出结论，自然作为一个整体来看是绝对有机的。同时，自然作为原初生产性的自然在有机和无机之间摇摆。思辨物理学作为一门科学的有效性在于，自然在建构自身的同时揭示着它的秘密，自然是朝着无差别点的持续努力，它自身之中的矛盾是一切变动和生命的前提，形式与内容、对象与方法的统一都保证了自然哲学有可能通过思辨来窥探自然的秘密。在《论世界灵魂》中，谢林已经论及理性的纽带和无限者之中的纽带，前者是对后者的一种有限的表达，是后者的观念性摹本。现在，建构的哲学方法为两者之间的关系给出了更具科学性的解释，所谓的纽带就是无差别点，自然的原初力量和思辨活动都是朝向无差别点的努力，普遍有机体的生命进程作为一个整体将它们包揽在自身之中。

谢林在《导论》中将"作为主体的自然"作为一切自然的最终表述，这个表述在日后也并没有被放弃。谢林为自然哲学建构出的体系并没有将自由排除在外，自然哲学的目的就是要将自然从僵死的机械论中解救出来——作为无条件者的自然一定为自由保留了位置。构形本能中本身就包含着自由，自然的力量在自由和束缚之间摇摆，最终自由和必然性必然地统一在产物之中，这在有机个体相对于种而言的偶然性中体现得尤为明显。

对这部《初稿》及其《导论》的解读可以是多样的，我们可以将它视作早期自然哲学的成熟版本，也可以将其视为走向同一性哲学的必经之路，但无论何种解读都必须建立在对自然哲学之体系性的充分理解之上。日后那些对自然哲学的"清算"往往只是在看到了早期自然哲学中一些与实验科学相悖的经验性命题，就迫不及待地将其贬斥为"伪科学"，这并没有公正地对待谢林对自然哲学任务的体系性论述。20世纪90年代，德国学界重新严肃对待谢林自然哲学的历史价值，将其安放在德国唯心论的发展历程之中，也从接受史的角度积极评价自然哲学对现代医学和生物学的启迪。近来，英文学界也开始重新发现自然哲学的思想意义。请允许我引用伊恩·格兰特在他独具创见的著作《谢林之后的自然哲学》(*Philosophies of Nature after Schelling*, 2008)中对谢林式的自然哲学的论断来结束这篇简略的序言，"每当哲学超出康德影响下的形而上学批判、主观认识论的先验主义以及物理学与形而上学的割裂时，谢林主义就会复活"。

自然哲学体系初稿

1799

F. W. J. Schelling, *Erster Entwurf eines Systems der Naturphilosophie*, in ders. *Sämtliche Werke*, Band III, S. 1-268. Stuttgart und Augsburg 1856-1861.

前　言

对于像本书这样仅仅为了指导讲座而写的作品，不能提出对那种原本就面向大众的作品一样的要求。

这部作品之所以被称为**《初稿》**，是因为在它之前不存在任何这种类型的尝试——因为还没有人**敢于**为**动力学**哲学做出**勒·萨奇**为**机械论**哲学**做过**的事情。

作者对他的事业的规模估计过高，以至于现在这部作品（距离建立起**体系本身**还很遥远）**只是**为初稿做了一个公告。

因此他只要求一点：读者在做出判断时请记得，节目尚未完全呈现。如果不了解自然哲学或思辨物理学对作者意味着什么，是不太可能做出判断的。如果一定要下判断，那么请他等候作者的解释，作者将在短时间内通过一篇专门的文章来讨论**思辨物理学的基础和内在有机体**。——不过以下大纲可以替代导论。

于耶拿，1799年，3月20日。

大　纲

第　章
证明自然在其原初产物中是有机的

I. 对自然进行哲学思考几乎意味着对自然的创造，因此必须首先找到自然可以被设定为**变化**的那个点（第11—13页①）。

为了使无限的（就它是理念性的而言）生产活动成为现实的活动，它必须被抑制，被**延缓**。但由于活动是原初无限的，即使它被抑制，也不可能导致有限的产物。假使得到这样的有限产物，也只可能是**伪产物**（das Scheinprodukt）。也就是说，在每一个这样的产物中都必然存在着重新进入无限发展的倾向，每一个这样的产物都可能再次分化为多个产物（第1—20页）。

II.III. 因此我们的分析不能停留在任何仍然是**产物**的东西上，只能针对纯粹的**生产性东西**。只有这个绝对的生产性东西（它不再有任何载体，因为它本身是所有基底的载体）是全部分析的绝对阻

---

① 这个大纲里提到的页码都是指德文原著的页码，即本书的边码。——译者注

碍，而分析（经验）恰恰不可能抵达它。它必须被**直截了当地**设定在自然中，它是全部自然哲学的第一**假设**。——它必须是（机械的和化学的）自然中那个**不可被克服的东西**；这样一来就只能被设想为一切**原初**质料的原因（第19页）。我们用**简单活动**的概念来描述这个绝对的生产性东西。——（一门动力原子论的原则）——（第22页及以下）。

在作为客体的自然之中，一个无限的产物自身进展着。如果真的要设想一种绝对的分析，那么就必须设想无尽杂多的简单活动，它们是自然的诸元素，也是全部物质建构的元素（第20页）。

（这里必须要提醒的是，在自然之中无法达到这样绝对的分析，因为那些简单活动仅仅是物质的理念性因素。）

然而这些简单的活动只能通过由它们产生的原初**形象**（die Figur）彼此区分开来（在这一点上我们认同原子论者。但是，由于存在着一般的、将自然作为产物维系起来的强制组合力［第34页］，因此绝对的演化并不会发生，在这一点上我们是反对原子论者的）。①简单的活动必须被设想为取消自身的、**相互把握的**（聚合，第29页以下）。这种相互把握的原初产物是**原初的流体**——它是绝对**不可组合者**（das Incomponibel），也恰恰是绝对可分解者（das Decomponibel）。——对热、电及光现象的观点（第34—36页）。——按照这一原则，自然中的全部个体性，即全部产物都会被

---

① 如果人们将自然视为**真实的**，并且不是通过进展，而是通过**综合**产生的（一个人如果站在经验的立场上，就只能这样看待自然），那么原子论是必然的，只不过有机械论的和动力学的之分。——先验地来看，事情完全是另一种模样，思辨物理学最终就是要提升到先验的视角上。

取消。但这是不可能的。因此，在**自然**中必须存在着均势，物质因此从另一面沦为绝对**不可分解者**（das Indecomponibel）。[①]但这也是不可能的，因为这样一来，那个均势就同时也是绝对**可组合者**。——自然不可能迷失在一个极端或另一个极端中。自然在其原初状态是两个极端的中间者（第39页）。

自然被观察到的最原初状态就是造型的状态。——自然等同于产物从一个型态向另一个型态过渡，虽然是按照一定秩序发生的，但如果没有对**构形**（die Bildung）的绝对**阻碍**就仍然无法得到特定的产物。——我们将要证明，只有构形本能自身朝着对立的方向分化，才能设想对构形的阻碍，这在更深的层面上体现为**性别差异**（第44页）。

为确保自然之中各个不同发展阶段的持久性所给出的证明（第44页及以下）。

但是所有这些不同的产物等同于**在不同的层面受阻的同一个产物**，是对**一个原初理想**的种种偏离。从自然中各个动态阶序的连续性出发所作的**证明**（第63页及以下），由此得出整个自然哲学的基本任务：**推导出自然中的动态阶序**。

IV. 在自然中被设定的是个体性的产物，但自然却指向**普遍**的有机体。——自然与全部个体性的抗争。

对**全部有机物中接受性与活动之间必然的交互规定的演绎**（有机物被进一步呈现为可激发性）（第73页），然后在以下两个对立体系中取消这一交互规定：

[①] 对不可组合者、可分解者和不可分解者的翻译参考 *Schellings Leben, Werke und Lehre*, Kuno Fischer, 1902。——译者注

a) 化学生理学的体系，只在有机体中设定了单纯的接受性（没有主体）。

b) 另一个体系，其中有机体中被设定为一种绝对的活动（不经过接受性的中介）、一种绝对的生命的力（第81页）。

对以上两个体系的统一（第79页及以下）。

但如果接受性作为活动的必要中介者被设定在有机体中，那么在有机体自身之中就存在着与之相对立的、**无机的**世界，后者对有机体产生特定的影响。但是，正因为这个无机的世界是特定的（不可变的），它自身也必然受到外部的影响（仿佛处于受迫状态），以便与有机的世界一起共同构形出一个**内在的东西**（das Inneres）。

应当从无机世界的条件出发，一般地推演出上述内容。

第二章
对无机自然的条件的演绎

对纯粹并列、纯粹外在于彼此的可能性的演绎（第94页）。这种关系只能被设想为朝向内在于彼此的倾向，因此需要预设一个原因来支持这一倾向。

a) 对一般的重力的演绎（第94—95页）。对立的体系是：吸引力的机械论体系和形而上学体系（第98—104页）。从二者中得出的第三者：物理吸引力的体系，从普遍世界构形的理论中推演而来（第104—126页）。

b) 在自然中，与一般的重力同时存在的是一般的**嵌套**倾向。假定存在着**现实的**嵌套，那么重力的活动就只是第一个推动力；为了使其成为现实的，就还需要一种不同的活动。——我们需要在自然中指明这一点（第128页）。

证明，特定范围内的全部化学过程的原则不再是这一范围的产物，而是更高范围的产物（对氧的演绎，第129—131页）。——结论是，每一个较低范围内的化学过程中的肯定性活动都必然走向更高的范围。

证明，在被我们认识到的那部分宇宙中，光是更高阶的天体对次级天体施加动态活动时的现象（燃烧＝对立的亲和性范围之间的彼此过渡，第131—136页）。

c) 对活动中一切地球物质所具有的对立关系的演绎——物体之间的**电**的关系。电的过程与化学过程之间的差别。在一个过程中被直接把握的原则，间接规定了另一个过程的原则（第140—142页）。

III, 8

d) 重力活动与化学活动之间的关系（第143页及以下）。

第三章
有机自然与无机自然之间的交互规定

I. 表达有机体与无机世界的关联的最高概念就是**可激发性**概念。——因此二重性被设定在有机体中，并且是从宇宙的一般有机体中推演而来的（第144—148页）。

对立的两个体系将有机体设定为单纯的客体或单纯的主体，两个体系在第三者中被完全统一，它将有机体设定为**应激的**（第148页及以下）。——对可激发性**原因**的推演，可激发性以二重性为条件，就倾向而言是化学性的，正因如此原初地并不是化学性的，以此为根据**对一种更高的动态过程**（与生命过程是同一个）**的可能性**的完整证明，这一过程本身虽然不是化学性的，但它和化学过程具有同样的原因和条件（—154页）。

II. 从可激发性的概念中推演出个别的有机功能。

a）由于可激发性以二重性为前提，二重性的原因不能又是可激发性的原因。因此需要假设一个原因，它不再**预设**二重性，而是作为有机活动的源泉的敏感性的原因（—160页）。

b）以它为源泉的活动的规定性，以及这个活动（在电化过程中）的条件—— **应激性**（—170页）。

c）这个活动消散在产物中 —— 生产力及其所有分支（营养第172—174页，分泌第175—178页，生长第179页，艺术本能［普遍的动物本能］第180—191页，变态、繁殖本能第191—194页）。

III. 从前文得出的结论。

a）有机的功能一个下属于另一个，就它们在个体和整个有机自然之中的**显现**（出现）而言它们是彼此**对立**的。

b）这种对立（因为较高的因素通过占据优势来挤压较低的因素）在自然中奠基了一个**动态的阶序**。

c）对这个动态阶序的证明（第194—196页）

　　aa）敏感性和应激性之间的交互规定（第196—203页），

　　bb）敏感性和生产力之间的交互规定（第203—204页），

　　cc）应激性和生产力之间的交互规定（—205页），在整个有机自然中。

推论： 同一个产物从敏感性的最高阶段出发，最终迷失在植物的再生产力中。

证明,统治普遍自然和无机自然的动态阶序,和有机自然中的动态阶序是同一个(第207—220页)。

这个动态阶序的普遍图示

有机的,	普遍的,	无机的自然。
构型本能,	光,	化学过程,
应激性,	电,	电过程,
敏感性,	磁的原因?	磁?

d) **自然哲学的最高任务**:什么原因使得从自然的普遍统一性中创造出最初的二重性(所有其他的对立都只是这个二重性的后裔)(第220页)。

(第三章的**附录**,疾病的理论,从自然的动态阶序中推演而来,第220—239页。)

IV. 不仅是有机体的下属功能,还包括与这些功能相对应的普遍力量(电,化学过程)都以一种原初的异质性为前提 —— 对这一问题的解答(原初一致性的原因是什么?)也同时是化学过程的理论,反之亦然。

第四章

化学过程的普遍理论(第240—261页)。

a) **化学过程的概念**(第240—241页)。

b) **化学过程的物质性条件**。—— 证明,只有一个对立统治着化学和电的过程（第242—249页）。

c）由于所有化学的（以及电的）过程都经过**那一个最初的**异质性的中介，因此这个异质性对普遍自然而言具有的功能，就是敏感性对有机自然而言具有的功能。—— 完整的证明，**磁性**对普遍自然而言，正如敏感性对有机自然而言，宇宙的所有**动态**力量都下属于磁性，正如所有有机力量都下属于敏感性 —— 磁性在无机自然中是普遍的（只在为了**显现**的情况下被取消），正如敏感性在有机自然中是普遍的。—— 结论是敏感性和磁性作为最终原因的同一性（—257页）。

d）对化学过程和动态动态过程的完整建构（第257—261页）。

aa）只有当**同质的**东西**在自身之中**二分时，异质物体之间的嵌套才是可能的，因此同质的状态不是**绝对的**，只是**无差别状态**。为了解释这一点，必须假设在宇宙中存在一种从产物蔓延到产物的普遍效应，它是通过（磁性的）分布发生的，是一切质的普遍规定者（因此磁性必须被假设是普遍的）（—260页）。

bb）进一步来看，为了在个别的动态范围内引入异质性，并借此带来取消动态无差别状态的可能性 —— 较高和较低的亲和性范围之间的**传递**（以光为媒介，—261页）。后者给出了动态过程（异质性）的**外在**条件，前者给出了**内部**条件（**同质性东西自身内的二分**）。

V. 现在推演出的**动态有机体**以宇宙框架为前提。

对三种力量的演绎，宇宙的演化以这些力量为条件（以自然之中的**原初二重性**为条件），

扩张的力,

延缓的力以及

重力,

仅凭它们(彼此独立地)就使得自然,作为一个对时间和空间的每个环节都确定的产物得以可能,使得实在的**物质建构**得以可能(第261—268页)。

第一章
证明自然在其原初产物中是有机的

I.

一个东西若要成为哲学的对象,它就必须也被视为绝对**无条件的**。问题是,我们在多大程度上能将**无条件性**归给自然。

(1)首先我们必须尝试确保无条件者的概念:为此我们需要一些被先验哲学预设为已知的命题。

第一个命题:我们不能在任何一个个别的物中寻找无条件者,也不能在任何人们称其存在的东西中找到。因为凡是存在的东西,都只是部分地存在,因此只是存在的一个个别形式或种类。—— 反过来,我们也绝不能说无条件者存在。因为无条件者是存在本身,它不在任何有限的产物中完全现身,因此所有个别的物仿佛只是对无条件者的一种特殊表达。

阐释:这个命题的内容是普遍有效的,每一门科学中的无条件者都符合这一命题。虽然说只有先验哲学将自己提升到了人类知识的绝对无条件者,但它还必须证明,只要是一门**科学**就有其无条件者。上述命题对自然哲学而言也是有效的;"自然的无条件者不可能在任何个别的、**严格意义上的**自然物中被找到";存在的**本原**在每一个自然物中启示自身，但它**本身并不存在**。—— 由于完全无法用存在这一谓词来设想无条件者，因此可以得出，无条件者作为存在的本原并不能分有任何更高的存在。所有存在的东西仿佛只是无条件者的颜色，因此无条件者自身 —— 正如光不需要更高层级的光来成为可见的 —— 完全通过自身显现。

然而对于先验哲学而言，什么是存在本身呢（所有个别的存在都只是一个特殊的形式）？按照先验哲学的原则，所有存在的东西都是精神的建构，那么**存在本身**只能是**建构活动本身**。因为建构只能被设想为一种活动，存在本身只能是最高的、进行建构的活动，这种活动永远不会是客体，而是所有客观东西的本原。

这样看来先验哲学并不知晓原初的存在。①因为如果**存在本身**只是**活动**，个别的存在就只能被看作原初活动的一个特定的形式或者一种限制。—— **自然哲学**中的**存在**也应当是不那么原初的存在，

"**一种原初的存在概念应当从自然哲学中**（正如从先验哲学中）**被彻底剔除出去**"。

这句话想说的无非是："自然应当被视为无条件的。"②

在普遍共识中，自然只是全部存在的总和③；如果不能在存在的

---

① 即**自在的存在**。——谢林手稿中的注释

这一处的注释，以及接下来的所有注释（少数例外会被指出），取自作者讲课时所用手稿。为了简洁起见，文本中【】括号内的内容也来自同一来源。—— 原编者注

② 自然哲学家处理自然正如先验哲学家处理自我。因此对自然哲学家而言，自然就是一个无条件者。但如果我们从自然的客观存在出发的话，自然就不可能是无条件者。客观存在在先验哲学中的并不是原初的东西，在自然哲学中亦然。——谢林手稿中的注释

③ 于是自然就被视为客体了。——谢林手稿中的注释

概念本身之中发现自由的踪迹，自然是不可能被视为无条件者的。①因此我们认为：（自然之中的）全部个别东西都只是存在的一个形式，而**存在本身**等同于绝对活动。既然存在本身等同于绝对活动，那么**个别的**存在也不可能是对活动的绝对**否定**。但我们必须用存在这个谓词来思维自然的产物。然而，从更高的立场来看，这个存在本身只是一个**持续生效的**②**自然活动**，它逐渐消失在它的产物中。——可是对我们而言，自然中原初地并不存在任何**个别的存在**（作为生成的产物），否则我们的工作就不是哲学而是经验论了。——我们必须在**起源**处洞察**客体**所是。因此首先要明确的是，所有在自然中存在的东西，以及**作为存在**总和的自然本身，对我们而言根本不是业已存在的。对自然进行哲学思考就意味着**创造**出自然。每一个活动都在其产物中死亡，因为活动就到这个产物为止。我们并不认识**作为产物的自然**。我们认识的只有**活动着**的自然——因为我们只能对可以活动的对象进行哲学思考。对自然进行哲学思考意味着，将自然从囚禁它的、僵死的机械论中拯救出来，使它富有自由的生机、得以自由的发展。换句话说，就是让**自己**摆脱那种普通观点，后者在自然之中只看到了活动中发生了什么，至多将活动看成是事实，而没能将活动看成活动本身。③

（2）第一个问题是如何将无条件性归给自然，我们的回答是，

III, 14

---

① 如果存在的概念自身之中没有一个更高的概念，即活动概念的痕迹。——谢林手稿中的注释
② 均匀生效的。——谢林手稿中的注释
③ 自然的原初生产力消失于关于产物的普通观点中。对我们而言，产物必须消失于生产力中。——谢林手稿中的注释

自然必须被视为**绝对活动的**。但是这个回答驱使我们走向一个新的问题：自然如何能够被视为绝对活动的。换言之：**如果整个自然是绝对活动的，它将凭借怎样的光线向我们如是显现？**

为了回答这个问题，下面这个命题就必须为我们所用。

第二个命题：绝对活动不能通过有限产物，只能通过无限产物显现。

阐释： 自然哲学如果不想沦为概念的空洞游戏，就必须为它的所有概念指明其对应物。那么问题就是，如果在自然中存在着一个绝对的活动，它要如何以经验的方式、在有限者中显示自身。

无限者在有限者中显示自身的可能性——这是全部科学的最高问题。

下属的科学在**特殊的情况**下解决这一问题。先验科学则应当在最高的**普遍性**中解决这一问题。——问题的解决将毫无疑问地带来以下后果。

一种假象萦绕在所有科学对无限者的研究中，这是无限者概念的歧义所导致的。——**经验的无限者**只是**绝对（理智）的无限者**的外在直观，对无限者的直观原初地存在于我们之中，但如果不经由外在的、经验的显现就永远不会进入意识之中；对此的证明是，对绝对者的直观是在经验的无限序列为想象力所否定时发生的，（**"我把它们抹去，而你就呈现在我面前"**）①。当只有有限者可以

---

① 这行诗句出自瑞士诗人哈勒（Albrecht von Haller，1708—1777）于1736年所作的《论永恒的未完成诗》（"Unvollkommenes Gedicht über die Ewigkeit"），收入 *Hallers Gedichte*, hrsg. von Ludwig Hirzel (*Bibliothek älterer Schriftwerke der deutschen Schweiz, Bd. 3, 1882*), S.151。康德在《万物之终结》一文中也从这首作品中引用了三行诗句，以表达将永恒视为量的绵延不绝，这种观点实际上带来了时间的终结。——译者注

被外在地直观到时,无限者就完全不会呈现在外在直观中,只能呈现为一种永远不会完成的**有限性**,因此这种有限性**本身就是无限的**。换言之,无限者只能呈现为**无限的转变**①,那么对无限者的直观就不会发生在任何个别的环节中,而是应当在一个无限的进展中**被生成** —— 这样的进展是想象力无法承担的,因此,理性被迫作出决定,要么取消这个序列②,要么像数学家假设一个数量无限大或无限小时那样,假设这个序列有一个理想中的界限,然而,这个边界被推得很远,以至于在实际使用中,人们永远无法超越它。

如果无限序列只是**原初**无限性的一种外在呈现,人们应当如何表象它呢?人们是否应该相信,无限序列中的无限者是通过**组合**生成的;又或者人们必须将这样的序列表象为一个在**连续性**中无限流动的功能? —— 在数学中量的无限序列是被组合起来的,这并不能证明那个假设。(数学里的)所有个别序列仅仅是对**原初无限**序列的模仿,原初无限序列并不产生于**组合**,而是产生于**演化**,这种演化**在起点处**便已经是**无限**的、贯穿整个序列的量;整个无限性都原初地浓缩在这一个量上,序列中的前后相继仅仅意味着个别的受阻③,那个量在无限序列(无限空间)中的拓展被持续设限,否则就会以无限大的速度拓展而不会成为**任何现实的直观**。

因此**经验的无限性**的真正概念是**无限进展并受阻**的活动概

---

① 通过允许发生变化(das Werdenlassen)。——谢林手稿中的注释
② 一旦序列被取消,留下的就只是我们的一种趋向于无限的感受 —— 它进入直观就表现为诗人的表达。现在我们已经明了,所有的无限性实际上原初地就存在于我们自身之中。——谢林手稿中的注释
③ 通过反思。——谢林手稿中的注释

念①；如果活动不是无限流动的，如果描述活动的线不在它的每一个点上仍然具有完整的无限性，活动又怎么会无限受阻呢？

自然哲学的推论

第一推论：既然自然是绝对活动，活动就必须显现为无限受阻的。②（因为自然绝对地是活动的，因此受阻的原初根据仍然必须在自然自身之中。）

第二推论：自然不作为产物在任何地方实存，自然之中的所有个别产物都只是伪产物，不是绝对产物。绝对活动在绝对产物中耗尽自身，这永远是**将要**如此，而非**确已**如此。③

按照第一个推论，自然中必须直截了当地预设**原初的二元性**。对原初的二元性不能做出进一步的推论，因为它本身是无条件者可以呈现为有限的条件，换言之，它是**自然**之所以可能的一般条件。只有自然在自身之中包含这一原初的对立，自然才真正是完整和封闭的。④

由于自然给自己设定范围，因此没有任何异在的力量可以干预它；它的所有法则都是内在的，换言之：**自然是它自己的立法者**（自

---

① 倾向。——谢林手稿中的注释
② 否则任何经验的呈现都是不可能的。——谢林手稿中的注释
③ 生产力原初地就是无限的；因此如果产物出现了，这个产物就只是伪产物（das Scheinprodukt）。每一个产物都是一个阻碍点，但是在每个阻碍的点上仍然存在着无限者。（文本中最后的几个字"永远是**将要**如此，而非**确已**如此"在手稿中被删去了。）——谢林手稿中的注释
④ 自然应当是这样的。——谢林手稿中的注释

然的自主性)。

自然之中发生的事必须从自然本身之中的、动态运动的原则出发加以解释,换言之:**自然是自足的**(自然的自足性)。

以上两点可以总结为一个命题:**自然具有无条件的实在性**①,这个命题就是自然哲学的本原。

绝对的自然活动应当显现为无限受阻的。一般的自然活动的受阻(如果没有它就不会有任何伪产物)只能被表象为自然之中的一个对立趋势的成果。如果人们设想一种从中点出发向所有方向涌动的力量,它不会在空间中的任何一个点上停留,从而令空间空置,除非有一种起对立作用的(延缓的)活动给它的扩张一个有限的速度。②但是,一旦人们着手从这些对立的趋势中构建一个有限的产物,就会遇到一个无法解决的困难。因为如果人们设定对立的趋势相会于同一个点,那么两者的效用就会彼此取消,即产物为零。正因如此,我们必须主张不存在这样一个自然的产物,其中对立的活动绝对相会,自然本身因此而达致寂静。总之,人们必须直截了当地**拒绝**自然之中的所有**持久**状态。必须主张,所有的**持存**在自然之中只作为**客体**出现,而作为**主体**的自然,其活动从不停歇,它不断地破坏着所有持久状态。自然哲学的**首要问题**不是去解释自然中的**活动者**(这对自然哲学而言是十分可理解的,因为它是自然哲学最初的预设),而是去解释**静止的、持久的**东西。要解释后者就需要这样一个预设,

---

① 自然从自身之中获得实在性 —— 它是自身的产物 —— 一个从自身之中被组织的、自身进行组织的整体。——谢林手稿中的注释
② 康德的排斥力和吸引力只是对某种更高的东西的机械性表达。——谢林手稿中的注释

持久的东西对自然而言是其自身活动的限制。① 既然如此，自然就会不知疲倦地与那个限制对抗；于是自然之中活动的**受阻点**就作为客体获得了持久状态。② 哲学家用产物来标记那些受阻点；每一个这样的产物都会展开一个特定的领域，自然总是前去填满这个新的领域，自然之力永不停歇地注入其中。

人们现在要问（这正是主要的问题）：自然之中的所有个别产物都只能被视为伪产物，这究竟是如何可能的？接下来的回答是：每个（有限的）产物显然只是**可见的**产物，因为**在这个产物中仍有无限性**，也就是说这个产物本身仍然能够无限发展；因此，只要它继续发展，就绝不会达致任何持久的实存；每一个在自然中显现为当下**固定的**产物，都只会存在一瞬，在延绵的演化之中始终是可变的，只是显现为逐渐消失的。先前提出的问题是：自然如何能被视作绝对活动。对这个问题的回答可以归结为以下**命题：自然是绝对活动的，因为它的每个产物中都有着无限发展的本能。**

---

① 或者更好的说法是，持久的东西之所以是持久的，是因为它对自然的生产力而言是一种限制。——谢林手稿中的注释

② 例子：一条河流只要不遇到阻碍就会沿着直线向前流淌。一旦有阻碍就会形成涡流。每一个原初的自然产物就是一个涡流，例如每个有机体。涡流不是稳定不变的，而是持续可变的，在每一瞬间都是新的再生产物。自然之中没有**固定的**产物，而是在每一瞬间都被整个自然的力量重新生产出来。（我们看到的实际上并不是自然产物的持存，而是持续的再创造。）每一个产物都是整个自然的手笔。在自然界中，某些受阻点原初就被标识出来了——进一步的推论也许是：整个自然有可能是从一个受阻点发展而来的——不过目前我们可以设想自然之中有无数受阻点，在每一个这样的点上，自然的活动之流仿佛被中断了；它的生产力被取消了。但每一刻都似乎迎来新的一击、一股新的波浪，来重新填充这个领域。简言之：自然原初是纯粹的同一性——其中没有分别。现在出现了一些受阻点，它们对自然的生产力产生限制，而自然则持续与这种限制抗争，于是自然再一次用它的生产力填充了这个领域。——谢林手稿中的注释

这就指明了我们的下一步研究方向。首先要问：如何创造一个产物，才能使其无限发展，自然中真的有这样的产物吗？——注意看，我们在回答这个问题的同时也回答了另一个必须得到回应的问题，即为什么在这样的产物中仍然保留着无限发展的**倾向**，为什么尽管有这个趋势，产物却显现为固定的而不是迷失于无限者之中的。

注释：**整体**——无限者——在自然的每一个个体中映现自身，我们是在先验哲学而非自然哲学中听闻过这一命题。因为先验哲学需要解决一个完全一致的困难：对立的活动如何在对有限者的直观中相会，而不是彼此取消。必须拒绝对立的活动在某一点上绝对相会这个可能性，要主张精神不在任何个别的产物中直观自身 —— 精神是在对立活动的无限区分中，而不是在对立活动的统一中直观自身的（对立的活动也只有通过区分才能统一）。人们不得不主张，只有这样，每个**个别的**直观只是**显现为个别的**，实际上每个个别的直观中同时包含着对整个宇宙的直观。自我意识的原初斗争（这斗争之于先验的创造，正如元素的原初斗争之于物理的创造）必须和自我意识本身一样是无限的；因此它不能停止在任何一个个别产物中，只能停止在一个始终**将要**如此、从未**是**如此的产物中，这样的产物会在自我意识的每一个环节被重新创造出来。—— 为了将绝对对立的活动统一起来，生产性的想象力将它们的交互取消延伸到无限的序列中；经过这种无限的延伸 —— 对绝对否定的无限拒斥，产生出来的就只有有限者。

II.

当一个产物之中仍然存有无限性时,也就是说,当它仍然有能力无限发展时,它就只是一个**伪**产物。如果没有统一在它之中的无限多样的倾向,产物也不会具有这样的能力。

A. 问题在于,这些趋势是如何在自然之中显示自身的?

原理:一般自然活动的原初受阻点,存在于原初的质中。

证明 —— 对我们的科学有一个不可避免的要求,就是要给先天的建构设置相对应的外部直观,因为否则这些构造对我们而言就不会有任何意义,正如颜色理论对盲人没有意义一样。既然我们已经主张,一个绝对的活动只有在无限否定的条件下才显现在经验中。因此必须通过分析而在自然中找到对同一个原初活动的无限否定。

在这样的否定中必然有一个**无条件者**在启示自身。但是现在关于无条件者的任何**肯定性**的外部直观都是不可能的。那么我们至少应当尝试在外部经验中对无条件者进行一种**否定性**的呈现。

我们已经将无条件者规定为一切存在的本原,尽管如此它本身却**从不存在**。所有外在的存在是空间中的存在。因此经验中必然存在着某物,它自己虽然不在空间中,但却是一切空间充实的本原。①

(1)它本身不应当存在于空间中。—— 存在于空间中的东西,就会被物理的力所作用,它在机械的②和化学的意义上是可以被摧毁的。本身不在空间中的本原,必须在机械的和化学的意义上都绝

---

① 尤其是空间中一切存在或一切空间充实的本原。——谢林手稿中的注释
② 在机械的意义上无限可分。——谢林手稿中的注释

对不能被压制。在经验中只有一种这样的东西，那就是一切**质**的**原初元素**（诸本原）。

（2）**它应当是一切空间充实的本原**。—— 它必须使物质的无限可分性得以可能，物质的（机械性）划分是无限的，即便是物质的很小的部分也仍然包含进一步的划分。①假如现在物质的无限可分性是不可能的，那么对物质的划分会在一个部分那里终结，我们就不能将这个部分认识为每种物质都具有的一个部分，换言之，物质与物质不再是**同质**的。因为当物质无限可分时，无论它如何被划分，每种物质都保持为无限**同质**的。但是我们完全可以凭借质的持存来认识无限的同质性，也就是说质的持存是机械性的无限划分的可能性条件，因此质的本原本身也是空间充实的本原。

因此原初的质是自然中对无条件者的原初的否定性呈现。现在无条件者完全等同于绝对活动，但是绝对活动只能经验地显现为一个无限受阻的活动，因此对我们而言，一般自然活动最原初的受阻点就是通过原初的**质**而被规定的。

推论：1）物质的可分性必须在一方面是有限的，恰恰是因为它在另一方面是无限的。

原子论者的失误仅仅在于断言了**机械性**的**原子**，即**机械**可分性的有限性。因为正如在数学空间中一样，在每个物质空间，绝不能存在绝对最小的量；凡**在空间之中**的，只能通过持续**活动**的空间充实而在空间中存在；在空间的每个部分中存在的是运动着的力，也就

---

① 在物质的概念或空间充实的概念中必然包含无限可分性的概念。—— 但是为什么物质即便无限可分，对我们而言却不会消失，而是始终保持着一个载体？是什么让物质的载体得以维系，让可分性得以可能？——谢林手稿中的注释

是**运动性**，因此物质的每一个部分，不管它有多小，都具有区分于其他部分的**可分性**。但是原初的活动（die Aktionen）本身并不**在空间中**，它们不能被视作物质的**部分**。①因此我们的观点可以被称为**动态学原子论**的原则。因为每个原初活动于我们而言，正如原子于微粒哲学家（die Corpuscularphilosophen）而言，都是真正个体性的，每一个都在自身之中是整体的、封闭的，近乎呈现为一个**自然单子**。②

---

① 因为它们是物质的建构者。如果原子论是宣称某种简单物为物质元素的理论，那么真正的哲学反倒是原子论。但是哲学宣称的仅有**动态的**简单物，因此是一种动态学原子论。每一个原初的质对我们而言都是一定程度的活动，而每个这样的活动都是——真正的个体性的。如果没有这样的原初单位（不是产物的单位，而是生产力的单位）物质中就不会有任何个体性。——谢林手稿中的注释

② 简言之，我们的观点是：如果自然的演化有朝一日终结（这是不可能的），那么在将每个产物普遍拆分之后就只剩下一些简单因素，这些因素本身不再是产物。因此这些简单因素只能被设想为**原初**活动，或者原初生产力，如果这样的表述是被允许的话。

我们的观点并不是：在自然之中**存在**这样的简单活动，而仅仅是，这些简单活动是用来解释质的**观念性**根据。这些简单活动并不能现实地被指出——它们并不**实存**，它们是人们为了解释原初的质而必须在自然中设定并思维的。正如我们所主张的，我们只需要证明，这些简单活动必须被**思维**成所有质的观念性解释根据，我们已经给出了这样的证明。

"那个**不可分的**东西不可能是一种物质，它反而必须处于物质的彼岸：但是物质的彼岸是纯粹的**强度**——这个纯粹强度的概念是通过活动的概念被表达的。——并不是说这个活动的**产物**是简单的——毋宁说**活动本身**被思考为从产物中抽象而来的，为了使产物是可分的，事情就必须是这样的。"（参见体系初稿的导论）

因此自然哲学假设：1）同**原子论**一样，自然中原初地存在着多样化的个体性本原——这就带来了自然中的多样性和个体性。——对自然哲学而言，自然中的每一个质都是一个固定的点、一个内核，自然围绕着它才能开始建构自身。但自然哲学并不假设这些本原是现实的物质性部分，而是原初的、简单的活动。2）与**动态物理学**的**共通之处**在于，质的根据本身不再是物质性的部分——每一个活动都是纯粹的活动性，本身不再是物质——**不同之处**在于，物质的全部差异并不仅仅在于吸引力与排斥力之间的不同关系（后者仅仅产生了密度上的差异）。

自然哲学因此不在过往意义上是动态的，也不是原子论的，而是一门**动态原子论**。
（转下页）

2）每个质都是一定程度的活动，其唯一尺度只有它的产物。

a) **质**完全是一种**活动**，**本身**并不是物质。假如质成为物质——**质料**，如同通俗化学呈现的那样，就必须也在空间中可以呈现自身。但在空间中可以呈现的只有质的效果，活动本身是先于空间的（extensione prior）。（那么为什么化学尚未揭示出纯粹的——独立于全部**物质**的——**质料**呢？）—— 质既不像形象那样单纯为原初的物质（例如原子论者所宣扬的那些原子）所固有，也不是原子共同作用下的产物。本身不具备质的原子如何能够通过共同作用产生质呢？

b) **质是活动，我们对质所拥有的唯一尺度就是它自己的产物。** 这说明了：抽象掉了产物的活动本身是虚无。因为从更高的角度来看，质就是产物本身。人们不应该期待窥探到活动的内部，更别提通过数学公式去确定活动的量（程度）。目前为止所有这样的尝试都没有获得实际成果。因为我们的认识不能达到产物的**彼岸**，对活动的量的唯一表达方式也只有**产物本身**。自然哲学要做的就是承认这些活动中的那个无条件的—经验性东西。因为正是自然哲学将经验主义拓展到了无条件性。①

（接上页）（我们在物质中设定了无规定的、无限杂多的**简单活动**作为**观念性的**解释根据。这个解释根据之所以是**观念性的**，是因为它预设了一件观念性的事情，即自然已经自行演化到了简单东西。—— 沿着这条思路我们将会走到一个**原子论**的系统。这个系统出于自身的不足最终促使我们回到**动态**系统。）——谢林手稿中的注释

① 质是原初绝对**不可建构的**，它必须如此，因为质是一切建构的**界限**，这个界限规定了所有的建构活动。至今为止所有想要建构质的尝试因此都无法获得实际成果。原子论者相信能够用形象来表达质，并且假设自然中的每一个质都有一个真正的形象。——我们已经超越了这种建构。—— 所谓的动力学哲学想要将质还原为分析性的公式，表达为吸引力和排斥力间的种种关系。康德从未敢于用两个基本力来构建出物质的（转下页）

附释：通过以上论述我们已经**一般地**给出了物质的建构。一种物质仅仅通过其质的持久性就能被辨识，因此它与其质的持久性并无分别；因此每种物质就只是**一定程度的活动**，没有什么物质是

（接上页）特殊（质的）差别。一些人想要进一步运用康德提出的动力学原则。我在这里只谈及**埃申迈耶尔**（他的"自然形而上学的命题"和先天推演磁的现象的"尝试"，都体现为一次失败，按照康德的原则去数学性地建构质和质的序列均失败了——从另一个角度来看，这利于我们去理解康德动力学的最初几个命题）。

关于动力学哲学的概念仍然存在着大相径庭的（有些是很怪异的）理解方式，因此我认为有必要在这里一般性地谈一谈动力学哲学这个概念。

很多人认为，动力学哲学的观点是不需要用一些特殊的物质来解释自然现象，比方说，一个人如果拒绝光的质料性或电流体（galvanische Fluidum）的存在，那么他就是一个动力学哲学家。但动力学哲学还包括更多内容——事情并不这么简单。

另一些人认为，动力学哲学的观点是用基本力，即吸引力和排斥力来解释一切。他们离事实更近了。所有原初的、动态的自然现象都必须用力来解释，即便在静止状态中，力也伴随着物质（因为在静止状态中也存在着运动，这是动力学哲学的基础命题）——诸如电一类的现象也不是个别特定物质的**现象**或效用，而是物质本身的**持存状态**所经历的变化。如果用排斥力和吸引力来解释物质（正如将自然仅仅视为**产物**而非**生产力**，也就是站在机械论的视角上，那就必然是这样看待物质的），如果认为物质完全是由排斥力和吸引力构成的，那么那些现象就只是这两个基本力的关系所发生的种种变化。

所有这些效用也显现在现象的最深处，也就是化学过程中，只不过是作为聚合力、密度和特殊重力的变化，也就是基本力的变化。即便化学过程也只是最外在的显现，基本力最深层的显现、基本力之间关系的种种变化并不能被化学变化所解释。每个动态过程最外在的显现无非是基本力之间关系的变化，问题是，基本力的关系变化是如何产生的，我们现有的研究还未回答这个问题；这个问题处于更高阶也更深层的地方，最终落脚于物质的建构。

我还想略微谈一谈，用数学的方式去建构质或者加以运算是不可能的。

人们希望将已知的机械论法则运用到动态现象中，给机械论法则赋予一种更高的、动态的含义。例如，一个已知的机械论法则是，单倍的力作用于双倍的时间**等同于**双倍的力作用于单倍的时间。这条法则根本不适用于动态现象。举个例子，我们将两块完全一样的铁，一块置于凹面镜的焦点上，另一块置于没有聚焦的日光下。假设焦点上的光的力是焦点外的力的一千倍，金属在焦点上融化所需要的时间为一分钟，那么按照上述法则，单倍的力在一千倍的时间中与一千倍的力在单倍时间中所发挥的效用是等同的，也就是说，铁块在焦点上需要一分钟来融化，而在焦点**之外**的铁块则会在1000分钟内融化，这是荒谬的。——谢林手稿中的注释

原初**被机械地聚合起来**的；如果情况是后者，那么在预设无限可分性的前提下，物质就能被分解为**虚无**，物质原初地就是由**虚无**所建构的。因此没有物能彻底回溯到虚无（ne res ad nihilum redigantur funditus omnes），如果用机械论的方式解释物质的生成，就必须将物质理解为是由**原子**组合而成的（这个假设还会导致一系列恼人的后果）。

正因如此没有人相信我们已经推演出了物质的**特殊差异**，或者有这样做的意愿。每种物质都是一定程度的活动，但是这些活动**最多能被组合起来**，就像牛顿所说的那样，白光是由七种光组合而成的，而这七种光可能又是由其他更简单的活动组合而成的。想要通过一个简单活动的不同程度来解释世界之中无穷的物质多样性，这实际上是天方夜谭。这是不是意味着，如果将原初的质视为简单活动的话，每一个质，即便是派生的质，都各自是一个简单活动？如何能够证明，在经验中没有任何原初的质，也不会有原初的质？——当经验大声提出反对时，为什么还要提出哲学的根据呢？如果上面那种主张是真实有据的，那么质的差异就必然平行于具体速度和密度的差异；但只需看一看速度与密度表，人们就会相信事情并非如此。而且人们最终要如何解释有机进程中的自然产物呢，这些产物不是通过特殊的重力与密度，而是通过最内在的混合而成为独特产物的。又或者，人们如何能够相信，自然在这里所做的仅仅是增加或减少密度和特殊重力呢。

还必须提醒的是，我们的科学是从无条件的经验论这一原则出发的，这里所讨论的不是什么先验的物质构造，而是**物质的一种经验性构造**。物质究竟如何原初地被生成？我们会通过接下来的研究

III, 27

搞清楚。

　　B. 质=活动，这个命题已经被证明了。但**在所有这些个别活动中受阻的是同一个原初的自然活动**。只有**这些活动朝向同一个呈现给它们的产物**，上述命题才是可以被设想的；因为所有自然活动都走向一个绝对的产物。这要求不同的活动能够组合在一个共同的产物中，简言之，需要存在组合而成的活动。如果这些活动彼此之间没有**接受性**，它们就不能组合起来。一个活动需要能够介入另一个活动中。每两个不同的活动就需要有一个共同的点，它们能统一在这个点上（这个点恰恰被称为化学过程，这当然是在一个很低的层次上来说的）。

III, 28 　　由此产生了一个**任务**。无限杂多的活动应当共同呈现为一个绝对的产物，**因此要找到自然中无限杂多的活动能够统一的一个点**。①

　　但必须添加的一个限制是，没有什么活动是**个体性**的根据。否则多样性就被取消了。为了取得统一性并不能以多样性为代价。**多样性应当被保存，但从中也应当产生一个共同的产物**，后者将那些无限的多样性团结在一起。

　　（人们注意到，如果自然中真的出现这样一个产物【换言之，如果自然是这样一个产物】，那么物质不仅是无限可分的，而且**现实地动态划分**以致无穷，因为在那个整体中并不应当产生个体性。但是

---

① 动力学哲学完全不能承担这个任务，我们可以全然清楚地看到动力学哲学与原子论哲学之间的差别。对原子论者而言，自然作为产物只通过它的**元素**被呈现，但对动力学哲学而言，元素只通过产物被呈现。因此动力论者并不探究产物是怎么从元素中产生出来的；因为产物是**先于**元素的；原子论者则相反，元素是先于产物的，因此要问产物是怎么从元素中产生的。——谢林手稿中的注释

人们在这个产物中预设了**那种**个体性的延续，这在接下来的研究中是非常重要的）。

解答：每两个活动就通过交互限制成为一个**共同的影响**（只有这个共同的作用能充当两个活动接触彼此的**第三者**。①对二者的交互影响**只有**一种表达，就是这个作用）。所有原初倾向的努力都指向：

a) **空间的充实**；二者的彼此介入是在努力充实一个**共同的**空间；因此，即使是特定物质的最小部分中也能发现所有倾向。（顺便回忆一下，我们在这里可以看到**动态的**可分性究竟是如何达成的。物质的**量**在这里是完全无关紧要的；无论是同一物质的最大部分还是最小部分中都必然会发现同一些倾向。无限进展的机械划分本身并不能达到普遍的同质性。但人们在这里也能立刻发现，自然中一个组合而成的活动并不是原初的，而是通过特殊的自然进程产生出来的，我们在化学渗透中也能感知到这类自然进程。②）借助这一充实共同空间的努力，必然有一个这样的空间真的在不断被填充。——因此【物质的】静止状态并不是对运动的绝对否定，而是充实空间的均匀倾向，也是物质自身的持存 = 一种持续地被再生产。—— 进一步来看，被充实的空间只是那种努力的现象，其本原自身并不存在于空间中，空间仿佛是**从内部向外**被填充的，它是一个非常重要的概念（相对于外部，内在的东西指的往往是一切空间充实的**本原**）。这种

III, 29

---

① 每个活动都会以极端个体性的方式将其他活动排除在自己的范围之外，因此，它们只能在一个第三者中相遇。——谢林手稿中的注释
② 但是各个活动是如何统一起来、如何互相渗透的，现在仍不清楚，这是一个特殊的任务。（如前文所言，动力学哲学并没有这一问题；因为它从来没有将各个活动**分开**过。因此它无须回答它们是**如何**渗透的，它只需要回答这些活动是如何被维系在一起的，绝对分割，也就是绝对演化是如何被阻止的。）——谢林手稿中的注释

填充一个共同空间的努力将在经验中表现为一种抵抗,反对的是对充实共同空间的取消,这会得出一种相互联系的现象,即**聚合**。这股抵抗的力就叫作**聚合力**。①

注释:聚合力是一种组合的力,并不是吸引力那样简单的力。——仅仅通过吸引力来解释聚合,这种常见解释的困难在于,在我们认识的大多数物质中,它们的最小部分的聚合力与最小部分之间距离的平方的比值,必须完全不同于根据一般吸引力法则所应达到的比值。更不必说,这类假说预设了原子论的概念,而在这个预设下,不同聚合力之间的差异几乎是不可解释的。——进一步来看,就普遍吸引力而言,所有在无限空间中扩展、在星球中被团块化的材料,就是物质。因此那个普遍的吸引力是无限作用的,在这个普遍吸引力的条件下没有空间可以被设想为空的。②然而聚合是朝着与普遍的吸引力相对立的方向努力的,因为它不断进行着**个体化**,它使得除了只有聚合发生作用的领域之外的其他空间成为**空**的(不被聚合力所充实)。真正的聚合只发生在**个体物体**之中。因此聚合也应当与粘着严格区分开,后者是**不同物质**在接触时发生的特殊的吸引,例如水和玻璃。

b)进一步来看,每一个倾向都是完全个体性的、特定的,也就是以**一种特定的方式**去填充空间的努力。这会体现为**形象**的特殊性(个体性)。在自然中存在着从晶体到叶片、从叶片到人形,这样有连续性的形象规定。因此原子论者在一件事情上是正确的,他赋予

---

① 聚合力的**原因**是什么这里还不清楚。它将是自然中的活动借以组合在一起的**那个**力。——谢林手稿中的注释

② 一个空间,即便其中物质为空,也至少为力所填充。——谢林手稿中的注释

了元素以原初形象,他的错误在于,他需要原子的原初形象才可能构造出具体不同的各种物质。我们的主张只是,原初的活动不会也不能够生产出这种原初形象,那种原初的形态根本不存在于自然之中,因为自然中并不能发现简单活动(当然我们在这里还不能证明这点)。

然而当下每一个活动都被其余的无限活动所限制,所有活动都互相干扰着彼此的生产过程,任何一方都不允许其他活动生产出原初形象,换言之,它们彼此还原为**无形态性**。①

无形态者=流体。流体(它至少是第二层级的,因为它的流动性归功于一个更高的本原)并不是绝对无形式的(=古希腊物理学家所说的μη ὄν),而是那个**可以接纳任何形态的东西**,因此它是无形态的(ἄμορφον)。流体的定义必须是,在一个团块中,**没有任何一个部分能够通过形象与其他部分区分开来**。至少从这个定义出发,可以得出迄今为止尝试过的所有其他内容,只要它们是正确的。同样也可以从中推出绝对连续性,即所有流体中不存在任何摩擦,以及流体力学的主要定律。首要原则是:**流体中向着全部方向的活动(因此也包含了吸引力)都是等同的**。②

---

① 因此自然最原初的产物是无形态者,或者说是**流体**(das Flüssige)。——谢林手稿中的注释
② 因为流体中的原初活动交替取消彼此。——
  对动力学哲学家而言,**无形态者**就是最原初的东西,因为它是最接近纯粹生产性的东西。在自然的纯粹生产性中还不存在规定性,因此没有形态。自然越靠近纯粹生产性,就越缺乏形态,越靠近产物,就越具有形态。
  原子论者区分了第一层级的流体和第二层级的流体,或者说绝对流体和相对流体。**一般的流体在这里被解释为,其中没有任何一个部分能够通过形象与其他部分区分开来**。一些康德的追随者将流体解释为,其中的吸引力向所有方向都是等同的。(转下页)

III, 32　　　在自然之中，彼此对立的活动的最原初的绝对组合必然会产生出**最原初的流体**。因为这种组合一直在进行（有机体的行为一直在进行），原初的流体将呈现为一种普遍扩散的存在，它绝对地抵抗非流体（刚性）的作用，不断努力使自然中的一切都流动起来。

　　　（这个本原被称为**热本原**，因此它不是简单的实体，根本不是物质，而永远只是［原初活动相互之间］容量不断减少的现象，因此在本质上是不断持续的有机体进程的证据。——按照这些原理，这就是关于热的新理论。）

　　　假如在自然中没有什么能够对抗流体本原，那么整个自然就会消融在普遍的连续体中。但这种**普遍化**与原初活动的**个体性**是矛盾的。因此绝对产物中除了最彻底的组合之外，**应当**包含一切活动的普遍个体性。

　　　由于自然界的一切，或者说，由于这种绝对的产物是持续**在变**
III, 33　**化中**被把握的，因此，它既不可能成为绝对的流体，也不可能成为绝对的非流体（刚性）。这里上演的是形式与无形式之间的斗争。那个持续变化着的产物被连续把握为从流体向固体的跳跃，反过来也

（接上页）让我们设想一下：1）个别部分向着方向A被吸引，那么它也会向着反方向受到同等程度的吸引 —— 这两个对立的吸引就会彼此取消：因此，在这个空间内无需克服任何吸引力，这个整体中的每个部分都可以毫无阻力地向各个方向移动。由此就得到了**各部分的相对运动性**。——进一步来看2）对于向着所有方向同等的吸引力而言，球体的形态是必要的，因为它能带来各部分之间的最大接触，以及与空洞空间之间的最小接触。3）当所有吸引彼此取消，就没有形象能被生产出来——这符合我们的定义；既然没有了形象，就也没有刚性、没有摩擦，后者按照流体静力学的法则而言是必要的。流体静力学的一条首要法则是，如果流体中存在摩擦，压力就不可能向所有方向均等传播。因此，在质量不相等的弯管中，水在两个管中的高度相等。关于一般的流体概念就讨论到这里。我们现在首先要处理的概念是**绝对流体**——自然的最原初的产物。——谢林手稿中的注释

被把握为从固体向流体的回溯。

因为（形式与无形式之间的）这场斗争是无尽的，绝对产物将在这个范围内遍历所有可能的形态，像不断变化的普罗透斯一样，变化为所有可能形态。

它将以一种同化的方式，逐渐把所有的质，无论它们是多么的千差万别，都吸引到它的圈子里来，并通过无数次的尝试，寻求自然界所有个别活动在一个共同产物中得以达成普遍统一的那个比例。但是，通过这种将自然界中的所有**个体性东西**组合起来的本能，可能形态的一个特定范围也会被提前规定下来。因此人们不禁会相信，在它所遍历的种种形态中，有一个共同的理想始终存在于创造这些形态的天性中，而产物也在逐渐地靠近这个理想。产物所接受的种种形式，本身只**显现**为同一个绝对有机体的**不同发展阶段**。

III.

1）**整个**自然，而不仅仅是自然的一个**部分**，应当等同于一个始终变化着的产物。因此整个自然必须被把握为持续的构形（die Bildung），一切都必须被包含在那个普遍的构形过程中。

所有在自然中**存在**的东西，都应当被视为**变化而来的东西。自然中没有什么物质是原始的**，因为实存的是无限杂多的原初活动（至于这些活动是如何产生的，这是自然哲学的终极问题）。—— 这些活动应当只共同呈现为**一个绝对产物**。因此自然必须将它们组合起来。因此在整个自然中必然发生一种**普遍的对组合的强迫**，人们看不到这种强迫有什么理由被限制，因此这种强迫是无条件的。在每个物质中都存在着组合，因此没有什么物质是原始的。

但是每个物质都与其他物质区别开来，因此**每个物质都是一个特殊自然进程的产物**。这些不同的自然进程必须先天地被推演出来，以便认识到物质的特殊差别的可能性。

2）**自然之中没有什么物质是简单的**。在自然中占统治地位的是一种将元素性活动组合起来的普遍强迫，因此没有什么活动可以自为地生产出一个形式或形态，每一个物质都是通过组合才产生的。从经验中找不出任何与这种说法相悖的东西，因为我们会自己推导出，必然存在着一些**不可分解的物质**。①

3）**所有自然产物的差异仅仅源于活动的不同比例**。自然的全部杂多只能从元素性活动中去寻找，物质在哪里都是**同一个**，只是原初组合的比例不同而已。对组合的强迫贯穿整个自然，因此整个自然原初地渗透在每个产物中。每个物质都**原初地**包含着全部原初活动。但是只有在绝对流体中，全部原初活动才能统一在一起，同时无损其个体性。而**绝对流体只有通过分解才能启示自身**。如果没有分解，它对感觉而言就是零，因为所有活动都在它之中彼此取消，任何一个活动都无法起到任何感觉上的效用。但是**绝对流体就其本性而**

---

① 因此在自然中根本不存在**原始材料**（der Urstoff），仿佛一切是从原始材料演变而来的，大概就是古代人对元素的设想。唯一真正的原始材料就是那些简单活动。因此在自然中也不存在原初不可分解的，即现实的**简单物质**。自然之中没有什么物质是**简单的**（活动并不是物质性的）。假如存在着不可分解的物质，这类物质不可能是现实的简单**物质**；不能用它们的简单与否来解释它们的不可分解性。它们要是不可分解的，就必须能够指出其不可分解性的另一个根据。当我们反思绝对不可分解者仅仅是绝对不可组合者的对立面时，我们就能找到这个根据。绝对不可分解者与绝对不可组合者是对立的。只有当它**自身**是**绝对可组合的**（absolut Componible）时候，这才是可能的。如果要存在一个不可分解者，同时它又不是简单的，那么不可分解性和绝对可组合性必须始终共存。——谢林手稿中的注释

言是最易分解的,因为在它之中存在着诸活动最完善的均衡,最轻微的变动也能毁坏这种平衡。—— 不言而喻的是,绝对流体只是**可分解的**,但不是**可组合的**。

我们所熟悉的绝对流体的原初现象有火物质和热物质。①当容量在单纯的**量**上发生增加或减少时(体积的增大或减小),这两种物质就会产生或消失。热物质显现为**简单的**,在它那里人们还没能知觉到二重性,或者说它没有分解为对立的活动,正如电的现象一般。这恰恰证明了,在这个最原初的流体中,最完善的组合还显现为**未受干扰**的。

另一方面,异质物体之间哪怕是最轻微的接触(在直流电和其他新近实验中)都会产生**电**的现象,而且由于摩擦(不断重复和加强的接触)会激发热和电,因此似乎每当不同物体发生碰撞时,渗透它们的绝对流体(因为它努力使一切流体化)就会一方面在机械论意义上失去平衡,另一方面在动力学意义上脱离原初组合。前者带来了放热现象,后者激起了电现象。在热量产生或消失的化学过程中,几乎没有一个化学过程不显示出被激发的电的痕迹;仔细的观察会让我们学到更多。更不必说,在很多情况下,电能产生与热相同的效果,而物体在传导热和电时的表现也是相同的。

在进行电学实验的同时,必须特别考虑到实验是在非常复杂的情况下进行的,这就是为什么在实验现象中会出现许多原本不属于电的东西。例如,托里拆利真空不发光,在真空和各种介质中进行可

---

① 这种敌视一切形态,但也因此有利于塑形的存在 —— 一般的**流体化**本原,因此是自然中一切构形和创造的动力。——谢林手稿中的注释

靠的电学实验，会展现各种不同的现象。然而电流实验在迄今为止尝试过的几乎所有介质中，以及在真空中，都能像在空气中一样完美地取得成功。

我们究竟应当如何讨论光？—— 无论是像**牛顿**那样认为光是原初分解为许多不同的简单活动，但其总的印象只是白光；还是像**歌德**那样认为光是**原初**简单的，总之，每一个太阳图像中颜色的极性都证明了光现象中普遍存在的二元性，其原因仍有待研究。①

4) 只有当某一个**活动**占据优势时，物质才会失去绝对流体的状态。但是某一个活动占据优势的前提是，另一个活动被抑制，或者被完全消灭。因此，刚性（强度）越大的实体（地球、金属等）就显得越简单。但是没有什么实体是简单的。每一个看似简单、不可分解的实体都是一般构形过程的**剩余**，尽管我们缺乏手段使其中元素重新彼此独立，让其中被抑制的活动重获自由，但是大自然能设法做到这些，从而使这些僵死的物质重新进入一般的有机体进程中。然而可以先天被证明的是，自然界中一定存在着**不可分解的**实体，因为

---

① 最能证明光和电的关系的是**棱镜**现象，歌德在他的文章中已经证实了这一点。至少我从这个现象，可能很快也会从其他现象中清楚地认识到，牛顿关于**白光**是由七条彩色光线组成（这些光线在棱镜中被分开）的理论是错误的。棱镜现象所涉及的实际上是远比光的机械或化学分解更高的东西。

如果准确地进行实验，棱镜的颜色不会呈现为**连续体**；只有在**特殊情况**下才会呈现为连续体。不存在这些特殊情况时，即通常情况下，棱镜的颜色呈现为彼此对立的，分布在对立的两极。颜色形成的实际形状如下：在中央，就像在无差别点上一样，出现的是白光闪烁。而在白光的边缘，如同在两极一样，出现了各种颜色，正是那些眼睛已经分辨出的彼此对立的颜色，例如，艺术家的眼睛早就分辨出的颜色。因此，这里似乎有高得多的东西在起作用。在棱镜现象中存在明显的二重性和极性；因此，棱镜现象似乎属于电现象和自主现象。——谢林手稿中的注释

自然的一般构形过程只有在它不断**回到自身**的情况下才是**无限的**。但这个过程必须得到**最终的产物**，自然无法在原初的方向上对这些产物进行进一步的构形，因此它必须反其道而行之，在相反的方向上施力。

其中，人们仅仅认识到真正不可分解的实体。它们是仅仅**可组合**的物质。因此可以预先得出的结论是，地球不可能是不可分解的，而且还可以证实这样一个猜测，即地球是伟大而普遍的燃烧过程的碎片，这个过程在太阳上，甚至在地球表面也仍旧在某种意义上持续着。①

但是如果物质之中受束缚的活动没有被解放，不可分解的物质也不能进行组合。正如自然通过分解将绝对不可组合的实体变成可组合的，它也反过来，通过组合让绝对不可分解的实体回到物质的普遍循环中。如果实体内的元素性活动的原初结合没有被改变，就不会发生组合。正因为每一个个别实体都原初地被所有活动渗透，自然才有手段从所有实体中产生出一切。

事情很可能是这样的，在自然中，大尺度上发生的对立和小尺度上被观察到的对立是同一个对立。所谓对立就是，自然一方面通过组合让不可分解者成为可塑的，另一方面又通过分解让不可组合者成为可塑的。例如，在整个太阳上可能正在进行着与行星上相反

III, 38

---

① 自本书写作以来，这个猜测以更加引人瞩目的方式被证实了。——也就是说，我们没有理由认为氮、碳和磷是**绝对**不可分解的，也就是说，它们真的是简单的。所有这些物质之所以不可分解，只是因为它们具有很强的可组合性。毫无疑问，氧气是唯一真正不可分解的物质，这不意味着它是**简单**的，而是出于另一个原因，这将在下文中得到阐述。但是，这种物质也是我们所知道的最易组合的物质。——谢林手稿中的注释

的过程。按照一般经验而言，不可分解的实体同时也是格外重的实体，那么可以预见的是，在每个系统中，最不可分解的那个实体是处于中心的。太阳的光辉揭示了一个不断组合的过程，而通过这种组合过程拓展到太阳大气层的光，则在黑暗的星球上维持着不断分解的过程；因为无论是植被的生长还是生命，都是在不断唤醒沉睡着的行动，都是在不断分解着受束缚的活动。

6）①我们现在认识了两种层次的自然产物，其一是绝对不可组合的实体，其二是绝对不可分解的实体。但是自然既不能容忍前者，也不能容忍后者，因为自然根本不能容忍**最终产物**，不能容忍任何固定不变的、恒久的东西。一切自然的行动都是朝向各种**中间产物**（两种对立产物的中间者），朝向同时绝对可组合和绝对不可分的物质的。在（作为客体的）自然中将会显现出**恒久的进程**，其中不可组合者被持续分解，而不可分解者则被持续组合起来。这个进程是**恒久**的，它的**条件**持续存在着，因此它具有**产物**的假象。问题是，这些产物会是怎样的产物。

7）这些产物应当处于绝对可分解和绝对不可分解这两个极端中间。

如果一个产物是绝对**可分解**的，那么它就必须靠近**绝对流体**，也就是说所有元素性活动都最完美地**结合**在一起。如果是绝对**可组合**的，那么产物中的活动就要持续从组合中被解放出来，活动的均衡必须不断被打破，也就是说，这个产物必须靠近**固体**。但是产物并不能达成**以上任何一种**。

---

① 编号4之后直接是编号6，没有编号5。——译者注

因此在这个产物中同时发生着各个活动之间最大的**自由**(彼此独立)和最强的**连结**(彼此依赖)。问题是,这样的后果是什么。

首先,每个活动都会阻碍另一个活动生产出原初形象。只有每个活动的不同强度是可能的。每个活动在每一个阶段都是**另一个活动**。只是在每一个阶段,活动都会发现它的对抗者。因此产物大致像一个序列,其中正量与负量不断交替。但是在这个序列之内产物是不会受阻的,否则它要么=1−1+1−1,即=0,要么必然有一个正向的活动占据优势。两者都是不可能发生的。因此产物根本不会**受阻**,它必须始终被把握为**变化**。

(这里我们本可以演绎出,那个**始终变化着的产物**究竟是怎样的,我们已经从自然的无限行动的概念中推演出了这一产物的必要性。在这个产物中,组合过程和分解过程会持续交替发生,我们已经证明了,这样的交替在自然之中是普遍必然的。)

由于活动被**分解**,每一个活动都会自行生产出按其本性所必然生产出的东西。在每一个活动中都持续存在着进行自由构形的本能。与此同时,活动不断被重新**结合**起来,没有一个能在生产方面保持自由。因此产物中同时存在着强迫和自由。

因为活动持续获得自由又再次被束缚,又因为存在无限种不同的组合,而每个组合又带来大量可能的比例关系,于是,在这个产物中,不断有**新的**、**独特的**物质**原初地**被生产出来。通过化学技术虽然可以找到**新物质的元素**,但不能找到**组合本身**,即组合的比例。

因为每个活动都是高度个体性的,所以每一个都努力生产着按其本性所应当生产出的东西,这里上演着一场战役,没有哪一股力量完全胜利或败北。每一个活动的利己主义（der Egoismus）都必须顺从其他所有活动。随之而来的是，产物既是多从属于一，也是一从属于多，即最彻底的**交替**从属关系。没有任何一个单独的潜能阶次能够自为地创造出整体，但全部潜能阶次一起却能做到这件事。产物不在**个别**中，而是在**全部**中，因为产物无非是元素持续组合和分解的外部现象或可见的表达。

产物是种种共同作用的活动的共同产物，看似是**偶然的**。然而，由于每个个体的行动都有一定的原初强度，它们的结合也有一定的比例，所以只会出现这样一个**盲目的**自然产物。因此在产物中，**偶然东西**与**必然东西**原初地统一在一起。

在每个个别活动中都有一个按其本性努力**自由发展**的行动。在这种**自由发展**自身本性的倾向中，实际上蕴含着它对所有其他活动的**接受性**或可限制性，因为如果不把所有其他活动排除在自己的领域之外，它就不可能达成这一倾向。由于异在的活动介入了它的领域，它就不得不也介入每一个其他活动的领域中。于是就发生了每一个活动对其他活动的**普遍**介入。没有活动能在这样的对抗中**按其本性地**完成发展。这样一个整体中的各元素仿佛都吸引着其他本性，它们的作用方式将与这种对抗之外所表现出的作用方式大相径庭。然而在每一个元素中都蕴含着合乎本性的发展倾向，它在这样的对抗中仅仅显现为**本能**。这个本能的方向并不是**自由**的，它的方向是由一般的从属关系所决定的，因此对它来说，似乎有一个范围已经被事先划定了，它永远不能跨出边界，并且不断返回其中。

但这个范围自身又是无限的。只要活动维持在交替强迫之中，就根本得不到产物。但每一个活动都会抵制这种强迫，因此只有通过无数次的尝试才能找到这样一个比例,既能使活动获得最大程度的自由,同时也让最完善的交替连结成为可能。

对于这个活动的比例,我们只能将它表述为被生产出来的形态。如果产品通过不断过渡产生所有可能的形态,并通过难以察觉的细微差别从一个比例过渡到另一个比例,那么就会有一个形式或形态不断流入另一个,正因如此,自然中不会出现任何确定的、固定的东西,甚至连表面上的产物也不会出现。①

但是那个在所有个别活动中激荡的无限的自然活动,应当经验性地呈现自身。那个无限的产物必须在**变化的每一个阶段**被固定下来。

产物无非是以特定方式作用着的自然本身,对产物的阻碍就是对自然本身的阻碍,但自然**只是活动着的**。因此自然无法被阻碍,除非这种受阻本身从另一个角度来看重新 = **活动**。

IV.

产生了一个**任务**: 说明自然如何能够在个别的发展阶段阻碍其产物,但自身又保持为活动的。

答案:

绝对产物的发展,即自然活动穷尽自身的发展,无非就是**无限的构形**。

而构形(die Bildung)无非就是塑形(die Gestaltung)。发展的不同阶段无非就是构形或**塑形**的不同阶段。每一个个别的自然产物

---

① 但是一个**表面上的**产物至少应该通过自然的生产力来呈现自身。——谢林手稿中的注释

（这是必要的前提）都在它被阻碍之前经历了所有可能的塑形，只是它没有现实地生产出其中任何一个。但每一个形态本身只是某个特定比例的现象，自然在彼此限制的活动中得到了这个比例。这些活动能有多少种可能的比例，就有多少种不同的塑形，也就有多少种不同的发展阶段。①

因此发展的每个阶段都有独家特征。②**构形的自然在发展的每个阶段都受限于一个特定的、唯一可能的形态**，就这个形态而言，发展已经被完全束缚了，它没有在这个形态的生产中展现出任何自由。

但现在的问题是：无限活动的自然如何能被限制在一个形态上。

自然反感个体性的东西，它渴望绝对者，并不断努力去呈现绝对者。

自然寻找着最普遍③的比例，以便在不损害活动的个体性的前提下，将它们全部统一起来。在那些个体性的产物中活动是静止的，它们只能被视为寻找这一比例上的**失败尝试**。

问题是，自然界中是否能找到什么东西，使我们有权做出这样的假设。

A. 如果大自然已经找到或遇上了统一杂多活动的真正比例，那么它就应该能够在一个**共同的**产品中呈现这些活动，无论它们的本性多么对立。那么，可以证明它没有找到这样的比例的证据是，产物

---

① 每种塑形不过是特定比例的原初活动的现象。一旦演化完成，就意味着简单活动的普遍**消解**。因此每个产物都等同于活动的一个特定**综合**。——谢林手稿中的注释
② 一个真正的内在东西。——谢林手稿中的注释
③ 最完善的。——谢林手稿中的注释

刚刚达到构形的某个阶段，就出现了活动的**分化**；或者，由于这些活动的共同活动显现为一种**构形本能**，在构形的某一阶段，活跃于产物中的构形本能分离为相互对立的倾向，这样，自然就会被迫按照相互对立的方向形成其产物。①

注释：在整个自然界的任何地方都无法证实绝对的无性别，一条先天的范导性原则所要求的是，有机自然界的任何一处都以性别差异为前提。

a）所谓的隐花植物，如海绵类、藻类、银耳类等，只是带芽的植物，说它们是绝对无性的首先只是一个假设，植物上不可能出现**生殖器**并不能证明这个假设。

b）动物界的无性别也是不可证实的，因为自**帕拉斯**②发现以来，即使是涡虫也具有不容置疑的性功能。真正的无性别存在于构形本能的**另一个个体性的**方向。大多数昆虫在完成它的变态之前，**艺术本能**（der Kunsttrieb）③就相当于性本能。无性别的蜜蜂只是生产

---

① 对立方向中的任何一个都不脱离这个发展阶段的一般特征，但也不能彻底地表达这一特征。否则产物就不会分离为相互对立的方向。——一开始我们只是将自然认识为有机的或生产性的。但是整个生产性的自然原初不过是无限进展的变态。如果生产性本能不在个别的发展阶段分化，产物在达到特定的构形阶段后不向着相互对立的方向分化，就不能达到特定的、固定的形态，即固定产物。如果分化为对立性别，就是有机生产力在个别发展阶段受阻碍的根据和前提，那么在自然中，没有性别的对立，就没有个别产物。——谢林手稿中的注释

② 1766年，普鲁士动物学家帕拉斯（Peter Simon Pallas）首先记录下淡水涡虫的再生能力。参考Pallas, P. S., *Miscellanea zoologica, quibus novae imprimis atque obscurae animalium species* (Hagae Comitum, apud Pterum van Cleef, Holland, 1766)。——译者注

③ 这个概念指的是昆虫、鸟类等动物在搭建巢穴等任务时，其产物具有惊人的艺术性。谢林在《论造型艺术与自然的关系》（*Über das Verhältnis der bildenden Künste zu der Natur*）中也谈及这个概念，影响了哲学家施莱尔马赫和叔本华对这个概念的讨论。——译者注

性的，毫无疑问也仅仅是中间环节，唯一的雌蜂（所有其他蜜蜂的构形本能似乎都集中在它身上）的构形是经由这个中间环节被达成的。大多数昆虫都在发展出性别以后失去了艺术本能。

此外，无论性别差异本身是多么的多元，最终还是被还原为少数几个变体。只有在不同的构形阶段才会出现不同性别的分离，这恰恰证明了，每个有机体都具有**必须**分化的构形阶段。自然要么将对立的性别统一在一个同时向不同方向发展的产物中，例如大多数植物和某些种类的蠕虫，它们的交配是双重的；要么将对立的性别分布给不同的植株（个体），正如一部分植物和大多数动物那样。

一般的植物，包括那些雌雄结合在一朵**花**上的植物，也只能和昆虫一样通过变形来达到性发育。性发育本身只是一般构形的巅峰，因为同一套机制也实现了渐进式的成长。

昆虫适用的法则是，它们在构形的第一阶段（比如毛虫的状态）并不显示出性别差异，它们所经历的变态几乎完全是为了发展它们的性别，或者说，变态中发生的演化仅仅是性发育本身的现象而已。因为它们一旦完成变态，就会出现性别差异，并随之产生性本能。—— 同昆虫一样，花朵所能达到的构形巅峰也是性别差别；因为一旦受精完成，花朵就会凋零，完成变态的昆虫就会死去，并且不会再表现出任何其他本能。①

---

① 以往昆虫的变态被视为一种奇迹，是某种更高的东西的象征。新近的自然史试图解释这一现象，为了解释上的方便，剥离掉了它真正具有的伟大意义。内演系统和嵌套系统也被用来解释有机自然的这一现象。因此在毛虫体内已经存在着蝴蝶的**所有部件**，即便小到不可见，但仍然是个体性地预成的。（转下页）

但对立性变的普遍分化必须遵守一条特定的法则,即一种性别的产生必然同时伴随着另一性别。因为如果两个性别统一在一个个体中,那么它们就来自同一个构形过程。在这里被发现的法则必须被扩展到整个自然。

(接上页)这里我还不想说明,为什么在有机自然中没有个体性的预成(die Präformation),只有**动态**预成,以及有机的构形并不是演化,而是各个部分的后成(Epigenesis)。——不同的器官和部件等显示的无非是构形本能的不同**方向**;这些方向是预先规定的,但各个部件并没有被预先规定。我考虑的仅仅是当下的现象,问题在于,嵌套是否能够解释**这一**现象。人们似乎认为,只要排出一份来自斯瓦默丹的标本就能证明个体性预成的实存,因为他已经指出,蝴蝶未来的某些部件在蛹中已经可以分辨。但可以理解的是,如果在最后一次变态之前,在一切准备就绪的情况下,立即打开蛹,也会在其中发现一切将在短时间内自行呈现出来的东西。如果这个标本能证明什么,那么我们就必须能够在蛹的构形的最初一刻——也就是必须能够在毛虫中就指认出哪些部件是个体性预成的。但是当这些部件可以被指认时,变态的大部分已经完成了。因此,这个标本完全不能证明哪些部分在蜕变**之前**就已经存在。

因此根本没有证明是**支持**上述观点的,反而证实了**反对**意见。

如果用个体性的预成论来解释**新部件的产生**,那么要怎么解释先前存在的部件的**消失**呢?蛹中没有丢失任何东西,但在蝴蝶中却找不到曾经在蛹中存在的器官。毛虫必须被设想为被剥落的外壳,但是这个外壳在哪里呢?——人们为什么不问,**花**是否在树之中就已经被**个体性**地预成了?花与树的关系就是蝴蝶与毛虫之间的关系。如有必要,人们可以考虑让一个器官在一个**胚胎**中预成,但人们无法理解一个器官如何能够嵌套在另一个器官中。——我还想提出几点来说明这种不可理解性;例如,毛虫是从粗糙的食物(最硬的叶片)中汲取营养的。蝴蝶从植物的花蜜中获取美妙的营养。因此,为毛虫提供食物的器官,与为蝴蝶提供液体食物的器官必然是截然不同的。难道蝴蝶的营养管道嵌套在毛虫较为粗糙的进食管道中吗?

另一个例子是,在出生后的最初几天里,蛹仍然需要毛虫的呼吸器官(空气通道和遍布表面的开口);蛹很快就学会了不使用这些器官,当蝴蝶发育到一定程度时,这些器官就不复存在了——取而代之的是完全不同的、构造上也不同的呼吸器官。这个呼吸器官曾经也被嵌套在某处吗?

从变态的一个状态过渡到另一个状态根本不是一个单纯的**局部**变化,而是一个整体变化。例如蝴蝶的循环顺序和毛虫是截然相反的。在蛹中,沿着背部的大动脉将液体推向头部,在蝴蝶中则是远离头部。——在蝴蝶完成最后的发育阶段后不久,翅膀就会凭借中央循环系统(Gefäßsystem)的迅猛发育而展开,液体从内部涌入,而不是像其他人所认为的那样,仅仅是蝴蝶之间相互拍打,或者是由于从外部渗入的空气压力而展开翅膀。(转下页)

按照我们的原则，自然之中不同的种和属的生产活动在不同阶段被把握为同一个生产活动，因此**同一个**种和属的对立性别的构形必然只是同**一个**构形、同**一个**自然进程。因此，同一属的不同个体仅仅是**一个**个体，只不过按照对立的方向发展了。这至少对应于动物界中普遍可见的比例（因为在植物界中缺乏观察），自然在两性之间维持这种比例，但这并不是说两性的个体在**数量**上相同，而是说大自然以更高强度的构形本能来弥补个体数量较少的性别，反之则用个体的数量来弥补某一性别在构形本能上的较低强度。①

B. 必须证明的是，不同性别的分化就是我们视为自然中生产受阻的根据，换言之，必须证明**自然的生产现实地被这一分化所阻碍，但自然并没有因此停止活动。**

1) 从二分的那一刻起，产物就不再**完整地**表达它所处的发展阶

（接上页）所有这些现象都证明，昆虫的变态并不是预成部分的**单纯**演化，而是真正的后成和彻底的变化。

那么现在要如何解释这些现象呢？只有我们先前关于一切有机构形的阶段顺序理论才能解释这些现象；因此它们后天地证实了我们已经先天证明的东西。它们证明了：

a) 每一个有机个体在达到它受阻的发展阶段之前，必须遍历所有的**中间构形**（如果我被允许这样表达的话）。

b) 有机自然中一切持存和固定存在的根据都要到性别的分化中去寻找。—— 因为昆虫在变形**之前**是无性别的，或者说，**恰恰因为**它是无性别的，才会发生变形。一旦它的性别被确定下来，它就达到了那个被规定的发展阶段。反之，昆虫的变态一旦完成，性别就被发展出来了，或者说，一旦性别被发展出来，变态就静止了。当蝴蝶开始使用它的性功能时，它还没有立刻丢弃它的躯壳。它似乎只是为了繁衍自己的性别才进行了最后的发展。—— 在变态现象中表现出来的对**性别**的倾向，是有机自然能够达到的最高的东西。

适用于昆虫的变态现象的法则，也同样适用于植物。——谢林手稿中的注释

① 甚至在很多物种身上，对立性别的形成 —— 即使分布在不同个体身上 —— 是一个共同的形成过程；比如，三种蜜蜂的形成总是**同一个**过程，之前提过的那种引人注目的共存就发生在这个过程中，工蜂的无性别是通过唯一的雌性蜜蜂在构形本能上的强度来弥补的。——谢林手稿中的注释

段的特征。它不是**完善的**产物,它不能使自然**停止**,即便自然的进一步发展受到了这一分化的干扰,从而在这一阶段受到了阻碍。[①]现在,自然将在这一产物中施展哪种活动呢?

一旦产物分化为对立的方向,或者偏向单一方向,永远不会停止活动的大自然就会在这两个方向或其中一个方向上最大限度地追求产物的构形,以至于产物在各个方向上都尽可能地远离其发展阶段的一般特征。换言之:自然会在两个方向上都尽力促成产物的个体化。因此每个有机体在个体化进程中的最高环节同时也是其中自然活动的最高环节。

2)如果在两个方向上都达到了个体性的最高阶段,那么有机体反而不再能够是自然活动的**对象**,而是中介和**工具**。[②]

一旦达到巅峰,两个方向就会被视作对立,它们之间的关系就像正量和负量一样。只是无论哪个方向上,自然活动都不可能终

[①] 我们甚至会在之后指出,恰恰是那个对立为进一步的活动提供了条件,因为自然中一切活动的条件都是二元论。——谢林手稿中的注释

[②] 这个个体性的最高环节实际上只是完全性发育的环节 —— 是产物的完全分化。但也正是在这个环节中,自然呈现出最高的活动。植物性在这一环节闪烁出最高的、最决定性的色彩,而这一刻对动物而言也是真正的巅峰时刻。现在,自然完成了它的工作。产物成了限制条件下它所能成为的样子。它已经达到了它的实存的最高峰。因此它不再是自然的**对象**。—— 那么什么才是自然**真正的对象**呢?

在发展个体性的过程中,自然的目标并不是个体,毋宁说是个体的消灭。自然持续努力扬弃二元性,并重新回到原初的同一性中。这种努力正是自然中一切**活动**的根据。——二元性将持续活动的压力强加于自然,二元性所在,仿佛构成了对自然的**意志**的违背 —— 这里的情况也是这样。自然并不是有意要分化的。—— 自然将产物在两个方向上带到最高峰,是为了一旦达到最高峰,就让它回到无差别。自然的目的不是这个或那个方向,而是共同的产物,它在自然中自行分化了。一旦产物在两个方向上达到了最高峰,自然向着无差别的**普遍**努力就会施加到产物头上。——谢林手稿中的注释

结①，因为个体性东西普遍与之【自然】相悖。

自然中向着对立方向起效的对立活动，总是彼此独立的；它们之间越是独立，特定自然领域内的平衡就越受干扰，这个特定领域是由它们划定的。②当它们到达了彼此独立的巅峰，平衡就受到了最大程度的破坏。

只有在自然中，最大程度破坏平衡的环节与恢复平衡的环节是同一个。两者之间没有时间差。按照一般必然的自然法则，那些对立的活动必须结合【统一】起来。产物将会是从对立方向（构形本能）出发的**共同产物**，自然在经历一次循环后再次回到它出发的点上，产物仿佛也回到自身，并在此接受了它所处的发展阶段的一般特征。③

从这个角度来看，一旦**共同产物**被保证，自然就会抛弃**个体性产物**，不再活动于其中，甚或在它身上施加对立的作用（鉴于自然永远不可能停止活动）；从现在起，个体性产物成了对自然活动的**限制**，自然会努力摧毁它。

【作为结论的命题是：】**个体必须表现为自然的工具，物种必须表现为自然的目的** —— 个体灭亡，物种留存 —— 前提是，自然的个

---

① 这可能是自然的天性所求。——谢林手稿中的注释
② 它们被这个领域所限制。——谢林手稿中的注释
③ 我们是从这样一个前提出发的：自然的所有个体性产物都只能被视为在呈现绝对者这件事上的失败尝试。既然个体性产物只是一个失败的尝试，自然只是为了达到共同产物而**被迫**发展它，那么当它不再充当工具后，自然就无须再忍受它了。但是一旦得到共同产物，个体性产物就不再充当工具了。——谢林手稿中的注释

别产物必须被视为在呈现绝对者这件事上的失败尝试。①

我们首先可以引为结论的是,性别的分化似乎是违背自然的意志而发生的,正因为个体性产物是通过这种分化才产生的,因此产物只是自然的失败尝试。

3)共同产物将会【完全必然地】从液体开始(因为一切的构形都是从液体开始的)再次遍历相同的发展阶段,直到它必须再次为自己决定一个方向的阶段,或者向两个对立的方向发展,从这一刻起,自然再次采用它以往的行动方式。(需要注意的是:对每一个自然产物而言都存在一个构形阶段,当它达到这个阶段时[有很多产物并没有达到这个阶段],构形本能会不可避免地朝向**对立的**方向;这是我们看来不得不作出的论断,虽然我们暂时还不能辩护它本身。②只要它连同我们至今为止的研究一起是**必然的**,这就够了,尽

---

① 但事情真的是这样吗?这条牢不可破的自然法则,在通过可见的变态达到性发育的有机体中,是最引人注目的。一旦物种被保全,花朵就会凋零,变化了的昆虫就会死亡。在这里,个体似乎只充当媒介,有机的震荡只是构形力量(生命的火花)传播自身的导体。——但是,这条自然法则在更高级的有机体中不也同样有效吗?在这里,个体不也受到欺骗,仿佛它是目的而非工具?我们很少在高等造物中意识到,有机体在达到对立的巅峰后瓦解,部分原因是这种瓦解发生的速度非常缓慢,一个产物无论是对构形的自然而言,还是对破坏的自然而言都是一个漫长的任务;另一部分原因是,这里发生的性别分化远甚于低等阶段。如果对不同有机体中性别的远近程度进行比较,我们会发现,在生长时间最长的有机体中,性别是分化程度最高的,与之相反,产物越是短暂,性别就越相近。当大自然似乎想要更长时间地保留一个物种中的个体时,它就会进一步分裂性别,分裂的性别仿佛想要逃离彼此。高等动物的性别分化得如此彻底,而在花朵中,性别则集中在一个花萼之中(如同在一张婚床中)!——谢林手稿中的注释

② 也就是说,只要生产活动应当受阻,这样的分化在每个发展阶段就都是必要的。但是我们还没有解释这个分化本身。它对我们而言是必要的前提,连同我们现在的研究一起是必要的,即便我们还不能解释它本身。如果我们的科学要是完整的,接下来我们就必须给出解释。(转下页)

管它本身又构成一个我们日后必须要解决的问题。我们必须首先牢牢抓住推理的主线,期待在持续的研究中给每一个悬而未决的问题找到答案。)

目前看来,我们只要表明自然的生产活动所受到的阻碍是**必然的**。但这件事的前提是,每一个发展阶段上构形本能的对立方向是**必然的**。

我们认为,(有机的)自然产物之所以显现为固定的,其唯一的、真正的原因就是性别的差异。(但是它们并不是一劳永逸地固定下来了。个体消逝,只有**物种**留存,自然从来没有停止活动。只因为它是无限活动的,并且必须通过无限的产物来展现无限的活动,因此它必须通过无限的循环回到自身。)只有斟酌了从那个命题中得出的后果,我们才能采纳它。其中最重要的推论是:

有机体的差异最终还原为阶段的差异,它们在不同阶段上分化为对立的性别。①

因为有机体普遍只能被视为**一个在不同阶段受阻的有机体**②,

(接上页)我们还会遇到更多相似的状况,我们必须在未解释的情况下预设一些东西。可以提前期待的是,对所有这些未解决的问题最终都会有一个普遍的解决方案。毫无疑问的是,实际上,在自然的所有个别对立中只有**一个**对立分化。我们甚至在一开始就预设了这个对立。但是我们缺少中间环节,将原初的对立和分化到性别之中的对立联系起来,并且将原初对立作为自然中必要的东西推演出来。——谢林手稿中的注释

① 这看起来是荒谬,但却必要的。自然只是一个活动,因此它的产物也只有一个。它通过个体性产物所追求的也只是呈**现唯一**的绝对产物。其产物也只能通过阶段的差异性来彼此区分。但是很多产物在最低的阶段就已经被阻碍了。处于较高阶段的产物必须已经经历了较低的阶段,才能达到更高的阶段。——谢林手稿中的注释

② 我们不能被缺乏连续性的表象所误导。自然阶段的中断只对反思而言存在于产物的层面,在生产力层面对直观而言并不存在。自然的生产力是绝对的连续性。因此我们并不将有机物的阶序建立为机械的,而是动态的,换言之,并不将其建立为产物的阶序,(转下页)

受阻完全是由分化导致的，因此有机体的全部差异都依赖于不同的阶段所带来的分化。—— 所有有机体直到分化发生的阶段所经历的构形都是完全千篇一律的，每个有机体的**个体性**构形是从性别的发展开始的。

至于分化发生在哪个阶段只取决于活动的比例，这是每个有机体原初就具有的。①因此每个有机体不仅表达了一个特定发展阶段的特征，而且也表达了原初活动的某个特定比例。但是它并没有完整地表达这一特征，因为它在这个阶段并不能受阻，除非它自身分化为不同的方向。任何**个别**个体不能**完全**表达，只有**全部**个体共同才能表达的**共同者**，就是**物种**。因此在有机的自然产物中必然存在着**物种**和**个体**。②

由前文可以得出一个新的**结论：在同样的发展阶段受阻的有机体，创造出它们的力量也必然是同质的。**

因此在经验研究中，人们有理由用看似不同的物种之间共同的生育能力来证明，它们只是同一个种或属的**变种**，甚至可以将那个创

（接上页）而是生产力的阶序。**只有一个产物在所有产物中活着**。从珊瑚虫到人类的飞跃无疑是巨大的，如果两者之间没有中间环节，那么从前者到后者的过渡将是无法解释的。珊瑚虫是最简单的动物，同时所有其他有机物都是从这个主干逸出的。下文会给出其他原因来说明，为什么有机体的阶序并不仅仅**显现**为中断的，实际上也确实如此。——谢林手稿中的注释

① 一直以来人们的观点是，每一个有机体都标志着某个特定的发展阶段。我现在可以提出一个相反的观点：阶段的差异完全造就了有机体的差异。但是这些发展阶段本身是什么呢？它被标志为一个特定的形态。但是这个特定的形态本身只是现象。这个形态的真正根基是力的内在比例，而这是每个有机体都原初具有的。——谢林手稿中的注释

② 实际上，起初这只是必然的两性对立的结果 —— 但最终，在每个有机体中都应当有一个固定下来的绝对产物，也就是说，每个产物都同时是固定和不固定的，只不过是作为物种（作为发展阶段）固定，而不是作为个体。——谢林手稿中的注释

造出它们的力的统一体提升为一个自然体系的原则。

人们认为每一个受阻的产物都被限制在一个特定的构形范围内。但是自然的有机化**进程是无限的**,也就是说,每一个自然在其中受限的范围必须再次将无限性包含在自身之内,因此每一个范围都在自身之内构建出其他范围,这些范围又包含更多范围,如此以至于无穷。①

这会带来一个假象,似乎构形本能在物种的一般范围内②具有自由的方向。因为我们在**自然史**(在这个词的真正意义上)方面必须攀升到个体,正如个体直接源自自然之手,因此人们必须假设,在每个物种的最初个体中构形本能的那些方向还未被指明,否则它们就不是**自由**的了。因此,尽管每一个类的第一个个体本身并没有完全表达出它的属的概念,但相对于后来产生的个体而言它本身又是属。(为了解释这一点,康德在关于人种的文章中有一个非常正确的说法:"最初的人类种族形态在**肤色**方面是怎样的,现在已经无法猜测了;**白人**的特征也只是从一种原初原基③[die Anlage]发展而来的,是[原始人类种族]的诸多原初原基中的一种。")

---

① 产物是**固定的**。但是到什么程度呢? 自然的每个产物都可以再次分解成新的产物。自然在有机体那里的有机化进程是无限的。产物当然是被限制在一个特定构形范围内的,但是在这个范围内又总是能够构造出更狭小的范围。—— 当生产性本能不再从中心向边缘作用,而是从边缘向中心,换言之,当构形范围不能再扩大,那么就产生更狭小的范围,其中又产生更多,如此以至于无穷。——谢林手稿中的注释
② 然后由此得出种的多样性,或者更准确地说,有机自然中的变种。变种的概念中涉及某种偶然的东西,即对发展阶段的一般特征而言并不必要的规定性。——谢林手稿中的注释
③ 这里的翻译参考了生物学中对原基(die Anlage)概念的使用习惯,原基,指处于细胞分化初期阶段的组织或器官。虽然这与谢林所刻画的发展阶段并不完全对应,但包含了有机物特征的原初设定这层含义,因此予以采用。——译者注

构形本能就方向而言是**自由**的，因为**所有方向都是同等可能的**，但是构形本能在任意一个个体中采取哪个方向，并不取决于某种偶然性。必须有一个外来的影响施加在有机体上，将有机体规定在某一个方向上。通过外来影响**发展**起来的（但并不是因此**被创造出来**的）东西被称为**萌芽**或**原基**。因此，在一般的物种概念的范围内，构形本能的那些规定性可以被理解为**原初原基**或**萌芽**，它们全部统一在原初个体中（即便一个原基的发展会遏制另一个原基的发展）。

（在任何基础自然科学中都无法被忍受的肤浅解释被否决了，比如同一个种之中有机存在者的类别差异，似乎仅仅是因为受到了外部自然，甚至是人工的逐渐影响。由此可以证明的是，这种特殊性质的设定本身就在有机体之内，只是等待着外部原因的发展性影响。）

随着原初有机原基的发展，虽然有机体只出现在一个更狭小的范围内，但是并没有超出种的概念范围，或者原初发展阶段的范围。当有机存在者所处的发展阶段一致时，创造出它们的力量也是同质的（参见上文第55页），因此只要个体处于同一发展阶段，那么无论它们在类别上有多大的差异，它们都是可以在一起进行繁殖的。

因此它们不能被视为不同的**种**，而应当被视为同一大类（der Stamm）的不同**变种**或**种族**。①（这种变种在植物界中最为常见，人

---

① 例如，人类种族的差别完全不能证明**任何人之为类**（der Menschenstamm）的差别。不同种族能够一起进行繁殖这点证明了，它们只是对同一个原初体的偏离。——谢林手稿中的注释

们已经将不同种类的植物卓有成果地混杂在一起了①，已经无法找出一些现存的有机体原初属于哪一属了。②——动物界中一个种的变种也并不少见。③此外，变种并不仅仅延伸到外部特征，例如皮肤的颜色④，就像在人类的例子中显而易见的那样（尽管皮肤本身也是区隔器官这种特殊有机体的杰作），它还延伸到身体的内部构造，主要是头部的骨骼结构，最后是大脑本身的结构。⑤

但是由于那种类别差异是由有机体中构形本能的倾向发展而来的，因此差异一旦被发展出来，就会在这个变种的不断繁衍中无可避免地延续下去，而不必在同一类别的个别个体身上重新发展一次。不同类别的个体会产生一个中间地带，只有当它始终与同一类别混合在一起时，才能最终完全融入后者。⑥

---

① 人们通过将不同的种混合在一起，已经将一个种完全变成了另一个种，但这种过渡恰恰证明了，那些不同的种只是同一种生物的不同变种。——谢林手稿中的注释
② 例如，各种不同种类的谷物可能只是不同种类的草混合而成的变种，它们的原初体现已完全不存在了。——谢林手稿中的注释
③ 例如，从鬣狗到博洛尼亚狗之间存在着连续的变种。在这个漫长的序列中还出现了狼和狐狸等。——谢林手稿中的注释
④ 如果没有有机体的内部差别，皮肤颜色的这种区别是不可能的。例如，现在认为，黑人的皮肤之所以是黑色的，是因为其皮肤是作为血液中碳的区隔器官而组织起来——如果要从皮肤呼出的气体中析出碳，皮肤就必须以一种特殊的方式组织起来，而在黑人的情况中，这种组织方式已经被简单地感觉到了。——谢林手稿中的注释
⑤ 这是按照软体动物的类比而来的。大脑就像一个软体动物，它的壳就是头骨。——就像蜗牛建造了它的壳，在大脑的建构过程中会出现很多变体，照此看来我们真的可以期待从高尔的学说中得到一些有趣的东西。——谢林手稿中的注释
　　弗朗茨·约瑟夫·高尔(1758—1828)，在德国出生的法国解剖学家，颅相学的创始人。——译者按
⑥ 产物经由种族差异进入了一个更狭窄的构形领域。但是自然会在这里停止构形吗？即便在种族差异的领域内也还可能有更狭窄的领域。粗陋的眼睛只能看到粗陋的轮廓，并不能捕捉精微的差别。——谢林手稿中的注释

不可避免被继承下来的有两种情况，要么是一种规定性将其他所有变体都排除在外，例如黑色；要么是给自然留下更多余地，例如白色使更多变体得以可能。这样一来，变体就不能被种族差别事**先规定**（例如金发被白色皮肤所规定），否则变体就不再是**变体**了。也正因为如此，变体不会和种族差异一样被继承下去，而是显现为自然的一场**游戏**，因此变体并不决定种族，只决定不同的变种（die Spielart）。（前文已经提及康德的文章，以及文章中对目的论原则的使用。）

最终，有机构形不断紧缩的限制（在一般的种的概念范围内）在人类种族身上发展到了无限，而新的外部、内部特征不断被嫁接到原初形式之上，由这些特征之杂多可见，大自然确乎是取之不尽的。①

附释：1) 产物在某一个发展阶段受阻，这并不意味着产物彻底不再活动，而是说，它在生产力方面被限制了，它能够无限再生产的只有**它自己**。现在它继续活动，因此它只**为了自身**而是活动的。换言之，它将不仅作为个体再生产自身，而且同时根据种来进行无限的自身再生产（生长和繁殖）。

如果有机体没有达到对立性别的分化阶段，那么它就不能根据**种**来进行自身的再生产。植物或者类似植物的动物通过花蕾和压条进行

III, 59

---

① 其中最引人注目的当然是人类，每一个构形都有特定的原创性。因此，正如沙夫茨伯里所说，**理想的**肖像和复制品是可以一眼被区分的，因为后者之中包含一种真相，即一种精确的规定性，这是沉浸于自身的艺术所无法达到的。

种固定下来以后，自然也没有在个体之中停止生产，直到个体被完全规定为个体。但这只会与完全的性发育一同发生。只有在这一环节有机体才第一次完全进入**最狭窄的构形领域**，例如，面相固定下来不再改变。——但是一旦产物达到了个体的巅峰，自然就不再生产；它开始以反生产的方式发挥作用，仅仅通过与个体的实存相斗争来维持个体。——谢林手稿中的注释

的繁衍并不是繁殖,只是生长,后者是可以被外部的影响所推动的。

III, 60　　因为每个有机体都被限制为一个特定的形式,因此它的全部活动都指向对这个形式的生产和再生产。因此,每个有机体之所以只会无限再生产自身,其原因要到构形本能的**原初**受限中去寻找,并不能在预成的胚胎中找到,后者的现实性根本得不到任何证据的支撑。一切有机构形的最初的(现实可证的)胚胎本身(例如植物的种子)就已经是构形本能的产物了。也没有根据能够表明,在这样一个胚胎中,一个个体的所有部分都已经以无限小的形态预先存在了;与之相反,在胚胎中包含了多样化的倾向,一旦个别倾向被设定为活动,它就必须按照预先被规定的方向发展。"在开端中,身体的一切部分都是潜在的而非现实的。"("Omnes corporis partes non actu quidem sed potentia insunt germini." Harveus, *De Generation Animalium*

III, 61　[《论动物的生殖》])①因为所有器官和部分的多样性只标志着**方向**

---

① 如果要列出我之所以反对个体预成论学说的所有理由,篇幅就太长了(参考布鲁门巴赫)。因此这里就列举几个主要原因:

　　1)虽然自然在生产个体时通常至少表达了种的原初样态(das Original),但是一旦受迫,例如有机体受创或者某个偶然的缺陷需要被弥补时,自然就会发生偏转。—— 这里自然生产了某种本不会产生的东西,因为它取决于偶然的条件,而这也是无法预成的。

　　2)如何解释低等动物物种的繁殖呢? —— 珊瑚虫被肢解、解剖,反过来问,这里胚胎中剩下的东西是什么?是观察者的解剖刀吗?

　　3)为什么所有这些都需要特殊的繁殖条件 —— 只在幼年动物中,如果是**高等**动物就只有独立于大脑的那些部分 —— 或者是否每一个部分都预先有一个**特殊**的胚胎? 真是荒诞的想法。

　　除了个体预成论什么都无法解释之外,上述这些理由就已经足够驳斥这个体系了。

　　在这里我还应该涉及布鲁门巴赫用来取代演化理论的构形本能体系,但也只是略微涉及,因为我们现在还缺少一些真正决定性的物理根据来达到这个体系。因此下面只是大略讨论一下:

　　我们与布鲁门巴赫的一致之处在于,有机自然中并不存在个体预成,只存在(转下页)

的多样性，构形本能被迫在特定的发展阶段按这些方向发挥作用。**因此所有构形都是通过后成发生的**【通过变态或动态演化】。①

（接上页）种属预成。不存在机械演化，只存在动态演化，因此只存在动态预成。——谢林手稿中的注释

① 构形本能这一概念是当时的物理学有可能采取的最真实的描述，尽管我们非常建议将它作为最终的解释原则，但它并不能解析出更高的自然原因。

当我们以先天的方式研究发生在有机构形中的活动是哪种活动时，就会立即发现它不可能是**简单的生产力**，即在**第一潜能阶次的生产**中，以及在僵死物质的生产中发生的那样。进一步的研究表明，它也不可能是**第二潜能阶次的生产力**，例如化学进程中起效的那种生产力。因此它是比单纯的化学生产力更高的一种生产力。但是这种更高的生产力可以被表述为构形本能。—— 在构形本能的概念中包含着1）自由。有机产物中存在自由，因为在这里起效的不是简单的生产力，而是一种复合的生产力，由此产生出了自由的假象。在这种对抗中，个别活动并不能生产出符合其本性的东西，它通过限制被提升到一种更高的生产力中。但是2）那种自由也不能是无法则的。因此，尽管每个个别活动都生产出了按其本性**不会**生产出的东西，即如果任其发展，它并不必然生产出的东西，但它在这种对抗中，除了它生产出的产物，不会再生产别的。—— 因此，这个产物也是一种**必然的**产物。由此我们就看到了自由和必然性的统一。

构形本能被称为构形本能是为了与构形的力相区分。这个概念的合理性并不在于它是原因**本身**，而在于它是对于原因的一种**描述**。布朗主义者尤其不应该反对这个概念，因为这个概念早前很久就表达了布朗后来的主张，即有机构形只能通过**激发过程**的中介发生。因此恰恰是这个激发过程，将产物提升为一个高于单纯化学过程的潜能阶次的产物。因此我们将继续使用这一概念，直到我们能够将这个概念回溯至自然原因。

概括：我们研究的开端是要去解释，固定的产物是如何可能产生的。这个任务我们已经完满完成了；因为有机体本身将我们带入一个无机的、非生产性的世界之中，在这之前，自然对我们而言只是生产性的、有机的。

既然推演出了自然如何能够被限制为个别产物，但它并不停止生产。因此

1）自然在那个范围内不断组织起更狭窄的构形范围，即变种、变体等。

2）构形本能向着对立方向的分化导致了持续的二元论，因为二元论是自然中所有活动的条件，

因此也为持续的活动提供了条件，在种的同一性再次从性别的二重性中产生之前，活动是不会静止的，但是按照性别原初分化的法则，这样的情况是永远不会发生的。

我们的研究进一步证明了，无论个别产物之间的差异有多大，我们在有机自然中解释的只是那一个在不同发展阶段受阻的产物。只是发展阶段的差异造就了有机体的差异。—— 生产活动在个别发展阶段的受阻关系只会通过性别的分化这一件事情发生。——谢林原注

III, 62　　2）很多自然研究者曾经抱有的希望是，将全部有机体的起源设想为连续的、同一个原初有机体的渐进式发展，但在我们看来，这个希望已经落空了；因为那个唯一的产物只有分化为对立性别，才能在不同的阶段受阻。①

III, 63　　一旦一个有机体发展出了对立的性别，那么所有进一步的构形就都停止了，这个有机体只能无限地再生产自身。②

　　进一步来看，有机体体现为固定在不同的阶段上，这显然是以每一个有机体的原初活动【力量】的特殊比例为前提的；其后果就是，在每一个向我们显现为固定的产物那里，自然都必须从全新的原基那里从头开始。（因此对自然研究者而言，精确地找出这些原基结构仍然是一个任务，这样他就不会把不同的物种仅仅视为原初结构的变种。）③

---

① 无论有机体之间的差别有多大，它们都只是物理性起源意义上的同一个有机体的不同发展阶段；可以想象它们**似乎**是同一个产物在不同发展阶段受阻的结果。但是不同有机体的**物理性**起源所适用的情况，并不能转移到**历史性**起源上。比如说，如果我们追溯到**地球**的原初状态，然后发问，有机自然是通过哪种机械变化，如何产生出来的，我们不可能仅仅凭借**唯一**的原初产物的渐进式发展就产生出种种有机体。要产生一个新的产物，自然必须从头开始。——谢林原注

② 一旦受阻就只能无限再生产自身。——谢林原注

③ 除此之外，我们不会得出有机自然的生产力不能被视为**唯一**的生产力这样的结论。全部产物都隐秘地存在于自然的原初生产力中。一旦自然被给予**特定**的阻碍点，产物就从同一性中现身。但在自然中曾经原初地只有**一个**阻碍点，因此有机形毫无疑问是从**唯一**的那个产物开始的。自然在与这个阻碍点抗争的过程中将其提升为**产物**，因此它不再被**作为**阻碍点；但是很明确的是，当自然原初地通过自身被限制时，对那个唯一的阻碍点的扬弃会产生一个新的阻碍点，因此一个产物包含了接下来的诸多产物的**根据**。产物C不会先于产物B，产物B也不会先于产物A而诞生。—— 因此**生产力**是唯一的，但产物并不唯一。并不是只有**唯一**的固定存在的产物在不同的有机体中发展自身；因为产物要被固定，就要在构形过程中不断受阻。——谢林手稿中的注释

对理性中现实存在的一个理念的误解是，不同的有机体是通过渐进式的发展彼此构形而来的。换言之：所有个别的有机体都应当**等同于**那个唯一的产物；这种设想的必需条件是，自然【仿佛】为所有这些有机体设定了一个相同的原型（das Urbild）。

这个原型应当是绝对者、**无性别者**，它既不是个体，也不是种属，而是同**时是它们二者**，个体和种属融合在这个原型之中。这个绝对的有机体不能呈现为一个个别产物，而是只能呈现为无限的个别产物，**个别**来看偏离了无限的理想，但作为**整体**又与这个理想兼容。自然通过全部有机体来表达一个这样的绝对原初者，唯一能证明以上这种情况的是，有机体的差别只是与绝对者远近程度的差别，绝对者在经验中保持为同一个绝对者，而诸有机体只是同一个有机体的不同发展阶段。

III, 64

然而那样一个绝对产物根本不存在（它总是**将要存在**，并不是固定的），因此有机体与绝对产物（作为理想）或远或近并不能通过与绝对产物的比较来确定。但是，由于这种靠近共同理想的经验必然会带来一种现象，与同一个有机体的不同发展阶段会带来的现象仿佛是同一种，因此后者的**可能性**一旦被证明，前者也得到了证实。①

要证明这一点需要通过比较相似之处和逐步增加的差别来实

---

① 如果**证明**了诸有机体可以被视为同一个有机体的不同发展阶段，那么也就证明了，自然在所有有机体中表达出了唯一的原初者，也就是说，至少生产力中的**统一体**得到了证明。人们一直以来尝试了各种方法来完成这个证明，目的是证明自然中形式的连续性。所有形式的连续性表达的正是所有有机体内在的亲和性，它们是同一主干的共同后裔。——谢林手稿中的注释

现，部分来自有机体的**外部结构**，部分体现在**器官的结构上**，这就是**比较解剖学**（Anatomia comparata）的工作。借助比较解剖学，我们会逐渐达到一个更为自然的有机自然体系的排布，远胜于迄今为止的其他方法。①但是**外部结构**只是有机功能的原初内在比例的现象②，因此，在寻找这种内在比例时，有一个比形态和有机结构的差异简单很多的规范原则，一种至今尚未被尝试过的**比较生理学**（Physiologia comparata）将提供这一原则，尽管结构的差异可以引导我们寻找这一原则。

这个理念有望让我们以最快的速度达成我们的目标，但在我们继续之前，有必要做一些前置的说明。

a）那个有机体无非是对多种多样的活动的一个共同**表达**，那些活动在一个特定范围内彼此限制。这个范围是一种恒久的东西——不仅仅是作为现象渐渐消失的东西——因为它是在活动的冲突中**诞生**的，是彼此交错的诸活动的纪念碑，因此在交替变化中唯一持存的就是**交替的概念本身**。活动持续阻碍着彼此，但在这种无法则状态中仍然保留着**产物本身的合法则性**，这些活动迫使自己产生出这种产物（而非其他产物），因此关于有机体的下述看法被证明是

---

① 比较解剖学所发现的这些区分，实际上完全是自然自行造就的。常见的分类体系并不存于自然之中，其仅仅是为了帮助人的思维而设计出来的。林奈的方法是有困难的。人和蝙蝠、大象和树懒处于一个分类之中。只要单纯外在的区分特征是有效的，上述这种非自然的并置就是必然的，例如，动物是否有胸部，是分趾还是联趾，有多少牙齿等。——谢林手稿中的注释

② 这些多种多样的功能与我们至今为止认识到的那个唯一的本原是什么关系？与有机的生产力又是什么关系？哪些功能有可能只是生产力的不同阶段？——谢林手稿中的注释

合乎自然的①，即有机体作为产物**通过它自身**是其所是，它自身既是原因也是结果，既是手段也是目的。

b) 每一个有机存在者（作为有机体的恒久表达）都处在活动的冲突中，这种冲突将在某些必然的行动中表现出来；这些行动必须被视为有机体自己的功能，因为它们是有机冲突的必然结果。

c) 因为这些功能是从有机体的本质中必然产生出来的，因此它们对所有有机体而言都是**同样**的。② 有机自然界的所有差异都来源于这些功能在强度上的**不同比例**。

d) 但是如果这些功能之间**正相关**，也就是一方在强度上增加，另一方也必然增加，反之亦然③，那么它们就不能在强度上形成不同的比例；这样就只有功能的**绝对强度**会无限增加，它们的比例本身（它们的相对强度）就不会发生改变了。因此功能必须处于**强度的反相关**中，即一方的强度增加，另一方就减少，反之，一方强度减少，另一方就必须增加。简言之：功能必须彼此**对立**，并且交替维持平衡，这是一开始就跟有机体的概念绑定在一起的。

e) 因此在一个个别有机体中，一种可能性是，其中一个功能是

---

① 有机体1) 不是单纯的显现物，因此，也不是**仅仅**在它的结果中被认识的东西；2) 它的活动不指向任何一个外在东西，而是指向自身，它是它**自己的对象**（新的规定）：它是排除了一切外部**影响**下它所是的东西。——谢林手稿中的注释

② 例如应激现象（脉搏）中扩张与收缩的交替变化是所有自然产物和所有构形的必要条件，因此任何有机体中都不缺少这种交替。——谢林手稿中的注释

③ 在有机体中一切都是原因和结果。因此每一个功能的存在都离不开其他功能，任何功能都不能超过其他功能。**区分**：肯定的因果关系和否定的因果关系。——A是B的原因，A的不活动是B的活动的原因。这里的否定性关系指的是，一个原因的增加可以是另一个的下降，或者反过来。但如果它们处于直线关系中，这就不可能的。——谢林手稿中的注释

主导性的；但在直线关系中，一个功能主导就意味着对立功能必须被压制。①另一种可能性是，这些功能在一个有机体中维持**平衡**。只是当功能彼此对立时，一种功能排除其他功能，就不可能将它们统一在**同**一个个体中了。因此统一着**所有**功能的那**一个**有机体必须分成很多个别的个体，而那些不同的功能也必须被分配在不同的个体身上。但是这些个体必须通过共同作用再次生产出那个有机体，反之亦然【因为在有机体中一切都是交互的】，它们的功能只能在这个有机体中发挥作用。这些功能与整个有机体的关系，与它们的活动的因果关系是一样的。与（作为整体的）有机体持有这样关系【却又具有自己的个体性】的就叫作**器官**。因此当对立的功能统一在**一个**有机体之中时，这些功能必须被分配到不同的**器官**上。因此在有机自然界中，功能的多样性越大，器官体系也就发展得越多样化（有些器官被称为血管系统，这是完全错误的，因为在有机体中不存在纯粹的**血管**）。②只要这些器官都发挥它们各自的功能，它们就具有了**自己的生命**(*vita propria*) —— 但是只要这一功能的发挥还可以被限制在整个有机体之内，根据有机体的概念，它们拥有的就只是一种**借来的生命**。如果这些有机功能的种种可能的比例可以被先天地推演出来，那么由于有机结构取决于这个比例，所有可能的有机体多样性也就同时被推演出来。③

III, 68

---

① 生产力越是已经过渡为产物，或者质料化，就越不需要区分出生产力的更高阶段。——谢林手稿中的注释

② 例如在珊瑚虫中没有器官的区分。—— 这就是比较生理学和比较解剖学的亲和性。——谢林手稿中的注释

③ 那个共同的、贯穿一切的生产力同时也是不可见的媒介，它渗透了所有有机体并且将它们联系在一起。——谢林手稿中的注释

f) 人们现在理解了以下问题：先天地去规定不同的有机功能，及其可能的种种比例。—— 如果这个问题能被解决，那么不仅会在自然中带来一种普遍的**动态阶序**，而且人们也将同时在自然自身之中先天地推演出这个阶序，那么至今为止的**自然历史**就会被提升为**自然体系**。

注释：正如康德所言，至今为止的**自然历史**实际上是对**自然的描述**。他本人将自然科学的一个特殊分支称为自然历史，即对地球上的各种有机体受到外部自然影响，通过气候的迁移所经历的那些渐进变化的知识。但是如果上面的想法能被实现，那么自然历史这个名称将获得更重大的意义，因为它会真正成为自然本身的**历史**。即自然如何通过持续偏离那个共同的理想逐渐产生出全部杂多的产物，自然自由地，但也并非**无规则地**进行构形，因为它始终保持在它的理想的边界之内，理想虽然没有在个别物中实现，却在整体中实现了。

现在剩下的问题是，单纯的自然描述（它与我们所谓的自然历史的关系正如解剖学与生理学的关系一样）也应当遵守的原则是什么。如果仅仅按照外部特征去寻找物种的连续性（continuitas formarum），在自然中是找不到的，那就只有两种做法，要么像以前一样用连续的断裂来展示自然的链条，将比较解剖学，或者像已经尝试过的那样将**有机功能的连续性**当作排序的原则。后者是我们接下来的任务目标，自然哲学的所有问题都能轻易地被统一在这个任务中，正因如此，我们为这个任务找到了一种**最普遍的**表达方式。

III, 69

V.

任务

应当先天地推演出自然中的一种动态阶序。

解答

前文中已经推演出了，为什么绝对产物必然在个别的发展阶段受阻，以及这种受阻本身是如何发生的（III.IV）。但是唯独没有指出这种受阻如何可能是**持久的** —— 这些脱离了普遍自然的个体性存在是如何能够维持一种个体性的实存，既然自然的全部活动都指向那一个**绝对有机体**。

现在的这个任务，即推演出自然中的一种动态阶序，是以个体性自然的持存为前提的。因此解决这个任务的前提是解决另一个**任务**，即**个体性东西如何在自然中自身持存**。

解答：假设全部自然等同于一个有机体，那么自然中没有什么不顺应这个普遍有机体或者受其支配，简言之，自然中留不下任何个体性的东西。

我们的任务可以进一步规定为：**一个个体性的存在如何能够对抗普遍有机体而自身持存**。

普遍自然具有绝对同化的作用，换言之，它不会允许它的领域内有任何不适应这一领域的生产活动；它只允许符合绝对产物的东西存在。①

---

① 但是人们可以设想，个体性东西仿佛从一般有机体中脱离了出来。每一个有机体都是一个特殊的世界 —— 样态中的样态（status in statu）。——谢林手稿中的注释

任何自然界中的个体性如果不像绝对有机体那样去同化一切，将一切把握在其活动范围内，就无法维持自身如其所是。只要它不**被**同化，就必须去进行**同化**，只要它不**被**有机化，就必须去进行有机化。

在这种行动（对立）中**内部东西**与**外部东西**就个体性而言被区分开。产物的活动是一种**从内部向外部作用**的活动。但是，除了与作用于它如同作用于外部东西的另一种活动相对立之外，这一方向（从内向外）又如何能被区分出来呢？而另一种活动为什么能够作用于它如同作用于外部东西，如果它没有将自己设定为拒绝那种活动的（对抗与一般的自然活动同化）。

它通过将整个外部自然排除到自身范围之外的活动，也将自身塑造成了整个自然的外部东西。

（对它而言）外部自然与它对抗，仅仅是因为它也反过来与外部自然相对抗。**它对外部东西的感受性也取决于它对立于外部东西的活动**。只有当它反抗外部自然时，外部自然才能如同作用于一个内部东西一样作用于它。①

因此，外部东西根本无法**被**它所吸收，除非它**主动吸收**外部东西。外部东西对它而言根本不存在，不具有现实性，除非它的活动指向了外部东西。

不仅它对外部东西的接受**完全**取决于它朝向外部的活动，而且外部东西作用于它的**方式**也取决于它朝外部东西施加活动的**方式**。

---

① 僵死的物质没有外部世界——它与它的世界是绝对同一的。——从外部来的影响是向外活动的条件。但是反过来，产物的**向外**活动也是外部而来的影响的条件。这种交替规定对一切生命现象的构造而言是最为重要的。——谢林手稿中的注释

外部东西对内部东西的影响不同于外部东西对外部东西的影响（死物对死物的影响）。外部东西对内部东西的影响只有两种，要么就是它否定性地干预了后者的肯定性活动，要么就是它肯定性地干预了后者的否定性活动。但是事情反过来也是如此，内部东西只在以下情况中**接受**外部东西，即它的活动根据后者而成为肯定性或否定性的。

我们假定一个外部活动X影响了内部东西。我们抽象掉所有机械的影响，因为这里还完全没有推演出这种影响，也不可能有任何机械的影响发生在内部东西上。这里谈的是一种动态的活动。

这里要注意的是，需要明确受影响的是内部东西**本身**。那个活动按其本性所施加的影响被称为A。但是这个活动无法将A施加给内部东西本身，除非内部东西给出一个与其对立的活动–A。绝对内部东西对外部活动A的接受性就蕴含在–A中。

（例如：假如X是热物质的活动。它的影响是A。就这一本原即热物质而言，**内部东西**就是这一本原**在自身之中**产生出的东西。热物质无法给内部东西**本身**施加影响A，除非内部东西针对作为外部东西的热物质有一个**自己的**活动–A。这两种影响A与–A都是**肯定性**的。它们只有在交替维持平衡时才彼此成为肯定性和否定性的。反之亦然，如果没有一个外部活动A与–A维持平衡，活动–A也会消亡，A同时也是–A的对象。①）

内部东西中影响A的直接效果是一种**否定性**效果，这并不是一

---

① 虽然有机体自身会产生热，但是如果没有一个与其对立的外部的活动（同时也是它的对象）激发它，它自己的热活动也会消亡。内部东西带来了外部活动，这也意味着：内部东西带来了它的对立面。——谢林手稿中的注释

种进行否定的效果,而是与A直接对立的-A(身体自己的热活动是相对于热物质的外部影响-A而言的)。

在内部东西中,新的变化是通过这一活动-A的中介被生产出来的。这些变化计作Z,Z既是A也是-A的效果。①—— X无法给内部东西本身施加影响A,除非后者的活动与活动-A相关,因此Z也在形式和程度上受到活动-A的形式和程度的规定。

(为了解释上文:一种**毒**作用在动物性身体上。它在什么意义上是一种毒,以及它为什么是毒?难道它就其自身而言是毒吗?并非如此。例如,对每个身体而言,天花病毒只是一次性的毒,而蛇毒对毒蛇而言并不是毒。毒本身并不是毒,除非身体把它变成毒。只有当身体针对毒而活动起来时,身体对毒作为毒才具有接受性。毒并不攻击身体,反而是身体攻击了毒。②毒的最终效果Z在形式和程度上受规定于活动的形式和程度,而活动是有机体针对毒而作出的,因此毒的最终效果并不是毒的效果,而是活动-A的效果。)

但是反过来,只有当内部东西对活动A具有接受性时,内部东西才能作出活动-A。因此内部东西的活动-A本身又是外部东西的活动A的效果,因此,Z的形式和程度也中介性地受规定于活动A的形式和程度。

---

① 它是1)A的效果,因为只有通过A的活动才会产生出-A的活动。但是它也是2)-A的效果,因为只有经过-A的终结,A才能在内部东西中产生出变化。——谢林手稿中的注释
② 毒的概念正如感染、疾病和药物等一系列概念,只对有机产物而言是有意义的。—— 每一个身体都能变成毒,因为它是凭借有机体的活动而存在的。—— 药物和毒的界限。康德认为毒是绝对无法被同化的东西。只有所有的排泄才是毒。但是唯一正确的是:只有当有机体针对性地作出活动,想要同化它时,毒才是毒。——谢林手稿中的注释

（只有当毒对身体是活动性的，身体才会针对毒而活动起来。其活动的形式和程度为毒的活动的形式和程度所规定。）

因此A与−A彼此交替为因果【交替以彼此为条件】。

III, 74

绝对内部东西针对外部东西所做的行动蕴含着对外部东西的接受性，反过来，它的活动也依赖于它对外部东西的接受性。无论是有机体的行动，还是它的接受性本身，都无法纯粹地被认识。 因为，如果活动没有与之对抗的对象就会消亡，反之，如果它不对抗任何东西，对它而言就根本没有对象。

附释：刚刚建立起来的综合性命题统一了两个对立的命题。

a）**第一个命题**：**有机体的活动是通过它的接受性被规定的【反过来并不成立】**。有机的活动完全依赖于外部（物质性）原则的【直接】影响。但是物质只能影响物质，并且只能按照不变的法则。外部原因对有机体的影响以及由此而得以维持的有机体功能，都完全服从物质的法则。然而物质作用于物质，无非通过排斥力（碰撞）或吸引力（重力）。无论哪种影响方式都无法解释外部原因对有机体的影响，也无法解释由此被引发的有机体活动——无论是排斥力和吸引力共同作用，还是这两个力的交替作用。这种交替作用产生的是被称为化学现象的东西。[①] 由此说来，外部原因对有机体的影响以及有机活动本身都是**化学式的**。有机体的所有功能都遵循着物质的化学法则，生命本身就是一个**化学过程**。

---

① 物质的单纯化学现象已经超出了单纯机械现象，构成了自然运动的一个动态源泉。——谢林手稿中的注释

注释：这个理论似乎受到了经验的支持，如下所示。①

"有机体和生命完全依赖于化学条件。即使从远处来看，在所谓的无机世界中，自然为有机世界中的构形作出最初的化学设计。普遍的自然进程，以及那个始终在进行中的过程，必须被视为所有有机体最初的残余。一切都被吞噬到一个化学进程中。将空气循环保持在一个相同的混合比例对整个有机自然而言都是极为重要的。每天都重新有机化的大气已经包含了普遍有机体的最初萌芽。气象现象无疑是所有进程的共同现象，它通过这些进程不断更新和重建。例如，我们不知道如何用我们的化学知识来解释水的汽化（die Aërisation）和下雨之前水的蒸发（die Desaërisation），但这并不能证明它们不是以一种化学性的方式发生的。自然并不像化学家那样进行组合。自然和化学的关系就像语言和语法的关系。—— 在大气中，持续结合和分解的是同样一些质料，它们的结合和分解也支持着动物生命和植物生命，因此在一般生命介质中总是发生着的同样的化学过程就是一般有机体的开端。这两种质料从未结合，也不可能结合，这个整体中比例的永久性只能用持续化学分离的永久性来解释。"

"不可分解物是有机物质的主要组成部分，其中大多数在无机世界中都呈现出最强烈的组合倾向。这些质料都不能以个别的形式

---

① 很容易发现的是，被呈现出的化学体系是被观念化的，但是我认为这是必要的（到这里为止是原文的注释）。化学的那些重要发现使化学精神遍及所有头脑，尤其是那些借助化学在动物自然和植物自然中作出的发现。人们很自然地、不由自主地将生命的现象视为**完全化学的**，甚至不需要经由科学性的道路来达到这种观点，尤其是**赖尔**，他是这种化学论观点的主要辩护者，他在所有著作中都提出了这种观点，但没有提出任何适用于这一学说的根据来支持它。——谢林手稿中的注释

III, 75

III, 76

呈现，人们只能在它们与绝对流体（例如气体）的结合中，或者在与最固定之物的组合中认识它们。它们处于绝对可分解物和绝对不可分解物的中间，和有机物质一样，不属于任何一方。"

"在有机自然中格外有活动性的那些材料，在无机自然中已经展现出自身。反过来，在无机自然中作用最显著的那些材料，在有机自然中也是最具有活动性的。无处不在的热物质在动物身体中，毫无疑问也在植物中，是通过持续的燃素反应产生的，并且流经所有生命。电物质则赋予肌肉系统和可刺激的植物纤维快速力量（die Schnellkraft①）。按照新进的研究，眼睛中不可能发生自由的光线发展。植物吸收的大部分物质来源于无处不在的水，动物性物质的主要组成部分存在于大气中。土硬化为动物的骨骼，它们的血管中则含有金属。"

"有机化身体的全部现象的根据在于有机物质，在于基础质料的原初差异，以及它们混合的特殊比例 —— 在于通过外部的化学影响所导致的化学变化。有机物质的组成是无限的，因为每个器官重新有机化，以特有的方式被重新混合和构造，这个进程是无限的，每个器官都通过特殊的质与其他器官相区分。—— 但是什么是质本身呢？如果按照一般的观点，质是**僵死的质料**，那么即便是各种质料最完善的组合也还是需要一个新的活动，让它们交互影响，让它们的僵死的力量重新进入自由的游戏。但是，对我们显现为质的东西本身就是活动，每一种特殊的质都是一种特殊程度的活动。我们不禁要问，如此多样的质结合在一起，而且还持续受到外来活动（光、

---

① 此处可以理解为爆发力。——译者注

热等）的影响而改变,会不会产生我们在有机自然中知觉到的、那么多特别的活动?"

"为了解释有机**形态**(Gestalt),只需要将多样的活动统一起来,这些活动都是为了产生出一个原初的形象(Figur)。①因为每种物质中都原初蕴藏平衡的倾向,并且这个倾向在物质中是无条件的,因此它采取每一个可以让它达到平衡的形式。每种有机物质都会自愿地进入这种特殊的形态,因为只有这样才可能达到力的平衡。"

"因此有机体的所有差异都可以归结到质料的差异,质料在有机体中统一或分离,而有机体的功能差异也可以归结到它们接收到的不同的化学性影响。站在化学的角度上,关于动植物之间差别的争议性问题是很容易被解决的。"

"自然的两种对立的进程在植物和动物中发展为永恒。世界中物质的所有杂多还原为与一种实体的关系,此实体在我们的大气中至少固定下了光的元素,看起来它的位置就是宇宙中那些发光的星体。所有的物质要么就是被燃烧的(例如土),要么就是主动燃烧的,或者再次成为可燃烧的。因为自然的主要进程无论在大尺度上(即太阳与行星之间的关系),还是在小尺度上都是燃烧和反燃烧过程(Decombustionsprocess)。有机自然自行分为两个部分。"

"动物分解大气,像一团运动着的、生长着的火焰一般,维持、

---

① 为了解释有机形式,需要的只是那种特殊的化学混合,我们在有机自然中预设了这种混合。一种特定的形式与特定的混合总是不可分的。—— 在无机世界中的证明。—— 然而是先天的证明。物质不能**被迫**成为一个特定的形式,除非通过一种特定的混合,因为那个形式是混合中达到力的平衡的唯一可能性条件。——谢林手稿中的注释

繁衍并运动着。植物赋予无处不在的燃烧物质以可燃烧性，又把使燃烧得以可能的材料释放回大气之中。——植物与动物之间的这种差别是一种原初根植于自然之中的差别，它们之间所有其他的差别都来源于此。但是这种差别本身完全来源于动物物质与植物物质在化学成分上的差异；至少大部分的植物物质缺少某种成分，它使得动物物质能够在自身之中保持那种本原。"

"动物和植物都是永恒的化学过程，这种过程是通过外部的化学性影响维持的。植物生命的外部条件是**光**，对动物生命来说则是**燃素**成分。它们的所有功能都参与了这个化学过程，并由此而来。"

因此，命题——"有机体的活动是通过它的接受性被规定的"——是一种**生理物质主义**（physiologischen Materialismus）的原则。

b）第二个命题：有机体的接受性取决于它的活动。

如果有机体的接受性取决于它的活动，那么有机体也取决于物质对有机体的作用。物质在有机体之中、在有机体之上施加的作用本身，是无法不借助中介为我们所经验到的，因为作用在形式和程度上都受到有机体的活动的规定，物质不能凭借其力量自由无阻地在有机体中发挥作用，有机体切断了化学亲和性的共同纽带，新的亲和性被促成。进入有机体范围内的东西从此刻起就获得了一种全新的作用方式，直到它重新回归无机自然，才会丧失这种作用方式。①

---

① 但是从另一个视角来看，这个任务是可能的，并且也得到了解答，因为对无机产物的建构的表达也是对有机产物的建构的表达，因为我们只有在更高的潜能阶次中才应当使用有机的范畴，目的是将其转移到无机产物上。对一个产物的构建而言，只存在一种表达；只不过存在着不同潜能阶次的诸多产物。——谢林手稿中的注释

注释：（这个体系也建立在经验上。

"有机体自身维持着一种完全特有的混合，在自然中别无他例。化学确实能够说明这种混合的主要成分。但如果**这些**成分仅仅**如此这般**在有机自然中活动，正如化学可以证实的那样，那么这些简单材料的不同比例混合怎么会产生出如此杂多的有机产物呢？有机的身体可以在所有温度下保持自身的温度。植物界仅仅从空气和水中就产生出了各种不同的物质，动物界也经过植物界的中介做到这一点，这是任何化学技艺都无法做到的。只要生命得以延续，外部自然的化学力量非但不会使有机物质变得像僵死的物质，反而会产生相反的效果。一旦生命消逝，有机物质就会回到它曾经摆脱的一般循环中，它的元素的混合越是不遵循僵死自然中的亲和力法则，它就会越快地落回循环中。"）

在有机体中，化学的力和物质的法则部分被取消，部分被改变，其原因不可能再是**物质性的**，因为每种物质本身都参与了化学进程——因此它是一种**非物质性的**本原，理应被称为**生命力**。①

---

① 正因如此，自然的法则是一种牢不可破的法则。看上去似乎自然也可以废除自己的法则，但究其根本是因为你们所说的自然法则并不是真正的自然法则，而是你们自己的发明。只要稍微翻阅一下迄今为止的大多医学教材，人们就会发现，几乎每一页上都以不同形式表达出一条半遮半掩的原理，即自然法则是有例外的。唯一的原因是，对象通常顽固地不愿遵从学院的理论。例如，当一种疾病不能用通行的体系来解释，这种疾病立刻成为一种自成一类的疾病，完全遵循自己的特殊法则。——正是因为"自然法则是有例外的"这一原理，有机存在才能像一个封闭的国度一般长期存在，并且像被施了魔法一样从自然解释的领域里消失无踪；这条原理使迄今为止所有的医学理论都丧失了可能性，并且使这门科学沦落为最浅薄的经验主义。但这条原理同时反对知性的首要法则，因此这条原理必须有其他的转折。即自然法则当然是不能被取消的（这是公认的）除非自然力量取消了它。因此，例如重力的法则是不能被取消的（比如月球向着地球坠落）；但是当自然中存在一种起着与它对立的力量时（某种否定性的重力），被取消的不是重力本身，（转下页）

因此，命题 ——"**有机体的接受性是被它的活动所规定的**"，是一种**生理非物质主义**的原则。

c) 上述两种体系都不是真实的，因为它们彼此驳斥。然而两者都有某种必然性，因此它们同时**都是**真实的，或者说真实的东西是由它们而来的第三者：

αα) 生命的本原在它表达自身的**地方**显示为一种活动，它抵制一切来自外部的材料堆积，抵制外部力量对它的冲击；但是【在这个活动中已经存在着**对外部影响的接受**】如果没有外部冲击的激发，这个活动就无法**外化**自己，因此生命的否定性条件是**外部影响的激发**。①生命是违背外部自然的意志（invita natura externa），【在与自

（接上页）而是它的**效果** —— 这里也没有违反任何自然法则，因为只有在对立的力抵抗重力时，重力法则才是有效的。—— 在生命现象上就是这样。自然只有凭借另一种力量的对立效果才能取消化学和物理的法则，由于我们现在对这种力量完全没有认识，因此我们称之为**生命力**。

上述对生命力的演绎已经包含了下述供认——

1) 它完全是无知的权宜之计和懒惰的理性的真正产物。
2) 我们并不能凭借这个生命力在理论或**实践**中更进一步：

a) 在理论中不能更进一步，一部分是因为人们认为生命力是一种简单的力，比如排斥力，或者一般认知中的重力；换言之，生命力**不具有经验性条件**：因此人们不能理解为什么它不能像那些力量一样一般地发挥作用。另一部分原因是，人们认为生命力是**一种组合力**，也就是依赖于经验条件——因此必须能够指明经验条件，在此之前生命力只是一个空洞的词语。—— 针对生命力即重力的说法，首先并未说明重力是没有经验条件的。其次，重力是按照极为简单的法则起作用的。让我们相信生命力的条件是，简单的法则被建立起来，并且能够用来解释有机自然的存在和一切现象，正如重力的法则能够解释宇宙的存在和现象。生命力的概念不仅在理论中没有太多助益，而且 b) 在实践中也是如此。整个医学都归结于这种完全**未被认识的力量**所起的作用，当然不是按照力量的本性所能够产生的那种特定法则起作用，而是按照一种盲目的经验主义。——谢林手稿中的注释

① 在这里有机体服从所有其他自然物的法则；任何自然物的运动或活动都离不开外部原因。——谢林手稿中的注释

然的矛盾中】通过摆脱自然而产生的。因此外部自然会与生命相对抗；大部分被认为促进生命的外部影响，实际上对生命是毁灭性的，例如空气的影响，实际上是一个消耗的过程，它不断尝试让有生命的物质服从化学力量。

ββ）但正是外部自然的这种抗争维持了生命，因为它总是激发出新的有机活动，重新点燃已经疲软的斗争；因此每一种对有生命物的外部影响，都迫使其承受化学力量，因此这种影响就成了**刺激物**，也就是说，它现实地带来了它的本性本应带来的效果的反面。接受性和活动的那种交互规定实际上是**可刺激性**（die Reizbarkeit）这一概念所应当表达的东西，这个概念（就它最一般的意义上，如果完全忘掉**哈勒式的**可刺激性）就是将对立体系一起来的综合。①

生命活动在没有对象的情况下会消逝【被消灭】，只有通过外部影响被激起。但是这个【施加在产物上的】外部影响本身又是受有机活动所规定的②；因此没有任何外部影响在有机身体中以化学的

---

① 这听起来似乎自相矛盾，但事实是，正是这种与生命相悖的影响支撑起了生命。——生命无非是向产物过渡的过程中受阻的生产力。向产物的绝对过渡就是死亡。因此，阻碍生产力的东西，恰恰是支撑生命的东西。

这个命题还有另一种表达方式：外部影响给有机体带来的作用恰恰是它按其本性应该带来的作用的反面。外部影响的目的是摧毁产物，恰恰因此重新点燃了生产力。外部影响使得器官不断重新开启还原自身的活动，因此，那些对产物而言**直接**是**毁灭性的**影响，**间接地**通过生产力**维持**了产物。——恰恰因此，也只有通过这个过程，外部东西对有机体而言成了刺激物（Irritament）以及刺激（Reiz）。对我们而言刺激物受限意味着一种影响，它永远无法成为产物，因此它使生命维持为一种生产力。——谢林手稿中的注释

② 这是由于外部影响只是直接地作用于生产力，间接地、中介性地作用于产物。如果有机身体不再是生产性的，而是产物，那么外部东西作用于它就如同作用于**死物**。外部东西之所以用**完全不同的**方式作用于它，唯一的原因在于，外部东西并不直接作用于产物，而是只作用于生产力。——谢林手稿中的注释

方式发挥了特殊作用，因此化学的力看似已经被取消了。①但是任何活动都需要通过一个对立的活动才能被取消。这个对立的活动在有机身体中是一个封闭的体系。有机系统每时每刻都在和每一个外部影响构成对抗，从而保持平衡。例如，有生命的身体在极高的温度下维持着自己的体温，但这并不意味着热传递的法则对它而言**被取消了**（这是不可能的），而是说它通过对立的操作（例如增加它内部循环液体的容量，来加速吸收大量热量的过程）与从外部渗透进来的力量构成了平衡。外部的影响确实支撑了有机活动，每一个这样的影响也都在有机体中产生了一个特定的效果；但是这个**效果**本身也是有机活动的产物；比如，虽然鸦片具有麻醉的效果，但是它并不是作为**鸦片**而具有这种效果的，如果在鸦片的化学成分中寻找这种效果的原因，那就是徒劳。鸦片只是**非直接地**带来了这种效果，换言之，这种效果本身又是有机活动②的效果。总而言之：**每个作用在有机体上的外部效果都是非直接的效果。**

（哪怕只是**因为**没有任何实体真的以化学的方式作用于身体，也完全不需要虚构出生命力。因为，人们或者将生命力理解为一种简

---

① 可激发性=有机体的非直接的可刺激性（die Afficirbarkeit）。**非直接的可刺激性**原则直接解释了为什么没有外部原因可以化学地作用于有机体，而是需要一种特殊的力量来取消化学的力。——谢林手稿中的注释

② 从鸦片的化学或电学特性（它也可以在电化过程中起效果）可以解释鸦片的**激发性**效果，但是它的间接效果是被有机体本身的活动所中介的，是一种**麻醉**的效果，而这种效果显然无法从化学的角度被解释；因为它是非直接的。因此从整体上来看，引起最剧烈的可激发性的物质（这必须用它们的化学和电流学组成来解释），间接地创造了可激发性（这显然不是用化学组成就能解释的）。化学的解释并不能更进一步，这并不令人惊讶。外部原因能够作用在有机体上的最终效果不再能在化学层面被解释。因此完全不需要虚构出一个**生命力**来解释这一现象，认为要用一种非物质性的力量来解释生命过程对化学过程的升华，这种观点是完全错误的。——谢林手稿中的注释

单的原初的力,和吸引力相同,那么生命力也应当像吸引力一样普遍起效。或者理解为一种组合的力,那么就必须尝试建构这种力。例如,从有机物质本身内部的对抗出发产生出力,那么就要找到一个本原来维持这个持续的对抗,不要让它发展为元素的化学性结合,或者给予化学倾向一个特殊的方向,比如让它们成为动物性的身体。只有不会被纳入化学进程的本原才能具有这种功能,比如**绝对物质**,前面已经证明了它的实存,因为它是绝对不可组合的,由于它的条件无处不在,因此只要它被分解,它必须每时每刻都被重新组合起来。①

但是人们并不需要这样的假设。全部奥秘就在于内部东西与外部东西的对立,如果我们承认在自然中存在任何个体,就必须承认这种对立。

因为外部自然必须与每个**内在的**活动相对抗,即对抗每一个将**自己**构建为中点的活动。这种对抗迫使内在活动产生出没有对抗就无法生产的东西。有机的形态和结构是内部活动能够对抗外部并且坚持自身的唯一形式,多种多样的个别器官也类属其中,每个器官都具有自己特殊的功能。有机形态和结构的构形本身就是**可刺激性**(对外部影响的可激发性)这个一般有机特征的一种效果,经验也证实了这一点。反过来,外部东西也会通过有机反应提升到一种更

---

① 因此人们过于匆忙地承认了一个草率的观点,即不存在任何物质可以通过化学性的生命过程而保持不变,可以给予化学的力量特殊方向。因此我在《论世界灵魂》中表达了关于绝对物质的假设(其在自然中的**必然**存在现在已经得到了证明),关于这个假设我的观点是,为了解释特殊的方向需要一个**非物质性**的本原与之对立。这个假设被当作**断言**,而这样一种物质的**可能性**却被否决了,我们现在会看到这是出于什么原因。——谢林原注

高的作用方式,因此只有有机物能够超越死物。

推论

有机体的活动受到其接受性的规定,反之亦然。无论是它的活动还是它的接受性,都不是实在的东西,两者都只有在交互规定中才能获得实在性。①

但是活动和接受性的关系正如对立双方(+和−)的关系。因此一方增加时,另一方必须减少,反之亦然。

1)生命的开端是活动,是摆脱一般的自然。但是那个活动本身又是接受性,因为只有活动的负号(das Minus)才是真正的接受性。

活动和接受性同时产生在同一个环节,并且只有这个活动和接受性的同时性构成了生命。

有机活动并不是没有外部挤压的**活动**。但是外部挤压对内部活动恰恰产生了**相反的效果**,即它反而**减少了接受性,提高了活动**。②**接受性的最高值**(生命的开端可以接受的最高值)凭借交互规定的**法则首先会成为负号,最终会成为接受性的最小值**。③随着活动的增加,接受性必然会下降,直到双方可以进入完全的交互规定,即双方保持平衡,而这正好构成了生命的中点。

---

① 没有接受性的有机体的活动=0(因为有机体应当既不是**纯粹的**生产力,即**凭借自身而是**活动,也不是**纯粹的**产物,而应当同时是两者),但同时,接受性只是活动的一个负号,没有活动是无法设想接受性的。——谢林手稿中的注释

② 它作用于有机体上并不像作用于死物之上,它是作为刺激物发挥作用的。——谢林手稿中的注释

③ 但是这种情况会以较慢的速度发生。——谢林手稿中的注释

但是那个完全的交互规定只是**暂时的**,有机活动在**增加**,接受性在**下降**,于是生命的车轮滚向了相反的方向。相对于接受性的最小值,有机活动始终在增长,但是,只要接受性还有**数值**,它本身仍然只是一种活动。按照牢不可破的交互规定法则,一旦它跌破所有数值,它就**从最小值直接跨越到最大值**(绝对接受性),最高的活动=对一切活动的否定,活动的最大值=容量的最大值。①

生命拥有两个最高点,它在这两个点之间跳动,并从一点直接过渡到另一点。活动的最大值=接受性的最小值,但是接受性的最小值=活动的最小值,即接受性的最大值。这也解释了,有机自然中的每一个最大值是如何直接过渡为它的对立面,也就是直接过渡到最小值的,反之亦然。

(此处便于给出两个提示。其一,从最小值向最大值的直接过渡,或者反过来也成立的这条法则具有怎样的先验意义。而这恰恰就是**一切**活动的法则,即不再有**客体**的活动,就永远不会返回自身,反过来说,对一个不再**返回自身**的**活动**而言,它也不再拥有**客体**;因此一切活动的最高环节直接面临着活动的消亡。②因此有机生命和更高的生命一样都是从活动通过**客体**的反射开始的,无论是对有机

---

① 手稿中的这一段是这样的:有机活动增加,接受性就持续下降,逐渐逼近最小值。但是接受性本身也是有机活动的**中介者**。没有接受性就没有活动。因此,活动的增加等同于接受性的下降,这条法则的适用性是有明确界限的。一旦超出这个界限,事情就会完全颠倒过来。接受性的最小值凭借牢不可破的交互规定法则直接达到最大值。这一悖谬需从交互规定出发进行解释。接受性的数值本身就是活动的条件;对一切接受性数值的绝对否定等同于对活动的绝对否定,因此最大活动是活动的直接界限。——活动的最大值=接受性的最大值。——谢林手稿中的注释
② 活动的强度与活动的广延成反比。一个活动无阻碍的扩展=对一切强度的否定。——谢林手稿中的注释

活动还是对更高的活动而言，**客体本身**也只处于**反射的点**上。①如果这个点在无限远的地方【=绝对活动】，那么活动就不再反射，它也就不再具有强度，便迷失在无限性中了。如果这个点在无限近的地方【=绝对接受性】，那么活动就不再具有广延，便迷失在自身之中了［成了僵死的物质］。②

其二，这种观点为其他自然过程提供了更高层次的类比，例如，生命与燃烧过程的相似性首次被揭示出来。热量对燃烧物的作用是激起其活动，这个活动可以视为对热［加热］的排斥力，一旦它达到最大值，它直接就会过渡到最小值。因此任何燃烧体的应激或活动的最大值等同于容量的最大值。这种从排斥力［活动］的最大值到容量［接受性］的最大值的陡然过渡实际上就是燃烧的现象。）

2）这里我们得出了几条有机生命的原理。

a）显然，每个**刺激**都仅仅是**刺激**，因为它**减少**接受性**或增加**活动。只有当它产生出（实在的）对立物（活动）时，它才**是刺激**。

---

① 只有与有机活动对抗的东西才能成为客体 —— 只有**最顽固**的材料才能成型。——谢林手稿中的注释

② 布朗没有推演出可激发性这个概念，也没有**建构**或解释它。他公开承认：我们不知道可激发性是什么，也不知道它是如何受刺激的。但如果我们不知道后者，那么我们的知识就仍然同经验主义一般。如果我们不知道可激发性是按照什么物理**法则**被刺激的，那么我们的知识，如同所有医学技艺一样，都只是经验主义，但如果我们无法从自然的力中推演出可激发性本身，也就是用物理学的方式去构建出可激发性本身，那么我们根本不可能知道那些物理学法则。—— 布朗根本没有意识到要将他的理论与物理学结合起来（当然这也是情有可原的，当时还远未出现今天的物理学发现），这无疑导致了他的体系中的诸多错误结论；后文会证明他的体系中存在着许多显著的错误结论。我在这里并不关心布朗的**体系**：我讨论的只是这个体系的一些**原则**，布朗本人并没有恰当地论证这些原则，也并不总能正确地从这些原则出发做出推论。——谢林手稿中的注释

b) 但是，由于刺激的功能**一般**只在于产生出它的对立物, 显然, 刺激本身可以有相互对立的形式, 即它可以是肯定性的, 也可以是否定性的, 这取决于它是增加还是减少活动。但是一个刺激只有在一定数值的接受性下才能**肯定性地**发挥作用①, 只有在一定数值的活动下才能**否定性地**发挥作用②, 因为它在第一种情况下应当降低接受性, 在第二种情况下应当降低活动。当**容量**数值较大时, 否定性刺激无法减少活动, 同样, 当**活动**数值较大时, 肯定性刺激也无法增加活动（因此习惯会导致对刺激的**迟钝**现象）。

c) 假设有两个个体, 其一的可刺激性与另一个形成1:2的关系, 如果两者都要达到同样的活动量, 那么作用于两者的刺激在强度上就必须形成2:1的关系。换言之, 单倍可刺激性受双倍强度刺激等同于单倍强度刺激作用于双倍可刺激性。

d) 刺激的概念（刺激会产生其对立物）终于解释了, 为什么所有刺激③最终都以可刺激性的绝对衰竭告终, 以及自然如何在每一个有机体身上最终达到自己的目的。

自然恰恰是通过一条完全相反的路达到这个目的的, 生命活动恰恰是自身毁灭的原因。一旦生命活动开始独立于外部自然, 即不再接受外部刺激, 它就会消亡, 因此生命本身只是通往死亡的桥梁。④

---

① 例如, 较小程度的热只作用于北方人。——谢林手稿中的注释
② 例如, 寒冷作为否定性的刺激只作用于南方人。——谢林手稿中的注释
③ 也包括那种维持生命的刺激。——谢林手稿中的注释
④ 自然试图将有机体对外部世界的接受性, 从一种特定的接受性转变为**一种绝对的接受性** —— 但接受性恰恰在这个过程中被持续大幅度减少, 与此同时, 活动则在增加。有机体由此获得了对外部自然影响更强的独立性, 但是有机体越是独立, 就越是不容易被刺激。然而对外部影响的可激发性和接受性本身就是生命和有机活动的条件: 因此（转下页）

III, 90
III, 91

3）先前的任务是解释自然中的个体性东西是如何对抗普遍东西并坚持自身的（或者说：推演出生产力中的阶序）。我们找到的答案是，个体性东西只有凭借外部自然的挤压才能维持自身。但是内

（接上页）当有机接受性消亡时，有机活动也同时消亡。因此，自然虽然达到了它的目的，却是通过一条完全相反的途径——而且并非直接地通过有机活动本身。

生命产生于自然的矛盾，但如果自然不与它对抗，生命就会自行消亡。当然，生命最终受制于自然，但它并不是受制于外部的挤压，而是受制于对外部东西的接受性的缺乏。与生命背道而驰的外部影响维持了生命，那么看上去对生命最有利的东西，即对外部影响的绝对麻木，反而必然成了生命衰落的原因。这就是生命现象在消亡时的悖谬之处。

只要一个产物是有机的，它就永远不会沦为无差别。如果它受制于对无差别的一般追求，就必须首先下降到较低的潜能阶次上。它是不会**作为**有机产物下降的，当它下降时，实际上它已经不再是有机的了。死亡就是回到一般的无差别中。也正因为如此，有机产物是绝对的、不死的。有机产物之为**有机**产物，就在于它永远不会成为无差别。只有当它不再是有机的时，它才会瓦解为一般的无差别。从一般有机体中拿来的组成部分现在再次回到一般有机体之中，生命无非就是一般自然力量的更高状态，因此当这个状态结束时，产物就会落入这些力量的支配之中。这些长期以来支撑着生命的力量，最终也摧毁了生命，因此生命本身什么也不是，它只是一些力量从更高的状态过渡到一般常规状态时的现象。

我现在正在发展的立场和体系站在两个对立的体系之间，其一是化学的体系，有机体只作为客体和产物被认识，所有发生在有机体上的作用都只是客体作用于客体，即只是化学的作用。其二（生命力的体系）只把有机体认识为主体、绝对活动，所有东西都只作为活动对它发挥作用。第三个体系则将有机体同时设定为主体和客体，活动和接受性，并且将接受性和活动之间的交互规定把握在一个概念中，这正是布朗称为可激发性的概念。

我不仅仅从产物（有机产物）的概念中推演出了交互规定的**必然性**，而且也证明了，只有从这个交互规定出发才能完全地构建出生命的现象。因此我不得不断言，**布朗首先发现了一切有机自然学说真正正确的原则**，因为他将生命的根据设定在可激发性上。布朗是第一个有足够的力量或理智来表述生命现象的悖论的人，这种悖论虽然一直为人们所见，但却从未被**表述**过。他第一个认识到，生命既不存在于绝对的被动中，也不存在于绝对的活动中，生命是一个高于化学的潜能阶次的产物，但并不因此而是一个超自然的现象，即不受任何自然法则或自然力支配的现象。

将这些观点高声表述出来是每一个对其有所认识的人的责任，但在另一方面我们也必须直言不讳，布朗置于体系顶端的这个本原更多是来自侥幸，而不是用科学的方法推演而来，更不用说真正建构出来：（转下页）

部东西与外部东西只有在对立的行动中才区分开,因此在个体性东西和它的外部自然之间必然存在着一种交替的对立,换言之,如果前者相对后者而言是**有机**的,那么后者相对前者而言就必须是**无机**的。因此,没有无机自然就没有有机自然。没有有机自然就没有无机自然。

但是如果有机与无机必然如此共存,那么**有机体的功能也只能是从与无机的对立中推演而来的**。

但是反过来也是如此,如果有机体的功能只有在一个特定的外部世界的条件下才是可能的,那么有机体与其外部世界必须再次来自**共同的起源**,换言之,它们必须再次等同于**同一个产物**(换一种流俗的表达方式的话:它们之间必须有一种相对的合目的性。知性【作为第三者】将这种相对的合目的性解释为一方适应另一方,这就是一切健全的哲学的坟墓。例如,"大气中的生气不是纯净的,这是多么明智,否则动物的生命力会像火焰一样迅速吞噬自己"。但是假如

(接上页)a)正如我们所言,布朗并没有推演出可激发性的概念,但它应当被以最严格的方式从有机产物的概念中先天地推演出来,不借助任何经验的中介,必须如此。每一门科学都必须有一条先天的原则。

b)目前为止,布朗的追随者中很少有人认识到他的原则中蕴含着科学的萌芽,罗施劳布(Andreas Röschlaub)先生是一个例外,在他关于病理学研究的著作中,尤其在他发表于医学杂志上的一些文章中,他对许多事情做了更清楚确切的解释,只要对医学作为一门**科学**有一点了解,就不会没有读过它们。——我听闻这些作品在一些地方被评价为过于哲学化,过于科学性。但我认为事情恰好是反过来的。我的评价是,这些作品还不够科学性,罗施劳布先生对于原则的真正深度和力量还缺乏长足的认识,他至少在关于病理学的研究中辩护过这些原则。

我在这里还不能说明,这些原则显然与化学的、机械的解释方式不符合,如果不是罗施劳布先生早就放弃了这类解释方式,他还会试图用它们来统一这些原则,但这些原则实际上相当符合动力学的解释方式。我们会在后文给出进一步说明。——谢林手稿中的注释

大气是纯净的生气,那么出于之所以如此的**同样**原因,地球上的有机体也必然会有相应的不同样态,以便接受更纯净的气体。有机自然与无机自然的相互吻合只能来自一个**共同的物理性起源**,这也解释了,两者原初只是**一个产物**)。

但是它们是**对立**的。对立双方是无法统一的,除非它们**共同**与**第三个**更高的东西相对立。因此有机体及其外部世界相对于另一个外部东西又一起成为一个**内部东西**,即又成了一个有机东西。但这只有通过以下方式才是可以设想的 —— 有机东西是以外部世界为前提的,外部世界会将某种特定的、恒久的活动施加在有机东西上。然而外部世界的这个活动本身又是一种**被激起**的活动,只有它不断被刺激才能**解释**为什么它是**恒久**的。① —— 因此无机的外部世界又以另一个外部世界为前提,相对后者而言,前者成了**内部东西**。然而由于原初有机体的活动只有通过它的外部世界的对立活动才会被激起,而后者又是通过一个相对**外部的**活动被维持的,因此原初有机体连同与其直接对立的外部世界,又共同与第三者相**对立**,换言之,相对于第三者外部东西而言,它们再次**共同**成为**内部东西**。

原初有机体直接以其无机的外部世界为条件,这并不促使我们进展到第三者。必须指出,**无机东西本身**的存在按其**本性**需要一个外部东西对它产生影响,这种影响的形式也必须得到规定。这就是我们接下来的研究内容。

---

① 它本身(外部世界)是被某种力量维系的,因此它本身就处于一种受迫的状态中。在有机东西预设的外部世界中不存在**偶然的东西**。外部世界的所有变化中的这种必然性,以及变化受限在特定范围内,是有机物得以持存的唯一可能条件。任何不受限的活动都会在无限性中丧失自己。因此,外部世界的活动也是受限的。——谢林手稿中的注释

第二章
对无机自然的条件的演绎

无机物的自然必须(首先仅仅)通过与有机物自然的对立被规定。①如果我们将属于有机自然的一切的对立面归给无机自然,我们就会得到以下规定。

在有机自然中【1)只有种是固定的,那么在无机自然中,反而个体东西是固定的。②但是个体东西本身只有在与种的对立中才是可规定的,因此在无机自然中不可能存在真正的个体性东西。种没有通过个体发生再生产。2)】两个极端会相互接触,但在无机自然中则会逃离对方。无机自然的物质一方面会消失在绝对不可分解物中,另一方面会消失在绝对不可组合物中。但是在无机自然和有机自然之间应当有可能发生一种直接的接触。因此在无机自然中会存在某种中间物质,绝对不可分解物与绝对不可组合物(**绝对流体**)会

---

① 1)第一章中的观点是完全假设性的,因为有机自然并没有被完全解释为一个**对立面**。

2)现在我们要推演出无机自然,但是如何推演呢?仅仅通过与有机自然的对立(我们对无机自然的努力只是为了解释有机自然)。但是如果我们不先构建出一种两者共同的表达,我们将既不能完全建构出有机自然,也不能完全建构出无机自然(参考大纲第7页)。——谢林手稿中的注释

② 例如,矿物没有种,只有个体。——谢林手稿中的注释

在其中结合，但是这种物质应当不具备任何**构形**，因为只有无形态者（可被构形的东西）可以直接影响有机物（种种气体，主要是液体）。因此在无机自然中【完全】存在着杂多的物质①，但是在这些物质之间发生的仅仅是并列并置关系。简言之：无机自然只是**团块**（Masse）。

恰恰是由于这些物质之间不可能融合（没有嵌套），因此必须有某个**外部原因**将它们团结在一起。如果某个外部原因在这些物质哪怕最小的部分中维持一种交互嵌套的倾向（但这种**倾向**始终保持着），那么上述情况就是不可能的。必须存在一个**外部的**原因，因为这些物质中不可能存在自己的（有机的）交互嵌套的倾向。

III, 95　　这样一个无机的团块相对于维持着嵌套倾向的外部东西而言，本身又成了一个**内部东西**，因此是一个**有机的东西**，不是**现实的**而是**潜在的**有机东西②，也就是说，它总是**在成为**有机化的道路上，从未**是**有机化的（因为它停留在单纯的倾向中）。

但是相对有机物而言的某种**外部东西**是一种**无机的东西**。因此那个外部原因本身又是**无机的**，换言之，又只是**团块**。

但由于这个外部原因是**团块**，即没有现实结合的并列和并置，因此它又需要另一个外部原因，在它的影响下，团块中所有部分之间交互结合的倾向得以维持，但并不真的发生结合，如此以至于无穷。

一个团块应当影响另一个团块以至于无穷【这是无机世界的条

---

① 它在两个极端（不可分解物与不可组合物）中间更偏向于一方，远离另一方。两个极端被分开，因此在它们之间就存在着种种……——谢林手稿中的注释（这里是一个未完成的注释——译者按）
② 它被那个外部东西维持在一个受迫的状态中。——谢林手稿中的注释

件},它的所有部分都有一个共同的倾向,这种影响必须延伸到物质的哪怕最小的部分上,或者它的强度必须与**团块**成比例。①

但是就强度而言,每个影响都必然是一个**特定的**影响,或者说(由于一个原因的强度是通过它所作用的广度来衡量的),每个影响都只能在一个**特定的空间**内在一定**程度**上发挥作用;但我们可以将这个空间设想为可大可小的,只是当它不断扩张时,它会扩张到一定程度以至于那个影响的作用程度会消减成转瞬即逝的东西。

如果团块在一定程度上影响另一个团块,那么团块之间的空间关系也会彼此规定,换言之,它们必须彼此保持一定的远近距离。

现在为了解释这种空间关系,可以设想两种对立的体系。②

第一个体系

一种情况是,团块在外部推动下彼此靠近。推动它们的东西本身不可能属于无机团块,它必须是自然中的**首要东西**。设想空洞的空间中原初地充满了最简单的元素,任何自然力都不足以进一步分解它们。——这些终极元素做原初的运动,虽然它们在所有**方向**上运动,但是只在一个不变的方向上保持**直线**运动(这一假设是通过与可见物质的类比得出的,在这些可见物质中存在着一种原初物质,例如光、正电物质等)。

---

① 从这个倾向来看,地上的所有物质都只是**这一个**(这里还完全没有涉及聚合)。——谢林手稿中的注释
② 现在尚未确定,物质被维系在一起的原因,以及使团块互相靠近的原因,两者是不是同一个原因。但是可以指出的是,重力使地球上的所有物质具有彼此对立的倾向,同一个重力也使整体保持与太阳的一定距离。——谢林手稿中的注释

现在在空间中的任意一点，一个球形的团块摇摆着，与任何一个元素相对比，它当然是无限大的。第一批物体的流遭遇它时，就被中止了。由于团块受到无限量的阻碍，它会获得一个特定的速度，但元素是朝着所有方向运动的，每一个流都会遇上另一个与之对立的流。当一个团块在对立的两面都受到同等强度的阻碍时，它就会静止下来。但是如果在空间中置入另一个大团块，那么两个团块就会彼此成为原子流（Atomenstrom）的屏障，各自只遭遇一个来自与对方相反方向的流，因此它们会彼此推动，从而相互**吸引**。假设每个团块原初具有一种运动，它能够借此沿着一条直线向前运动，那么从原初运动和传递的运动中就会产生第三种运动，两个团块会在一定的距离上做曲线运动。

——第二个体系讨论的是与这个学说对立的形而上学方案。这里谈的只是这种物理学的方案。——

"原子像冰雹粒一样撞击团块，即只撞击表面，但是它们之间的吸引力应当与**质量**成正比。"—— 但是如果团块的每一个原子都在重力物质的原子下拥有自己的、会与原子结合而且必然会与原子结合的元素，如果物质只被撞击到最外层呢？这种**可能性**不能被否决，因为**可见物质**①会渗透物体直至其最小的元素，正如热物质等，并且即便最坚硬的实体对很多物质（比如光）而言都是透明的。这里的观点并不是说，对重力物质而言，任何物体都是透明的，而是物体的每个原子对任何一种重力物质而言都是**非透明的**，因此这不

---

① 勒·萨奇可以说，可见的原初电物质与不可见的、重力的原因有一个共同点，它们在所有维度上都是按直线发挥作用的。按照它的强度，它出发的点是或大或小的圆周的中点。对两者而言都适用的法则是，它们的作用与距离的平方成反比。——谢林手稿中的注释

是假设，而是承认。——"但是这样一来每个物体都会最终增加质量，并且变得更重。"—— 我们不知道，被不可穿透的物体所阻挡的重力颗粒会变成什么；在每个点都是磁性的整个地球的表面，那些重力颗粒可能会变成磁体。或者它们会赋予所有物体电的特征，重力流有可能从太阳的表面作为光流折返回来。不过也被设定为有限 —— 是怎样的有限呢？例如地球的质量增加，那么其他所有团块的质量也成比例地增加。——"但重力的强度！"—— 但运动的量也是速度在质量中的产物，正如质量在速度中的产物。——"但是这个法则是有界限的，例如，光的速度如此之快，以至于没有撞击的瞬间。"但是可以用数值来表达的光的速度，与重力的活动速度是无法比较的（每一个杠杆都能证明这一点）。

这就像是说，此外，如果那个对于一切元素颗粒来说最初始的吸引力是对那个本原的吸引力，如果所有其他各种的吸引力都单纯是**被派生**出来的——如果**重力**的最终原因也是一切**化学吸引力**的最终原因的话——

（这个伟大的想法实际上就在**勒·萨奇**的体系之中。他在一处文本中说道："普遍的重力并不能彻底解释亲缘性这一现象，因此，我们必须将真正的化学亲缘性——这种亲缘性既不依赖法则，也不依赖普遍重力的原因——与那些虚假的所谓亲缘性区分开来——后者只是普遍的关联现象的一些特例，或者至少服从于同样的法则，像这条法则而已。"我们只能得出，重力的原因并非**直接**就是化学亲缘性的原因。因为勒·萨奇在一种次一级的流体中寻找**它**，即醚和它的挥发中。对他来说，这还是受限于重力的原则的。）

——这样，重力流就会遇到每一个个别物体的每一个个别原

III, 98

子，而光则不能。

III, 99　　"但是那个无尽的流从何而来？它从什么地方来，又被什么东西持续地支撑呢？在这里必须允许物理学家抱怨关于最终原因的普遍无知——这样，这个体系就以不可说明的东西完结了，因为在它的边界之中，一切现象和普遍重力的规则就像任何别的体系那样得到了良好的解释和明确的推演。"

第二个体系

根本不存在什么万有引力的物质性本原，重力的本原是非物质性的，是一切物质的基本力。

这种牛顿式的理论（因为**牛顿**本人当时尚未有定论）本身不具备任何物理上的根据，因此必定有**形而上学的**根据，它最近才获得这类根据。①

形而上学的根据如下：

每种物质的建构都原初地包含对立的力。因为物质之所以填满空间，只能被理解为一种向着所有维度的排斥力。但是当这个排斥力不受另一个力的阻碍时，物质会无限分散，于是在每一个给定的空间中只有无限小的物质，或者，排斥力在扩张中减小，因此只会遭

---

① 如果这个体系的原理能够被辩护，那么我们必须把它当作物质建构的原则来辩护。简言之，形而上学可以证明，这里存在着两种方式：其一，像康德在他的形而上学初始根据中通过分析物质的概念（我马上就会引出这个证明）那样；其二，可以从物质的原初建构中给出一个综合性的证明，在这个建构中，对立的活动在直观中相会并被统一。先验唯心论体系中就可以找到同样的证明。因为这个证明并不属于自然哲学：自然哲学并不进行任何先验的证明，它完全不去证明无法用物理学方式证明的东西。——谢林手稿中的注释

遇无限小的抵抗。现在从反方向而来的排斥力已经不足以构成阻碍了。因为如果存在方向，即**从哪里出发**又**到哪里去**，那么力就已经受限制了。因此必须有第二个力，与第一个力有具体的差别，它在**绝对**对立于排斥力的方向上发生作用，使无限扩张不再可能，这就是吸引力。

因此，吸引力是对所有物质而言都必要的一种力，仅仅是物质概念的建构就保证了这一点。

吸引力使物质作为一种特定的空间充实，因而也使某种可接触的东西成为可能，它本身也包含着接触的根据。它必须先于接触，因此是独立于接触的，换言之，它的活动不依赖于接触，它是在空洞的空间中起作用的。

由于吸引力还会超出接触的表面发挥作用，因此它是一种**穿透性的**力。

吸引力在远距离上的作用会无限减少，但永远不会消失。因此它的作用延伸到物质的每个部分，贯穿整个宇宙，以至无穷。

吸引力无限施加到物质的每个部分的一般作用就是万有引力，吸引力在一定方向上的活动叫作重力。

因此，普遍万有引力是一种原初现象，而所有物质之间的吸引力是**实在的**，不只是表面上的，而是通过另一个物质的撞击而来的。要么人们假设这个物质本身是没有重力的，那就没有任何力量能够抵挡它的排斥力，它就会消散于无限性中。由于它和其他物质的区别只是程度上的，因此它可以通过降低到物质的较低层次逐渐变得和任何一种其他物质一样重，反过来看，那个最重的物质也能最终过渡为负重量（negativschwere）的物质，这是矛盾的。要么人们假设它本身就是重的，为了解释这种可能性，就还是需要一种原初的吸引力。

这个体系中包含了以下主要命题：

a）物质的原初构建需要原初的基本力。—— 但是我认为，只有在机械论中才能用原初的基本力来达成建构（这里说的建构是一种广义的建构，即将物质视为单纯的空间充实），但这不足以把握哪怕**一种物质**的**构形**。因为在任何情况下都要抽象掉物质的全部具体差异，除了物质的密度（即它们的空间充实）差异之外，不去考虑任何其他差异，**康德**的自然形而上学也是这样做的。**康德**在这部作品中从单纯作为空间充实的产物出发。由于产物本身提供的多样性只能是不同**程度**的空间充实，也就是自然只能用两个力来构建，它们的不同比例产生了**不同的密度**。因为机械论并不认识物质的任何具体差别，这种建构或许可以很好地解释，为什么一种物质比另一种物质更重，但并不能解释物质中的**生产性东西**，这也就是为什么这些原理的应用对自然科学而言会是一条真正的线索。

（除此之外，**康德**在他的动力学中仅仅用分析的方法处理了物质概念，其中或许包含了仅仅用两个力来解释物质建构的可能性；但是从他的很多表述来看，他本人并不认为这是可能的。）

我们的哲学采取的恰恰是相反的路径。原初状态下，哲学对**产物**没有任何知识，产物对哲学而言根本不存在。原初状态下，哲学只认识自然中的纯粹的**生产性东西**。（微粒哲学家相对所谓的动力学哲学家而言有无限多的前提，他将拥有原初形态的原子带入自然之中，原子是某种原初个体性的东西，只是这些原子本身就已经是**产物**了，不可能被归为自然中的**首要东西**或**终极东西**，因此自然哲学用

简单活动[即自然中的终极东西]替代原子,它是纯粹**生产性的**,不是**产物**[希望先验的观察视角至少教给人们如何思考**没有载体**、**先于一切载体**的活动],纯粹生产性的东西只是**观念性地**存在于自然之中,因为它永远不会在自然的无限演化中成为简单东西,而万物直至无穷也仍然是产物)。

现在为了解释自然的生产活动是如何原初地指向**特定东西**的(如果那种原初的活动以特定方式进行生产活动,那么它会外在地呈现为某种特定形态),在那个无限生产性的活动中必须假定某种否定性东西,如果(从更高的视角来看)自然的所有生产活动都只是从一个原初内演(Involution)而来的无限演化,那么这个否定性东西也必然**阻碍**【延缓】了自然的演化,这种阻碍持续到最后不再能成为**产物**,即我们上文(第17页)提到过的,一种原初的**进行延缓的东西**。

这一**进行延缓的东西**意味着自然是**以有限的速度演化**的,因此处处显现为特定产物(来自特定的综合),但自然哲学的最高任务就是去解释这一进行延缓的东西。但是只有站在最深层次的立场上,将产物仅仅看作对空间的填充,这个延缓才会显现为吸引力。但是这个原则只是用来解释有限者,解释自然的生产活动中的特定东西,并不是用来解释一个自然物如何相对于另一个自然物而言是有限的,例如地球相对于太阳而言是重的,因为在自然的生产活动中**一般地**解释有限者已经是一个先验的任务了(人们从自然作为整体的理念下降到自然中的个别东西),但是解释"地球相对于太阳而言是重的"这一任务则是一个纯粹物理学的任务。在这里,我们从个别物上升到整体自然之中是一个无限的任务,所以我们永远不必深入到最终把一般而言的自然塑造成有限的那个东西中去。因为我们的任务始终是**特定**的，即说明特定数量的物体如何被组织为一个共同的体系，如果没有一个最终的原则来阻止自然的演化，或者给自然一个有限的速度①，那么这个任务就是不可能的。

这里我们引入这个体系的第二条命题：

b) 吸引力存在于每个有限物质的建构中，这个吸引力也在有限者的范围之外发挥作用。因为，假设这种程度的吸引力也用于将排斥力限制在空间的特定部分之中，那么它也会在排斥力上耗尽自身【因此它仅仅用于产物的建构】，它并不对它的范围之外的其他物质施加吸引的作用，这是这个体系中尚未被解决的困难。

（因此所有的程度差别都应当来自排斥力，而空间中**每个点**上的吸引力应当被视为**相等**的，这样它就不会被任何程度的排斥力彻底耗尽，至少从康德的动力学来看，这种设想是无法被理解的，后文详述。）

---

① 这个延缓就是康德在他的物质建构中称为吸引力的东西。但是对延缓的演绎已经表明，延缓只被用于解释自然的原初且不定的生产中如何会产生规定和界限，解释自然的演化为什么是以有限的速度发生的，但并不被用于解释，自然如何被绝对地固定下来。这实际上是重力的效果。康德称之为吸引力、我们称之为延缓的力的东西，是一种完全非**传递性的**力，这种力仅仅用于建构个别产物，并在产物中耗尽。与此相反，重力是一种**传递性的**力，产物凭借这种力在自身之**外**起作用。

我主要在两个方面反对康德对物质的建构：1) 它只在机械论的立场上成立，这个立场下的物质已经作为产物被给定了；2) 这种建构是不完善的，因为康德称之为吸引力的东西是与重力完全不同的一种力，前者完全被用来建构产物，而后者则是超出产物发挥作用的。按照康德的理论，吸引力始终是一种未经证明的、虚构的原理，正如它一直以来所是的那样。——谢林手稿中的注释

第三个可能的体系

3) 如果所有的对立面都可以统一在第三个真相中,那么这里也应当有这种可能性。

一种通过撞击的方式来施加万有引力的物质性本原是不能被设想的,因为自然科学中并不存在适合这样一种本原的范畴(因为它本身必须同时是有重量和无重量的①)。例如一种非物质性的力量将地球牵引向太阳,这同样是一个不可理解的概念。(我们并不是要否认最终在自然之中存在着某种类似吸引力的东西。但是我们认为,经验中的每个吸引都是一个**特定的**、经验上**可被规定的吸引**。)②

但是在重力的现象中可能存在着某种物质性的、经验上可被规定的东西(这里谈的不是**在最深处**将整个自然结合起来的**最终的东西**),例如地球相对于太阳的重力取决于这两个团块的物质之间**特殊的性质**。

但同时,这个现象中似乎也存在着某种非物质性的东西,因为当人们解释这一现象时,除了**普遍的**特殊性质之外,并不需要什么特殊的、产生重力的本原,相反,地球上所有的物质都凭借一种共同

III, 105

---

① 它必须是无重量的,因为它是一切重量的创造者,它必须是有重量的,否则人们就无法理解,物质如何原初地具有特定方向。——谢林手稿中的注释
② 只不过,为了解释自然中个别的吸引,我们不能立刻达到那个将一般而言的自然结合起来的最终的东西。我们也不能用吸引力来描述那个**最终的东西**,因为这样的描述已经预设了错误的概念,实际上描述的并不是事情本身,而是事情的**假象**。按照我们的体系,吸引只是某种虚假的东西,只是我们不能通过撞击来作用于它。因此我们并不否认,即便没有吸引力,自然中也存在着某种**类似**吸引力的东西。——谢林手稿中的注释

的，但与其他天体的物质不同的**特殊**性质而对太阳产生万有引力，尽管这种特性可能只能通过太阳的物质性影响来**维持**，但这种影响只是重力的**间接**原因。①

---

① 我们的任务是特定的：1) 说明给定数量的物体如何能够将自己组织为一个整体；因此我们的解决方案也必须不是普遍的，而是特定的。

必然有**一个**力量统摄整个自然，将自然保持为同一的，我们尚未推演出这个力量，但在这里，我们首先就被引向这个力量。但是这个唯一的力量可以有无限多的变化，正如这些变化的条件也是极为多样的。由于我们对这个力量还缺乏一个公认的表达，因此它始终停留为一个假设。但是承认这样一个力，并不总是意味着，重力的现象不具有经验的意义。这个力可能是某种非物质性的东西，但这个力作用的**条件**却可能是物质性的，或者说是**经验性**的：例如，（如前文所言）如果地球相对于太阳的万有引力取决于两个团块的物质之间的具体性质，那么力的条件就是物质性的，但力本身仍然可以是非物质性的，也就是说，这是一种直接作用于物质的力，只要具备条件，不需要特殊的物质性原则作为中间者。

两个团块之间万有引力的经验性条件是两者的具体差异。但是作为万有引力之条件的那个差异究竟是什么呢？没有人会否认，在高级天体与次级天体之间，例如太阳和地球之间，存在着化学的差异。但是这种化学差异被什么决定？毫无疑问被一种**更高的差异**决定。我们这里要讨论的就是这种决定了化学差异的**更高的**差异。

然而所谓的差异无非是一个统一着双方的更高的第三者。这里讨论的就是这种情况。在较高的产物与较低的产物之间存在一个差异，但正如正文所言，这个差异是一种**交互**的差异。双方只是交互地**彼此**对立，但相对于一个作为它们共同的综合的更高的第三者而言，它们又是相同的。

预设这个解释之后，现在的问题是2) 我们为什么会，或者说有何根据将**差异**设定为万有引力的条件——这其实是我们首先应当解决的问题。

在此我不能断言，按照普遍的自然法则，同性相吸，异性相斥。至今为止我们只在唯一的个别情况下，即有机自然中认识到这条法则，因此还不能将其预设为普遍的自然法则；但是我们还能为它找到另一个根据。对现象的建构迫使我们这么做。重力究竟是什么呢？**重力**可以被设想为**绝对同一性**吗？还是说重力已经预设了**分化**？——每一个物体都必须在**自身**之中具有某种程度的重力，但其重力的原因却在自身之外。设想一个在空洞空间中的物体（或者全部物质在一个团块之中），那么它是没有重量的。因此只有当物体在自身**之外**具有一个**使**其有重量的原因，它才是有重量的。因此重力已经预设了一个原初的**外在物**。重力的**条件**是一个外在存在。但是这个外在存在应当如何原初地被解释呢？不能再从万有引力的体系出发去解释它，因为它本身就是一切万有引力的**条件**。因此人们被驱赶向一个**原初的外在物**，它包含着派生性外在物的根据；这个原初性的外在存在是物体（转下页）

现在已经确定的是：彼此外在和相邻的物质被聚集为一个单纯的集合体，使团块成为这样一个集合体的东西，必须是另一个团块的影响，这种影响让所有部分都具有彼此交互的倾向。所有部分之间彼此交互的倾向只能解释为一种**共同的**、**全部**与第三者统一在一起的倾向，因为它始终停留为一种**倾向**，没有达到统一，只有这样这些彼此交互的倾向才是**可见的**，大致就像磁铁使铁屑彼此之间具有了合规律的位置。这个与第三者统一在一起的共同倾向才是将所有部分聚集在一起的纽带（das Bindende）。而这个第三者必须是**外在于**团块的，例如在地球的例子中，它就必须是太阳。^①（按照一般观念而言事情也是这样的，有同一个原因使地球的各部分对于彼此而言是有重量的，相对于太阳也是有重量的。）

因此我们必须主张：太阳影响地球的方式是，在地球的所有倾向中都产生对太阳所有部分的共同倾向。这样一种倾向是如何可能的，这是一个新问题，但我们可以暂且无限推后对这一问题的解决。因为太阳之所以通过它的影响在地球的所有部分中造成这样一种

（接上页）的**机械性**外在存在的条件，它只能是**动力学的**，换言之，它必须是一种**原初的差异**。只有原初分化存在的地方才有动力学的外在存在。

至于我们是否能够探究出这个原初的差异，还是我们只能探究出诸如太阳和地球之间作为万有引力之条件这类的差异，这件事现在看来还是完全不确定的。但已经足够的是，它是从现象本身的建构中推演出来的，以及，它的**条件**是差异，更准确地说是作为全部机械性外在存在的条件的原初差异。为了将这个普遍的命题应用到个别情况中并且进行说明，可以举一个例子：太阳对地球的活动是以太阳与地球之间的原初差异为条件的，地球被迫向太阳**坠落**，只要没有一个对立的力来持续阻止这种坠落。——谢林手稿中的注释

① 于是我们能够看到，将一个无机的整体（即便是单纯的彼此相邻和外在的整体）聚集起来的原因，和将一个无机整体相对于另一个整体保持为无机整体的原因，是同一个。——谢林手稿中的注释

共同的倾向,对它的解释,等同于对地球的所有部分彼此之间的共同倾向的解释,即通过第三个团块对太阳的影响,相对于这第三个团块而言,太阳连同地球(以及它的其他卫星)只相当于一个团块,它只有通过与第三者统一起来的共同倾向才被聚集起来(正如地球的所有物质相对于太阳而言只相当于**一个**团块,因此无限的吸引才是虚假的,因为将物质聚集起来的实际上一直是与更高的东西统一在一起的共同趋势——尽管它们只是**相邻**和**外在**于彼此而存在,但毕竟被组织为**一个整体**了)。①

至于全部物质之间无限进展的倾向的最终原因是什么,我们在这里可以进行一些恰当的抽象。我们必须说明的只有:那种维持着共同特质的活动必须能够传递。例如,团块A影响B,由于A和C间接地相互具有万有引力,因此A必然通过B将影响传递到C。更进一步来看:只有承认全部地球物质具有一个**共同的**特性才能解释地球上无限小的全部物质对太阳的所有部分具有倾向。就此而言所有其他具体的差别都消失了,地球物质本身只有在与其他地球物质的对比中才是**特殊的**。但是正如地球的各部分与太阳的关系,地球的各部分和太阳相对于一个更高的第三者也是同样的关系,也就是说,地球的各部分和太阳相对于这个更高的东西也具有一个**共同的**特性,

---

① 现在我们可以提出以下两个命题:

如果一个无机整体对另一个无机整体具有万有引力,那么即便这个整体中的所有部分**彼此之间**差异非常大,它们相对于那个对它们具有万有引力的**更高的东西**而言,必须是**一个整体**。它们共同的万有引力的根据必然在于它们的共同之处(例如地球物质的具体差异,但是太阳施加的重力对它们而言全都是相同的);

如果**两个**无机整体共同对**第三者**具有万有引力,那么它们相对于那个更高的第三者而言就必然还具有**共同之处**,它们之间的交互差别相对于这个共同之处就完全消失了。相对立的**两者**相对于第三者而言是**相同的**。——谢林手稿中的注释

或者属于一个共同的**亲和范围**（die Affinitätssphäre）①，如此以至于无穷。②

（千万不要在这里设想真正的**化学**亲和性［当然化学亲和性和那种更高的亲和性或许最终具有共同的根源］，这里谈的是导致**相邻存在**和**外在存在**的那种亲和性；那么问题就是，在不考虑单纯**共存**的情况下，一定量的物质是如何将自己构形为统一体的？）

至于地球直至无穷的所有部分具有一个共同的特性【一个共同的规定】，这只能解释为，它们全部拥有**共同的起源**，也就是说，它们仿佛来自同一个原初的综合，地球物质与太阳物质**再次**具有一个共同的特性，也必须再次用同样的方法来解释，即太阳及其所有卫星都**共同来自一个更高的组合**，如此以至于无穷。

（或者设想一下，所有的天体都只是**一个**无限团块的碎片，而天体上的种种物质也只是它们所属的这个团块的碎片。—— 我只是顺便提及这种设想，因此不妨谈一谈那些尚未被解释的事情，两个

---

① 我发现这个说法已经被宫廷顾问**利希滕贝格**先生使用过了。这位杰出的自然学者在他最新的《空中来讯》（*Neuigkeiten vom Himmel*）中指出，光对我们的地球及其大气层的影响已经证明了，我们沉浸在太阳的亲和范围和流层之中，而这与一般的重力无关。—— 但如果地球相对于太阳的重力已经是来自太阳的影响，那么1）地球的所有部分是否属于太阳的更高的亲和范围？2）地球和太阳是否共同属于一个更高的亲和范围？——谢林手稿中的注释

② 我们现在应当如何描述这种共同之处？这种共同之处**就是**那个自行显现为重力的东西，对此我们没有任何别的表达方式。我们可以将那种共同之处称为共同的特性，但是究竟什么是**特性**呢？我们还没有建构出一种物质的**特性**。我们也完全不知道具体差异的根据是什么。因为我们用来解释质的那种**动力学**原子，仅仅只是**观念性的**解释根据。我们或许可以说：地球和太阳属于一个共同的、更高的"**亲和范围**"，但是究竟什么是**亲和**呢？我们对其知之甚少，正如我们对物质的具体特性也知之甚少。

因此我们使用这个表达方式不是为了解释什么或预设某种解释，只是为了能够表达我们的想法。——谢林手稿中的注释

不同的物体如何通过单纯**接触**一劳永逸地或至少长期地传播共同特性，正如一种金属凭借电传播给另一种金属，更鲜明的是无限多产的磁铁传播给铁块，这里好像发生着某种传染，古人将其称为**神性**，因为它像魔法一样起作用。）

总的来说，如果两个团块之间的万有引力取决于一个**共同**的本原，那么这个共同之处应当无限延伸（远到机械划分所到之处），否则团块和万有引力的比例就仍然无法解释。在无限多的物质中存在一个所有部分共同的、无限延伸的特性，这件事**总体上是有可能**的（因为它的**必然**发生是需要先天证明的），人们不能从经验根据出发去怀疑这一点，因为例如磁铁展现出了无限的极性，正如新近被发现的磁性蛇纹石。不可否认的是，磁性渗透了我们的地球，直至最小的粉尘。①（如果我们在我们这个半球上竖立一根垂直于地面的铁棒，并且在这个位置上保持一段时间，那么铁棒面向地球的那端就是南极，另一端就是北极。如果在南半球上就会发生相反的事情。②）如果两个个别实体没有脱离一般的磁性范围并且在自身之中构造一种特殊的磁性（为什么？我们还没有对此加以研

---

① 重力的条件或根据应当是**经验性**的。但是重力的根据必须是所有属于**一个整体的物质**的共同根据，这个共同之处必须无限延伸。这样一种经验性的、地球上所有物质**共同**的特性，在每一个个别物质中延伸至无穷，这是可以设想的吗？——物质的不可入性和可分性当然是无限的，但是这些不是经验的，而是**先验**的特性，而重力应当是经验特性。是否可以认为，这样一种地球上的全部物质所具有的经验特性是**共同**的，以至于无穷？如果那种经验特性的根据在于一个在物质之中无限延伸的对立，这样的对立在物质的最小部分中是否仍然是同样的对立？经验中没有什么能**反对**这种可能性，例如地球上的磁性根植于一个原初的对立，只是这个对立显然是无限延伸的。因此地球的磁性也是无限的。——谢林手稿中的注释

② 仅仅是垂直位置就会瞬间给没有磁性的铁棒赋上极性。我们在这里见证的是多么深不可测的力量。——谢林手稿中的注释

究）①，我们是不会对磁性有所认识的。

正如磁性在所有物理学体系中都区别于一般的吸引力，并且被接受为一种**经验性的**，因此也是经验上**可被规定的**物质特性，但是对太阳的万有引力的原因是否可以是一种更高的，但也因此根本不是**一般吸引力**的吸引力？这种吸引力一直是地球上一切物质的**经验性**规定，并且一直延伸到每一个原子。

我在其他地方（《论世界灵魂》第175页【第3卷，第489页】）已经指出，受太阳影响激发的地球磁场可能是能够使地球对太阳的万有引力也成为物质性的唯一一丝希望。这并不是因为，我认为磁性的原因与重力的原因**相同**（尽管推测二者存在联系是非常自然的），而是因为我在其中发现了某种类似之处，即那种一切地球物质所无限具有的，但仍然是经验性规定的东西。

但很明白的事情是，我们的地球相对于太阳之所以有重力，或者地球的各部分之间有重力的原因，不可能通过经验的途径被发现。这是因为，作为重力原因的物质的经验性特性是无限的，按照这个前提，我们不可能出于研究这种特性的实验目的，将这种特性**传递**给任何一个实存的物体，好像这个物体必然具有这种特性。

---

① **一般的**磁性是独立于特殊磁性的；而后者的产生是受到前者影响的。

如果想在物理学中用**一种一般的**、抽象的吸引力来解释磁铁的吸引现象，那么所有物理学家都会毫无疑问地认为这并**不是**一种解释。因为在这种现象中可以看到**经验性的**条件，它只会在存在对立面的前提下产生。——至于对重力现象的解释之所以可以来自物理学中那种一般的吸引力，仅仅是因为，这种现象中的经验性条件较少，虽然至少在天空中可以看到一些相关的痕迹。

磁性一般而言可以被视为一种在物质中具有**经验性**根据的现象。磁性同重力一样普遍——因为正如上文所言，地球的磁性是无限的。——谢林手稿中的注释尽管已经可以证明，重力（例如我们的太阳系中的重力）**一般地**具有经验性条件，因为我们已经认识到一些指明了吸引所需的这类经验条件的一般现象，例如次行星总是转到主行星的同一面。①对天空中极为内在的构造的探究让**赫舍尔**产生了以下思考，非常**多元**的种种核心力量（Centralkräfte，不仅仅是**单一的**力量）赋予了宇宙秩序。②——当世界各地的差别，例如南方与北方的差别不再是一个单纯的**数学**差别，并且人们逐渐接受这样的观念，即有一个**物理**的原因在整个太阳系中起作用并且最先导致了这个差别③，那么吸引为什么不能从单纯的数学现象最终过渡为**物理**现象呢？④

---

① 由于我们永远不能用经验的方式研究比如地球物质的重力根据或经验性条件，但这并不意味着，我们**完全**不能证明，我们的太阳系中的重力是有经验性条件的。已知我们的主张是：重力是**单一的**，但是其条件却是多种多样的，正如宇宙是非常多元的一样。并不仅仅存在一个重力，宇宙中至少有**复数的重力**，例如，我们的地球只能直接对太阳有万有引力，并不能对一个更高的天体有万有引力，如此等等。但是宇宙并不由一个重力所统摄，而是由很多不同的重力所统摄，或者说，一个重力在很多不同的条件下起作用——这个主张或许可以被先天地证明，此外，也可以被**现实的**现象所证明，正如前文所言。例如，次行星总是转到主行星的同一面。这个命题可以被几乎所有迹象所证明。这种现象不能通过存在于物质**本身**之内的**抽象**基本力量来解释，而是指向了某种特殊的东西，如果进一步追寻，甚至会在月球的起源、它的庄严以及它在宇宙中扮演的角色方面提供重要启示。——谢林手稿中的注释

② 至今为止吸引的现象仅仅被作为数学问题来处理。但是很多数学上的差别本身具有物理的根据。——谢林手稿中的注释

③ 这是**富兰克林**的观念，他首先把这个观念带入磁性现象中。这个观念现在（根据最新的观察）不仅在我们地球的两个半球的巨大差异上得到了证实，而且在月球和其他两颗行星上也被充分证明了。（原文的注释）

④ 现在还有一个问题有待回答：如果我们假设重力的条件是对立，那么这个对立必然会在一个更高的综合中再次取消自己。那么太阳以及我们的整个太阳系相对于这个更高的综合（这个共同的综合）而言又会成为**单一体**，因此在地球和太阳的所有物质之间又会存在某个共同之处。

这个共同之处应当如何被解释呢？例如，要如何解释，在地球的所有物质中，（转下页）

因此必须首先以历史性的方式，也就是在普遍世界构形的历史中，研究重力的起源。这里人们完全可以自由地将自然的原初状态视为不同的东西，要么像康德一样将其视为世界物质溶解而成的蒸汽状态，这样的话就可以假设宇宙是以某种特定形式预成的，于是，这一方面在原初的元素中预设了无限杂多的差异，另一方面将最密集的元素设定在彼此特定的距离中（例如现有体系中与太阳的距离），物质围绕着这些元素（作为核心）在最初的普遍亲和力运动中滞留并被压缩为中心物体。但是这个机械的世界起源体系并没有胜过古代伊壁鸠鲁学派的原子**偏斜**（Clinamen）**体系**，因为它既不能令人满意地解释向心运动的**开端**，也不能令人满意地解释这一运动的合规律性，例如所有行星都具有同一个方向。关于这一点，**康德**的观点如下：首先，这些向中心垂直下落的粒子偏转为横向的运动，是由于物质的排斥力，这种排斥力仅仅通过与吸引力的斗争就为自然注入了持续的生命。关于排斥力的一个例子是，它表达为气体的弹性，下降的元素由于和排斥力发生交互，因此从直线运动偏转到一边，故而垂直下落转化为绕着整个下降中点发生的圆周运动。①—— 然而，

（接上页）重力的条件都是同一个。可以设想全部物质都来源于同一个原初综合。无独有偶，对我们整个太阳系中的物质而言，同一个条件引发了来自更高系统的万有引力。这可以被解释为，我们的太阳系中的所有物体也是从一个共同的综合，即**一个更高的组合**中沉淀而来的。—— 不过这些全部只是猜想，除非我们能够从**世界构形的历史**中证明这样的主张，否则我们不能就此做出任何断言。因此我们通过重力的现象被引向对世界体系的研究，否则我们是无法完全解释这一现象的。——谢林手稿中的注释

① 这大致就是康德对离心运动的解释，也就是在解释团块构形的同时解释它的运动。由于元素偏转向一边，因此它们不能落于吸引的中点。因此就有了圆周运动。但是由于元素的自身限制不同，直到它们都朝着一个方向前进，因此元素的运动也影响了它们所构成的团块，这样一来团块前进的方向与在运动中交互限制的元素前进的方向便是同一的（因此最终的原因只有吸引力）。——谢林手稿中的注释

很容易注意到的是，在这种排斥的力中根本不存在天体向心运动中被观察到的那种合规律性。通过排斥力可能产生的是**对立的横向运动**，而不是朝向**一个**特定方向（例如从西向东）的运动。现在可以设想一下，如果围绕着下降的中点或近或远的距离形成了漩涡，其中每个微粒都沿着曲线运动，这些微粒**可以**通过运动限制彼此，直至它们都向着一个方向前进；但是这里保留了太多随机性①，因为至少在我们的太阳系中（除彗星的运动外），那种方向上的一致性预设了一个更为确定和有力的原因，它使微粒具有了这样的运动。

即使不考虑这点，对世界起源的机械论解释也无法解释任何问题，如果自然必须被视为无限**产物**，那么在这种情况下自然的构形完全只能是有机的。②但是由于我们在这里处于单纯可能性的领域，因此我们打算报告对这种纯粹可能性的想法，直到我们将这种可能性与现实性联系起来，并且能够在茫茫的意见之海中找到方向为止。

于是就产生了这样一个问题，是否应该更多地将世界体系的起源思维成机械的，而非**有机的**，思维成通过扩张与收缩的交替过程产生的，而非一切有机构形借以发生的方式。可以假设，构形的开端是一个从**一个**点出发，在极为巨大的空间中延展自身的收缩过程，世界的原初质料也分布在这个空间中。但是这种普遍的**侵占**，即**一个点**对所有分布在无限空间中的物质施加作用，也会招致相反的效果；

---

① 始终存在这样一个问题，为什么这些元素会彼此限制在这样一个方向，而非其他方向上呢？——谢林手稿中的注释

② 如果自然只是以机械的方式构形（这根本上符合康德的解释），那么它就不是**产物**，而仅仅是已有物的单纯机械**组合**。如果世界仅仅是机械的**组合**，那么诸如特殊差异这样的东西就必须被**预设**。但如果世界不是产生于机械的组合，而是产生于一个原初综合的有机发展，那么宇宙中所有质的差异本身已然是**普遍有机体**的产物。——谢林手稿中的注释

换言之，它将具有对立属性的物质从它的构形范围内剔除，如此一来，普遍的构形过程就以这样的方式同时在更多的点上展开。没有分离的话，侵占是不可能的，两者在有机的构形中实际上只是**单一的**过程，因此人们可以设想，这一个点以侵占的方式构造自身，同时使用一种与自然最初的、年轻且尚未耗尽的力成比例的强力（Gewalt），排斥了整个团块。在原初的团块和被排斥的团块之间必须发生一种**共同的**亲和性，否则它们就不会在一个点上相会，但是原初的团块（在排斥它的一部分物质的）同时也构造了一个**更狭窄的**亲和性范围。但如果事情是这样的，那么是不必然会无限地形成更狭窄的亲和性范围，这个无限进展的有机体是否就是整个世界体系的起源？

为了继续追随这一理念，人们将第一个构成自身的团块视为最原初的**产物**，一种无限解体为新产物的产物，而这实际上是每个自然产物的特性。①（而且或许可以让宇宙空间内分布的所有物质都

---

① 收缩与扩张的状态就是**向产物过渡**的生产力的状态。交替并不仅仅发生在有机自然之中，也发生在有机自然之外，比如在基本现象中。只不过，正如我在别处已经证明的那样，基本现象并不是一个产物的现象，而是生产力本身的现象，特别是受限制的生产力。在一般知性的理解中，自然的原初状态实际上是纯粹生产力的状态；在那个状态中，所有产物都还是不可见的，溶解在一般生产力中。如果这个生产力要过渡为产物，那么它就必须在自身之中分化，那么我们就回到了我们最初的预设，即原初的分化是一切物质建构的条件。康德从对立的力中建构出物质，其中更深层的意涵是，一切构形的条件是一种原初的分化。

在预设了这一分化的前提下，对立恰恰导致了吸引和排斥的交替。构形开端的那个点也通过原初的对立被确定下来。在吸引和排斥的交替中，自然寻求的实际上只是从违背自然的差异回归到无差别。因此那个点就是原初的无差别点。最初的产物就处于这个无差别点之中。整个自然收缩在这个最初的产物中，这样的产物必然是一个**绝对的综合**，它可以无限分解为新的产物。——如果人们问，产物的这种无限**分解**是如何不断产生新产物的。那么唯一的解释方式是，在产物中取消自身的那个对立是无限的。因为如果这个对立是无限的，那么由于它会借助自然无条件地努力回到自身的同一性中，（转下页）

首先经过这个团块，正如火焰一般，于是它们就获得了共同的特性，之后这就会成为所有物质彼此之间的普遍倾向的成因，尽管我们并不需要这样的假设。）因此那个原初的团块会作为初始的自然产物（按照一切综合的法则）首先分解为对立的因素，但这些因素**本身**必然再次成为**产物**。那么最初的三个原初团块就会构成萌芽状态的宇宙框架，仅仅凭借这三个团块就能构造出万有引力的体系；因为如果我们设定两个彼此相同的原初团块，它们就会交替地靠近彼此并过渡为一个团块（前提是它们还没有受到尚未被推演出来的离心运动的影响），或者我们设定两个彼此不等的团块，那么一个就会将另一个拉进自己的范围内，于是它们又一次合并为一个团块。①与此相反，如果我们设定三个原初团块：A、B、C，其中A等于另外两个团块的**总和**（根据计算，这最有可能发生在现实的太阳系中），那么在这样一个体系中**平衡**是有可能的，而同时是直接的和间接的，属于每一个封闭系统的交替作用也是可能的。比方说，A对B的作用被C干扰，C对A的作用也被B干扰，在同一个不可分割的瞬间，B对C的作用再次被A干扰，于是每个循环都重新开始，但我们无法说，它在何处开始又在何处结束（《一种自然哲学的理

（接上页）对立就会在无限的产物中取消自身。但是它只会**部分地**取消自身，对立总是会重新产生，因此最初的产物以及每一个后来的产物都会再一次分化为对立的产物，这种分化是无限的。

因此，当产物将自己构形为均质物时，它自身之中又必然会产生一个对立；因为绝对的对立只是部分地被取消了。——谢林手稿中的注释

① 两个自为的产物不会构成体系。体系中必然包含着同时既是直接又是间接的交替影响。整体的每一个个别环节都部分直接、部分间接地作用于所有其他环节。因此最简单的系统至少由三个产物构成，并且我们可以预期，整个万有引力体系和其中每个单独的引力系统最终都会还原为**三个原初产物**。——谢林手稿中的注释

念》，第179页）。

（我们也可以提前说明，当自然并非通过组合而是通过演化产生，当产物的部分首先来自产物本身，那么整个自然中的每个统一体都必然普遍分解为对立的因素。——在电流学中，必然的三重性甚至被确立为法则。）

因此，第一个团块在构形时必须建立一种平衡的对立关系，换言之，它必须自身分化为对立的因素，并且只保留对与其他两个团块分别而言的**共同之处**。但是这个共同之处与其他两个团块是不同的吗？（我们用B和C来标记两者）这两个因素本身又都是产物，因此每一个都再次分解为对立的因素。如果将B分解出来的两个因素标记为a和b，那么a和b就承载它们的较低的构形范围而言是交互对立的，但是就它们共同的本原而言却是**相同的**，这个本原作为某种更高的东西存在于B之中。B和C之间也是同样的情况。它们交互对立，但是就一个更高的A而言，即就它们共同的综合而言，它们又是等同的。但这种分解为对立因素的过程究竟会在何处停止？①——这样一来我们就认识到了，**一个体系中的所有物质**是如何具有一个**共同特性**的，即一个构形范围内的每两个产物都是**彼此对立**的，但是相对于一个**更高的构形范围**而言它们是**相同的**，它们来自这个更高的构形范围。②因此【两者的】共同本原不在任意一方中（因为它们是对立的），而是**共同在两者之中**，换言之，【本原在】它们共同的综合之中（比如太阳，它们都将回到太阳之中）【因此它们的万有引力是

---

① 没有这样的地方，因为对立是无限的，因此也只能在一个无限的综合中被取消。——谢林手稿中的注释
② 这就是它们所具有的共同之处，也就是它们的重力根据。——谢林手稿中的注释

共同的】。因此通过一个完全必要的推论（因为除此之外我们根本不可能将宇宙看成有机化的、以有机的方式产生的），我们推断出自然中的**普遍二元性**是从何而来的，它**通过**普遍的万有引力**进入**自然之中（因此它不是万有引力的原因），这就是我们将最初的可能性连接其上的一种现实性，并且我们可以凭借这个现实性更加坚定地向前推进。

我们的观点是，宇宙首先从一个构形中的团块发展为三个原初团块构成的体系，然后从这个体系出发，通过无限前进的有机化（或者构造不断缩小的亲和范围），凭借一种不断向前的爆发进行自我生产。既然每一个从中心团块中被排出的物体都按其本性必然再次成为一个中心物体，并且必然分解为对立的产物，那么宇宙中的每一个体系都必然可以还原为那**三个**原初的团块。至于体系中，如太阳系中存在无限多的物体，必须归因为导致爆发的不均衡力量，这个仅仅通过观察我们的太阳系而被证实的命题是具有**类比**意义的，换言之，具有一个普遍适用的根据。①

如果相信距离中心点最远的物体是由太阳的**第一**力量引爆而来的，那么我们的太阳系中距离最远的三颗行星来源于**共同的爆炸**，而火星与木星的距离不成比例地大，因此火星来源于第二次力量较弱的爆炸。—— 但是木星与火星之间的这段距离不仅仅是由两者之

---

① 因此我们认为，宇宙从一个中点出发到由三个团块构成的万有引力体系，这是可能的体系中最为简单的，由此出发，产物无限分解并产生出新的产物。由此可以举例说明，所有太阳都来源于一个原初太阳，而围绕着太阳运转的行星就是太阳的后裔。—— 这里首先产生的问题是，应当如何思维这种分解机械论，或者力的机械论——力在每一次分解中都共同发挥了作用；这里可以预见的是，在每次分解中共同发挥作用的力，也将是让天体运动起来的力（因此我们现在正在接近对主要问题的解答）。——谢林手稿中的注释

间的空间造成的，而是被更加显著的差异造成的（即它们的轨道的离心率是不同的）。运动的离心率显然必须同与太阳的距离成反关系，因为随着距离的增加，爆炸所导致的物体的离心运动必然变得更加微弱。唯一的例外是火星和水星。火星运动的离心率要远大于木星运动的离心率。但是按照预设，它们二者也来自不同的爆炸。作用于火星的力显然不是作用于木星的力，而是导致了地球和金星的离心运动的力，因此火星的离心运动也必须弱于更加靠近太阳的地球和金星，正如离太阳距离最远的三颗行星中，最远的那颗具有最小的离心率，最近的则成比例地最大。—— 水星是**所有**行星中离心率最大的，它无疑是太阳最终的力量（尽管如此我们也必须考虑到，水星的质量密度以及相当近的太阳距离都必然导致它的向心力占据主导地位，因为它的离心率更多地取决于向心力的优势而非太阳力量的疲软，这一点可以从水星的角动量运动**速度**得知）。—— 但还有一个类比主张的是，我们太阳系中的三颗行星来自**共同的**爆炸；因为如果将最外层的三个行星与**其他**离太阳更近的行星相比较，显然它们在**质量**上更占优势。但如果将它们进行内部**互**相比较，例如木星就比土星更大，那么就没有理由否认这三颗行星都来自同一个力的爆炸，这样一来，团块中更大的部分必然会比较小的部分更容易受到向心力的支配。（按照康德的说法："火星相对更小是因为强大的木星从火星的构形范围中夺走了太多质料"，但这种解释显然是循环的；因为"就吸引力而言木星对火星具有优势"，这基本等同于"火星在质量上小于木星"，这恰恰是我们想要解释的东西。）但是三个更近的行星也再次体现出这个引人注目的类比；因为在这三颗行星中，离太阳更近的金星比地球的质量更大，而地球比火星质量更大；如果不是同一个力量将它们从太阳那里拽出来，还能有什么其他原因呢？而水星（最后的爆炸）的质量最小；如果在比水星距离太阳更近的地方还有两个**可见**行星，那么其中的第一颗行星也会是更大的那颗。①——

由于这个关于世界起源的观点看起来已经被充分证明了，因此我在这里并不准备说明还有多少类比是符合这个观点的，例如行星密度的差异，因为密度较低的团块显然在**时间**上必然晚于**最初**的爆炸，因此也距离中心天体最远（彗星），正如同样的物质受到的向

---

① 我们曾经说过：宇宙是从一个原初产物开始，通过持续不断的**爆炸**将自己生产出来的。请不要将这里的表述理解为机械的力，机械的力是后来才在自然中开始发挥作用的。在这里的爆炸中发挥作用的力无疑是自然中原初的阻力。

这里我还无法证明，但下文会证明的是，在自然的普遍统一性中引发第一个对立的原因就是**磁性**（在普遍的静止中，一切运动的第一个条件）。因此我也认为，那个对立最初的运动就是磁性运动，实际上，个别天体的结构，甚至我们的整个星系都将我们引向这个理念。

我在上文已经简单地提及了富兰克林的理念（第113页，注释2），即世界各处的差别可能不仅仅是由数学的原因导致的，而是由一个**普遍作用的物理原因**导致的。这个物理的原因只能是磁性。磁性在地球最初的构形中就已经在发挥作用，这一点可以被构形结构的规律性所证明，即使在时间的巨大破坏作用下也足以可见。另一个磁性在天体构形中起作用的重要证据是，不仅地球的两个半球差异巨大，月球和其他行星也是如此。

一个极为引人注意的现象是，地球上越靠近北极的地方质量越密集，越靠近南极的地方则越分散，因此在南极，地面几乎只是一个**岛屿地带**。当我们想到，每个个别的磁体（地球本身无非一块巨大的磁铁）都显示出同一现象时，这个现象就非常引人注目了。在每个磁铁上，北极的吸引力远远胜于南极（类似于棱镜图像中一个极的颜色比另一极更强烈）。

我是否可以认为，这个类比可以适用于我们的整个星系？磁性贯穿我们的整个太阳系而起作用，所有极点，以及天体围绕其轴线的运动无疑都被磁性所规定。影响天体向心运动的力不能是推演出来的次一级的力，而必须是属于自然的原初阻力。我们无须困扰是什么原因将行星从中心驱赶出来。我们也不能认为，这种力与年轻的、未被消耗的、尚且处于早期发展阶段的自然力是不成比例的。

心力越小,它就必然越晚进入弯折运动,而且天体的密度一般而言与其距离太阳的远近呈反相关。①只有下面两点符合我们的论述目的。

第一,向心运动的起源,尤其是就其方向而言,不仅不应当从**牛顿**所谓的直接神性作用中推演,或者像**康德**那样归功于偶然,而是要从一个中心团块自身内部的根据出发被推演出来,这个根据无疑还会远远延伸到自身之外。

第二,这个理论如何解释宇宙持续的**有机变态**,因为宇宙实际上(因为我们的时间尺度相对于一整个太阳系的收缩过程而言算得了什么呢?)只是在扩张和收缩的持续交替中前进。②

行文至此,我们仅仅考察了一个体系的构形,我们从空间的一个点出发开始构形,并将这个构形拓展到大小不定但无限遥远的地方。但是这个前提并不阻碍我们假设,这类构形是从一个共同的点出发不断向前的,因此,由于完整的无限性是一个自身矛盾,宇宙只能在无限的变化中被把握。我们必须按照类比的法则进行预设,在

---

① 我们这里的研究不能拓展到月球和更多其他对象的构形上。这整个理论会在别的地方得到应用(原文注释)。

出版人在对初稿的修订中(《思辨物理学杂志》,第1卷)反对上述关于每三个行星来自一个共同的爆炸这个想法:"如果土星、木星和天王星属于一个共同的爆炸,金星、地球和火星属于一个共同的爆炸,那么它们都必然各自构成一个体系";作者本人在一个注释中做出了回应(第41页):

这并不意味着,在最初的构形中,一个按照原初建构只应当构成一个物体的团块分解成了多个物体,从中我们只能得出,在唯一的那个量中包含着各种密度完全不同的个别物质,其中一些更早受到向心力的影响,另一些则更晚。

② 这也意味着,在宇宙中必须假设多个原始的、持续的构形,那么全部天体最终就不会来自唯一的原**初产物**,接下来我们会给出相应的根据。——谢林手稿中的注释

无限的空间中，那些点之间的距离是不可估量的，新的构形一旦发生（可能是凭借一种在空间中无限传播的、像电一样的扰动），一种无限进展的交互关系也会再一次发生，更确切地说是一种通过万有引力发生的关系，（即便我们不愿意接受第一批扰动的共同原因）可以理解为，所有新系统的中心团块都是由一种**共同的**溶液中的质料收缩而形成的，同时在形成的过程中又交互排斥。——"假设在整个宇宙中存在着一个共同的中点，并且**一切**构形都是从这个中点出发的，这意味着宇宙是有限的。"①但如果世界并不**是**无限的（而仅仅是**将要**），而且如果假设有一个活动是普遍扰动的第一原因，这个活动从一个最初的点开始，向着所有点的方向发展，能够进行独立的构形以至于无穷，那么这个最初的点至少是进行着的创造的中点。但是这种原初的、**独立的**构形将共同具有一个**理念性的**中心，正因如此，每个个别**独立的**，即通过**自己的**塑形构造自身的构形，会作为构形向前发展，因此那个（落在空洞空间中的）中心点总是会迁移到一个新的点上。②

---

① 仅仅这个理由并不构成理由，因为我们可以将这个中点，即自然的绝对最初产物之所在，也就是其他所有产物由此演化而来的点，无限后置。除此之外，我们的解释永远不可能回到这个构形的最初起点，也就是说，对我们而言根本不存在这样一个点。正如我们的经验意识受限于宇宙的一个部分，我们的所有解释也只能针对这一个部分。我们的解释可以提升到的最高处就是我们的**太阳系**——行星系统。适用于我们的行星系统的，也适用于太阳系统，如果行星仅仅是一个太阳的后裔，那么太阳也仅仅是一个中心天体的后裔。——谢林手稿中的注释

  须知：文本中的引号在原文中并不存在，但似乎是有必要的——原编者注。

② 我只想再做一个补充，这个关于世界起源的理论同时也是整个宇宙发展以及逐渐衰弱的**历史**的指南。宇宙的持存也是持续的变态过程，宇宙存在于扩张与收缩的交替中，只不过**我们的**时间与一个太阳系收缩所需要的时间是完全没有关系的。——谢林手稿中的注释

让我们将目光转回到作为一个独立体系的【宇宙之上】,也就是转回到诸体系构成的**一个**整体之上,这个整体是从一个跳动的点出发构建出自身的,我们便能够同时在三种不同的情况之下看待属于这个整体的那些个别体系,其中**一些**体系处于极为膨胀的状态中,离心运动对它们的影响仍然与向心趋势保持平衡;一些体系已经处于中间的收缩状态;而另一些体系处于极度收缩的状态中,已经靠近衰亡。①——如果我们追问,这些不同的状态与同中点的距离是什么关系,那么就会很容易地得出,在距离中点最近的地方,收缩必然发生得最快。例如,早早向一个点集中的位置最靠近太空的中心(或许是所有太阳共同的中点,因为所有世界都属于**一个**体系,它们与我们的连续性是通过**光**来维系的,接下来我会证明这一点),而星星之间空间较为空旷的位置是离中点最远的,处于两者之间的必然是中等膨胀程度的体系,尽管距离中点最近的体系回到其起源会带来其他体系的加速毁灭。②

假设每个体系都会普遍地落回到它的中心,既然每个体系都会按法则在最初的构形中将自己组织成一个体系,那么按照同样的法则,每个体系都会从废墟中再次焕发新生。于是我们就推演得出了,整个宇宙进行着持续的变态过程,与此同时,**自然**也持续地回到自

---

① 从这些不同的状态就可以解释诸星系的不同**形式**和**形态**,卓越的赫舍尔已经指出过这一点。例如,银河的形式显然完全不同于一些具有球状外观的星云,后者之中,密度向着**一个**点增加,光线也向着**一个**点越来越亮。因此,我们必须将这种星云视为已经处于纯粹收缩状态并且靠近衰亡的体系。——谢林手稿中的注释

② 由此可见,我们必须将宇宙的**延续**设想为一种有机的延续。一个体系的延续无非扩张与收缩的交替,一种永恒的变态过程。——谢林手稿中的注释

身之中，这是自然真正的特征。①

从迄今为止的讨论中，我们可以很容易完整地推理出，无机自然**必然**将自己组织为天体体系以及这种必然性的原因。这些天体来自对立的运动的组合，因此不得不绕着共同的中点进行有规律的轨道运动。②但我们可以暂时放下讨论，以便尽快考察更为重要的推论。

推论③

A.

a) 太阳对地球各部分的影响所产生的趋势，是一种交替**嵌套**

---

① 现在我从迄今为止的发展中得出以下结论：

我们是从对重力的本质的研究开始的。我们主张，重力是有经验条件的，并不是只有一个重力在整个宇宙中占据主导地位。经验条件的起源应当在世界起源的历史中被探寻。在这里我们发现，宇宙有机体在万有引力体系中的根据无非无限的对立，这种对立应当在宇宙中取消自身 —— 因为每个原初产物都必然再次分解为其他产物，而更高的产物必然是次级产物的综合。按照这一主张，宇宙无非一个原初综合的发展，这已经在我们的行星体系的建构中得到证明，因为只要对这个体系稍加观察就会发现，它是以太阳为中心构造自身的。——谢林手稿中的注释

② 按照我们的预设，无限延伸的对立本身是重力的条件，这种对立从何而来？此外，为什么这种对立对每个产物而言都是特殊的对立，因此重力对每个产物而言也是专属的东西？

在结束我们的研究之前我要再次强调，在为产物的建构找到一种普遍的表达之前，所有至今为止的命题都仅仅具备假设性的真理，我们只是在逐步接近对任务的解答，唯有通过这个解答，我们迄今为止的主张才会被证实或者反驳，但无论如何它们都会得到裁断。——谢林手稿中的注释

③ 万有引力体系中的宇宙有机体不仅仅是机械的，而且也同时是一个动态的有机体，正如我先前就已经指出的那样。正是这样一个宇宙有机体才为自然中持续向前的活动提供了条件。正是那个在每一个产物中通过重力取消自身的原初对立，在产物中无限进展，无论是在最小的部分还是最大的部分中都能找到它的身影。—— 这个对立必须被设想为在每一个环节中重新产生的对立，正因如此，它是自然中持续前进的活动的根据。我们将要从这个宇宙有机体中，从这个由原初的斥力和万有引力得出的有机体中，逐渐推演出宇宙的整个动态有机体，这就是我们当下要做的事情。——谢林手稿中的注释

的趋势。（这一普遍趋势的**产物**必然是为地球的所有部分所**共有**的。—— 不过，在对事情进行详细研究之前，可以将它设想为**普遍磁性**，它本身就是那种普遍趋势的**产物**，而非**原因**。）—— 但是重力的活动只是产生了这个**趋势**，而并不能超出趋势。但是如果根据经验假设嵌套是**现实存在**的——至少我们在上文预设了它的**可能性**——那么重力的活动就成了一切嵌套的第一推动力（那么正如**利希滕贝格**预料的那样，重力的原因就是使整个自然**精神化**的最终原因），但如果嵌套是现实的，那么除了重力的影响之外，还需要一个与重力相**区别**的，但与之相关联的**特殊活动**。

b) **任务：找到这个活动**。

解答

α) 嵌套只存在于化学过程中。但值得注意的是，一个**特定**范围内的化学过程的**本原**，不可能同时是这个范围内的化学过程的**产物**，这是先天明确的（虽然在一个更高的亲和范围内，它无疑也是化学的产物）。因此，一切发生在地球物质之间的化学过程的本原就不可能再是地球上的产物。因此在彼此亲和的诸本原之中，必然有一个**个别的**本原与其他所有本原相**对立**，从而也**限制**了地球上的化学过程。这个本原必须是一切化学亲和性的中间环节。其他所有物质能够在化学上亲和的必然条件是，它们共同致力于与**那一个**（本原）相结合。—— 正如经验所揭示的，这个本原就是被我们称为**氧**的东西（《一种自然哲学的理念》 S. 88 【第1卷，第170页】及以下）。因此氧不可能是地球亲和范围内的化学产物。

（氧通常被视作最终本原，而一旦化学解释达到了氧的层面，也就是还原到氧元素，解释就有理由告一段落了。—— 但是这个氧本身究竟是什么呢？人们完全没有考虑过这个问题，研究的范围也因此被彻底限制住了。我们可以从前文看出，这个问题是完全合理的。氧不再是地球的产物。但是氧在一个更高的范围内会再次踏进产物的行列之中。**对我们而言**，氧是不可分解的，但也正因如此，氧才**能够**成为地球上所有化学亲和性的中间环节，并且为地球的化学过程**划定界线**（也正因如此不再是地球的产物）。但是在一个更高的范围内，氧自身也可以还原为一个不可分解的东西。（这里不就可以看出，自然中如何可以存在不可分解的物质，又不必存在单纯的物质吗？但这里并不是解释的时机。我们在这里将目光局限于**这一个**本原。）这样一来，氧与地球上的所有质素相对立，因为所有其他质素都和氧一起燃烧，但氧却不同其他质素一起燃烧。但是我们在其他地方已经指出，可燃性概念只是一个相对的概念，因此在一个更高的范围中，氧或者它的元素（如果氧本身已经是一种**可燃的**物质）必然会再次下降到可燃物，也就是化学上可组合的质素的范畴中。①

但我们并不否认，氧是地球的一种化学产物，因为我们可以从

---

① 可燃物指的是可以通过与氧一同分解而发**光**的物体。但是如果在氧之上还存在另一种能够与光结合的物质，那么氧本身就会下降到可燃物的范畴中。——谢林手稿中的注释

　　氧是燃烧的本原，因为在它之上没有更高的物质，因为它划定了我们的亲和范围的界限，在它那里，对立的亲和范围彼此相接。

　　或者为了让事情更加清晰，让我们设想某种理想的极端可燃性，那么那种在一个给定的体系中**最为可燃**的物质，本身必然不再是**可燃的**，而是其他所有物质与之一起燃烧的那个对象。因此氧可以被视作一个**更高的体系**中最为可燃的物体。之所以涉及一个更高的体系，是因为在较低的体系中，最可燃的物质必然是不可燃的，因为没有任何别的物质可以和它一起被燃烧。正因为氧划定了我们的亲和范围的界限，氧是燃烧的本原。——谢林手稿中的注释

很多物质中释放出氧。这里讨论的是氧本身**原初的**生成。①毋宁说，氧在地球上很多物质中的**定在**证明了我们的理论，即地球是太阳的一个产物。由此引发了关于地球上所有物质之间具体差异的一种特殊观点，即所有的多样性都可以还原为某**种燃烧**，有一些**燃烧**被把握为还原（这种还原的现象就是植物性生长［Vegetation］，在较低的层次上体现为金属的植物性生长②，由地球内部的热力所维持，在更高的层次上则是植物的生长），另一些被把握为长期燃烧（这种长期燃烧进程的现象就是动物生命）。③还必然会得出的是，地球上不存在一种物质，它既不是**正在燃烧**的，也不是**会被**燃烧的，也不是**可燃烧**的。

β）有了上文的前提，我们还能得出以下结论。——氧在地球的全部化学过程中都扮演着**肯定性**的角色。④但是对地球而言，氧是一个外来的本原，它是太阳的产物。因此每一个化学过程中的肯定性活动必定来自太阳，是太阳的一种影响。因此，在太阳施加于地球的重力活动之外，还需要预设一种太阳作用于地球的**化学影响**。但是必须有一种经验中的现象来体现出太阳作用于地球的化学活动，我认为这一现象就是**光**。

---

① 氧只是就地球而言的一种简单本原。——谢林手稿中的注释
② 即结晶。金属植被（Vegetation der Metalle）是炼金术中的一个术语，用来描述金属晶体的形成，通常是通过将金属溶解在液体中得到的。这一过程类似现代的结晶过程。——译者注
③ 如果氧是化学过程不能超出的一个固定的点，那么它就因此是一切质的规定的本原。将物质分类为：被燃烧的、可燃烧的或者被把握为还原的，这种分类是完全正确的。——谢林手稿中的注释
④ 可以被人们称为符号化燃素的东西，只能被设想为对氧的否定。——谢林手稿中的注释

命题：太阳作用于地球的化学活动的现象就是光。①

证明：我们只能通过许多中间命题来证明这个命题。

必须承认，如果自然中根本不允许任何**偶然**，太阳光的状态也不能是**偶然**的，那么太阳必然是光的源头，因为它**必然**是我们体系中重力的中点。因此我们排除了所有使太阳的状态取决于偶然或纯粹假设性东西的解释。

（例如，如果光只是更高强度的热物质，太阳之所以进入光的状态是因为太阳作为每个体系中最大的团块，在从共同的溶剂中沉降、逐渐过渡到固体状态的过程中，释放出了绝大多数弹性物质。—— 或者即便太阳内部有一团肆虐的火焰，也无法说明为什么所有太阳上都**必然**产生这样的火焰，无法解释这火焰是如何被维持的。② —— 要让光是太阳**大气层**演化而来的这种假说摆脱偶然性，

---

① 光，或者说**我们称之为光**的东西，仅仅是**现象**，本身并不是物质。我们的研究和这个命题有关联，但我还可以用其他根据来证明这个命题。**这里**只说下面这一点：光从来都不是一种在发展中被把握的、**变化中**的物质。反之，这个**变化**本身，是在光中前进的**生产力**本身，它类似于一般生产力的直接符号。我们已经将生产力演绎为自然中一切连续性的根据。但光是一切延续性的符号。光是存在着的**最为稳定的量**，把光视为**离散的流体**是所有表象方式中最贫乏的一种。

由前文可以得出，我同样不认为光只是一种机械的现象，例如将光理解为媒介被振动所带来的现象（例如欧拉），光完全是一种动态的现象。—— 有一些化学家近来经常讨论动力学物理学，但他们却相信，将光线理解为以太的**振动**是一种动力学的解释方式，这是很惊人的。和那种将光理解为离散流体的解释方式一样，这种解释方式也不是动力学的。——谢林手稿中的注释

② 最自然的解释似乎是，太阳是燃烧着的天体。一个燃烧着的天体在自身之中与毁灭者搏斗，成为次一级天体体系的生命源泉，这一伟大图景可能会迷住想象力，却并不会受到知性的青睐。因为这种解释并不具有必然性。（虽然康德做过尝试，但却远远不令人满意。虽然我们可以对这个假说提出很多反对，只举**一个**例子：出于地球的化学过程中光的发生与燃烧过程绑定的理由，而相信太阳的化学过程中也是一样的情况，这是一种很自然的想法，但却是巨大的幻觉。地球上化学过程中光与燃烧绑定，其根据恰恰在于太阳光的状态，因此太阳的光不能再用燃烧过程来解释。）——谢林手稿中的注释

就需要赋予太阳一个具有极高弹性的纯氧大气层,并且将太阳视为氧最原初的所在地。但后者只能通过我们体系中的太阳被证明,而并不能被一般的太阳所证明。)

抛开所有假设不谈,我要提出的命题是:**如果所有化学过程中的肯定性活动都是太阳的活动,那么太阳相对于地球而言反而是处于肯定性状态的**。这对**所有的**太阳来说都是成立的,也就是说,太阳相对于它的下属天体而言必然是**肯定性**的。

太阳必然会凭借它的肯定性状态对下属天体发挥肯定性的(化学的)影响,我认为,**这种肯定性影响的现象**(而非影响本身)**就是光**。(我还可以补充一点,沿**直线**发射的光是**肯定性状态**的**普遍**标志。但是我暂时只能用正电光的类比来证明这个命题。——按照这个类比,太阳对我们而言可能是在宇宙空间中散播的**正电点**,它的光可能是+E;所谓的日光无法用太阳光向所有方向的随机散射来解释,黑暗中的天体也是通过日光而可见的,这就类似于显现为亮点的−E。)

因此我只是在**一般的**意义上认为光就是肯定性状态的普遍现象。但是所有太阳作为一切化学亲和性的本原,相对于它的下属天体而言,**必然**处于肯定性的、**原初的**光的状态中(但并不是所有太阳和它的下属天体之间的关系都像太阳和地球之间的关系一样。一般的亲和性本原在不同的体系中也应当是不同的。有可能这个本原只有对地球以及共同爆炸中产生的那些行星而言是氧。那个中间环节是可变的,但是太阳本身的肯定性状态并不是可变的)。——更进一步来看:光很自然地被理解为**肯定性的**光(例如在亨特尔的闪光实验中,只有那个负载正电的眼睛才会产生正电的闪光)。

III, 134　　　但是太阳光只有与**我们的否定性**状态相对立时才是**肯定性**的。但是太阳本身又是一个**更高的**体系中的下属天体，太阳的光相对于那个更高的、**肯定性的**影响而言是否定性的，这种影响将太阳置于发光状态中。——这也使得宇宙有机体可以是无限的，因为它相对于更高体系而言是**否定性**的，相对于更低的体系而言就是**肯定性**的，反之亦然。光本身是**否定性**状态的**原初现象**，它预设了一个更高的肯定性状态为原因。光由此打开了一个新的世界，直观不能抵达这个世界，只有推论可以；光给我们的直观划定了绝对界限；光和光明世界的彼岸，对我们的感官而言是一片埋葬于永恒黑暗之中的禁地。太阳通过化学活动再次将自己置于光明状态中，我们只能间接地认识这种化学活动。

　　　（这里的观点不应该和**兰贝特**的问题混淆起来，他不确定，他假设的我们体系的中心天体是否可能不是一个黑暗的天体。他的主要根据是，一个在质量上远大于其他所有天体的自发光的天体必然能被看到。但是我认为，不仅我们体系的中心天体，而且在我们体系彼岸的整个宇宙**对我们**而言都是黑暗的。因此，所有自发光的天体都属于**一个体系**，并且全都来自一个共同的形成过程。）

　　　以这些概念为前提，我就可以在经验中证实以下命题了：**光是太阳作用于地球的化学活动的现象**。

　　　最简单的证明方式是指出，可以从这个命题中先天地推演出特定的经验内容。

　　　a) 既然氧在所有化学过程中都扮演了肯定性的角色，那么对**氧**表现出**否定性**的物体，对太阳的**光活动**也表现出**否定性**。

III, 135　　　（对视觉而言，对太阳的光活动表现出**绝对肯定性**的物体必须被绝对地**取消**,如同从物的序列中被取走一样。因为只有与活动之间的否定性关系才使得物体对视觉感官存在。但是没有任何燃素性质的物体是绝对透明的,相反,每个真正透明的物体对氧都会持**肯定性状态**。)

b) 如果光是在每个化学过程中活动的太阳活动的现象,那么每当发生从绝对否定性状态到绝对肯定性状态的过渡,就必然会产生光。

(所有燃素性质的物体都对氧表现出否定性。因此每个真正的燃烧过程都是一个这样的过渡。但是真正的燃烧过程包含一个**绝对的对立**,换言之,物体必须是**绝对**不可燃的[但硝石气体、土壤和硫酸盐一类就不是这样的物体]。进一步来看,只有**氧本身**对燃素性质的物体表现出**绝对**肯定性,它和可燃物质结合而成的酸则不是这样的。

推论:有绝对对立的地方才有光现象。

因此:燃烧中显现的光既不是氧气的组成部分,也不是物体的组成部分,而是贯穿一切、从不停歇的**太阳的化学影响的直接产物**。——**只有肯定性状态出现的地方,才会出现太阳或者太阳的光**。太阳的活动延伸到了空间的每一个点,只要有亮光的地方就有太阳。)

c) 当太阳的光活动**肯定性**地作用在化学过程中,光活动与氧在物体中结合,那么这个物体就必定不再对太阳的光活动表现出否定性。①

---

① 地球上的所有物体原初都对氧表现出否定性,也就是对于光的活动表现出否定性。但是,当一个物体参与到化学过程中,就不再否定性地与那个本原,即光相对立,只要光确实如我们所理解的那样。而现实状况是,每个物体都在与氧结合的过程中变得透明。——因此光必然就像我们所理解的那样,是太阳的化学进程的现象。接下来的证明见正文。——谢林手稿中的注释

III, 136　　（最大程度的不透明就是反光，光线在表面呈**直线**反射，不透明度的最小值是向着所有方向的反射，只有当物体开始呈现色彩时才会发生这样的反射。而色彩是随着物体的肯定性状态一起**增强**的。最大程度的不透明，也就是相对的**透明**，等于相对而言极高的氧化程度。当不透明的物体在酸中溶解，光的活动就开始穿透它。当它在干燥情况下燃烧时也会出现同样的事情。）

结论：以光为现象的活动在化学过程中起肯定性的作用。人们认为许多效果是光产生的，但它们其实来自一种影响，而光只是影响的现象。①天体最大最显著的部分都有光过程的参与，这并不是偶然的，反之，这指向一个**普遍的**、更高的并且更广泛的**自然法则**。光的活动，与中心天体发出的重力的活动，处于一种隐秘的关联之中。②前者赋予世间之物动态倾向，而后者赋予静态倾向。这可以先天地从动态（化学）过程的可能性中得到证明。因为如果没有一个以化学的方式起作用的原因，就根本不能构建任何化学过程，而这一原因本身不属于任何化学过程。

III, 137
B.

a）如果地球上的所有物质都对那个化学活动表现出肯定性或否定性，那么它们彼此之间也会如此表现。

---

① 例如，光对有机自然的作用并不来自**光**本身，这就是说，它并不来自我们称之为光的东西，而是来自以光为现象的那个活动。——谢林手稿中的注释
② 即重力的活动总是一再取消无差别，也一再重建重力的条件。而我们在光中看到的无非对立的一再重建，因此这里已经可以看出，化学活动与重力活动可能处于怎样的关联中。——谢林手稿中的注释

b) 每两个有着具体差异的物体都会彼此表现出肯定性和否定性，它们在质上的差异也会通过这种肯定或否定性的交互关系表达出来。①

（由此可以推论出，自然中存在着某种类似于**电**的东西。② 这个命题用经验的方式来表达是这样的：物体所有的质的差异都能表达为对立的电性，后者是它们在交互冲突中获得的【它们在质上的差异程度等同于电性对立的程度，这种对立是在交互冲突中呈现的】。）

c）但是物体的否定性或肯定性状态完全取决于它们与氧的对立关系。因此【其电性的差别或者】物体之间肯定或否定的关系，也取决于它们与氧之间的对立关系。

注释：物体的电性关系完全取决于它们与氧的化学关系，作者③从一开始就提出了这一命题。命题本身仍然是正确的，但由此得出的推论必须被删去。电本身是氧的产物（因此人们不能再把电的光现象引为根据，因为光的源头根本不在氧气之中），但物体具有的电之所以取决于它与氧气的关系并不是因为这一点，而是因为**在地球的化学过程中，氧是质的规定者**。

以下命题作为一切关于电过程的理论的原则必须被建立起来，即**在电的过程中**，肯定性的那个物体承接了氧在燃烧过程中的功

---

① 更清晰的表达可能是这样的：它们之间肯定或否定性的交互关系最原初地体现了它们之间质的差异，或者说，物体之间质的差异是肯定性状态和否定性状态的差异，它们交替处于这两种状态中。——谢林手稿中的注释
② 在自然中，电是唯一向我们显示出肯定与否定的交互关系的现象，两个不同的物体处于这种关系中。——谢林手稿中的注释
③ 见于《一种自然哲学的理念》。——谢林手稿中的注释

能。①但是这个物体仅仅是肯定性的，因为它承接的是氧的功能，而氧对它而言是肯定性的，反过来说，氧对它而言之所以是**肯定性**的，仅仅是因为**它**相对于这个原则而言是**否定性**的。肯定性的物体必须（在电的冲突**之外**）对氧持**否定性**状态，换言之，它必须是一种不被氧化的实体。—— 我们可以设想以下几种情况。

一种情况是，假设在电的冲突之中，有两个实体对氧是绝对否定性的，也就是两个绝对不被氧化的实体，但它们并不是完全相同的，其中一方与氧更为亲和：那么按照我们建立的法则，这一方必然会成为正电。

（这种情况实际上是一个很单纯的情况，因为这里两个物体与氧的关系实际上是同一个关系，也就是否定性的关系，它们只在这个关系**内部**彼此对立。②唯一的问题是，如何识别出**绝对不可燃**的对氧绝对否定的物体。电本身就提供了相应的特征。一个完美的导电体**一经氧化就**会成为电的**绝缘体**。这意味着，所有与电隔绝的物体都是经过氧化的，尽管这和常见的化学分类可能并不相符，但很多物质［如树脂、油类、土壤等］毫无疑问符合这一点。此外，稍加回忆我们就会意识到，可燃性的概念与氧化、去氧化的概念本来就是高度相关的。

所有被氧化过的物体都是绝缘的③，这条法则唯一【现实】的

---

① 氧直接地参与到燃烧过程中，但只是间接地参与了电的过程。——谢林手稿中的注释
② 换言之，这里涉及的是可燃性的多少，或者物体与氧的否定性关系的多少。——谢林手稿中的注释
③ 因为，尽管有些电的绝缘体在化学里被算作未被氧化的物体，这并不违背我们的法则。——谢林手稿中的注释

例外是，水和所有的酸都是流体状态的；但是由于它们在成为滴液流体［tropfbar-flüssigen］的过程中同时失去了一切导电性，这里还不能说清楚导电性和流体状态之间有怎样的关联。因此我们至少可以将上文建立的这条法则限制在**固态**物体中电的**导体**身上［在两个电的导体中，承接了氧的功能的一方①是与氧最为亲和的一方②］。③）

另一种情况是，假设两个物体中，一方是被氧化过的物质，因此与氧的亲和度是较低的，而另一方是**绝对**未被氧化的，它与氧的亲和度很高，它们处于中的冲突中，那么**后者**就会承接氧的功能并且维持为正电（例如，任何一种金属与任何一种酸或土等）。

又一种情况是，两个处于冲突中的物体**都**是被氧化过的物质，那么法则就要反转过来，氧化过的物质（因此与氧的亲和度较低）会接

III, 140

---

① 肯定性的一方。——谢林手稿中的注释
② 这是从已经建立的原则中直接得来的，即在电的过程中，承接了氧的**功能**的物体就是+极。按照这条法则，与氧更为亲和的物体就是+极，这条法则通过电流实验被证实了，例如，对氧亲和力最强的物质引起了最强烈的抽搐。伏特发现，仅仅将这样**两个**参与电过程的物体并置，就能产生出电，而且与氧亲和的那个总是+极，另一个总是−极。——谢林手稿中的注释
③ 两个物体中与氧最为亲和的那一个会成为**负**电，这个法则仅仅是从绝缘体中抽象出来的。**里特尔**先生则发现相反的法则才适用于电的导体，他深入地研究了物体在电流之下与氧气的对立关系。——下面的这些法则是里特先生的电流试验得出的结论。含有氧化性成分的液体，例如碱金属盐和硫化铁溶液，与固体氧化性物质在电流试验中都是带正电的，后者**同时也是**电的导体，例如所有金属。而已经**被氧化的液体**，例如水和其他液体，与同样的固体物都是带负电的。如果**固体物之间**相互冲突，那么与氧最为亲和的那个总是带正电的，亲和度较低的总是带负电的。——当只有一方是绝缘体时，导体所遵循的法则就会反转过来，很显然，这种反转的原因必然在于导体与绝缘体的差异。只要我们假定**所有**绝缘体虽然不是绝对被氧化的，但是相对于电的导体而言**相对被氧化的**，就不会再被蒙蔽了。——谢林原注

过氧的角色，即成为**肯定性的**（例如白色**丝带**与黑色**丝带**，过氧盐酸和普通盐酸）。——人们可以通过物质的电绝缘关系来判断其氧化的程度，那些最为恒定地保持为正电性的物质必然是氧化程度最高的。——玻璃作为二氧化硅也许是所有物质中氧化程度最高的，它是否适用于这条法则，还是说它更类似于硫酸盐的情况（硫是最稳定的负极），尚不清楚。

d）如何区分电的过程和真正的、化学的燃烧过程？

III, 141　　迄今为止唯一的区别是，在电的过程中，与氧最为亲和的物体扮演了燃烧过程中氧本身的角色，因此电过程经过了化学过程的中介。

但是反过来说，燃烧过程也经过了电过程的中介。**甚至所有燃烧过程的条件也和电过程的条件是同样的**。因为没有物体是**直接的**，或者**仅仅**与氧一起燃烧，正如没有物仅仅与氧，或者直接与氧一起成为带电的。每次燃烧中都包含第三个物体，它承接了氧的角色，只有通过这层中介，氧才被分解（按照最新的发现，在通常的燃烧过程中，这个第三者就是水。除此之外只需设想一下植物燃烧后形成碱的过程，就会发现燃烧过程中存在这种二重性，甚至三重性）。①因此电过程并不在原则上区别于燃烧过程。两者的可能性都取决于同一个第三者。最简单的电过程始于两个物体的冲突，A和B彼此接触或摩擦，**双方**就自身而言都是否定性的（相对于氧），只不过A作为后者（氧）的代表在这场冲突中是肯定性的。但是每个物体都应当

---

① 这句话在手稿中被删去，替代的句子是：每个燃烧过程的开端都是氧单纯间接地介入过程之中。燃烧过程也始于作为氧的代表物出现的物体。因此可以肯定的是，每个化学过程都不是通过单纯的亲和力，而是通过双重的亲和力发生的。——谢林手稿中的注释

有一个肯定性状态的最大值。一旦达到这个最大值，物体就应当按照普遍的平衡法则过渡到最小值。当物体进入发光状态时【即被燃烧时】（参考上文第135页），就达到了最大值。① **因此**（并不是由于光是氧气的组成部分这样的原因），光现象与燃烧同时发生，也就是与从肯定性状态的最大值过渡为最小值的过程同时发生。因此，一旦物体被燃烧（被氧化），它就不再对氧持**否定**状态，而这种否定状态是电过程中一切肯定功能的条件，因此它直接从肯定功能过渡到对立面（这表现为绝缘性质和热容量的增加，两者实际上只是**一个特征**）。正如电过程是燃烧过程的开端，因此燃烧过程（一切化学过程的理想化）是电过程的终结。

III, 142

但是现在，正如肯定性的物体在电过程中只是氧的代表，氧本身又只是一个更高的本原的代表，如果氧本身与物体处于直接的冲突中，较低的亲和范围和较高的亲和范围（那个更高的原则属于这个更高的亲和范围）就会产生直接的接触，就会发生从一方向另一方的过渡，那么一切二元论，也就是**化学**过程，必然会消失。氧作为过程的**中间环节**将会消失，而更高的质料②本身会产生出来。

这进一步表明，物体之所以能够被加热，之所以可以带电，它所倚仗的特性是同一个（因为加热的最大值，正如电的最大值，都会直接过渡进入燃烧过程，然后同时具有隔热和绝缘的特性）。

---

① 顺便一提，这说明燃烧过程中产生的光也具有电的性质，其原因也是维持电的一般原因。当物体进入发光状态时，它似乎也完全转化为正电。因为氧化程度更高的物体总是会成为正电，当我们考虑到电过程中表现出的对立，正是物质原初构建中的一部分，那么一切物体根本上是什么呢？不过是电罢了。——谢林手稿中的注释
② 那个更高的本原。——谢林手稿中的注释

C.

还有一个问题需要被解答,即**重力的活动和太阳作用于地球的化学活动之间是什么关系**。—— 关于它们之间的交互关系,我们可以确定以下两点。

第一点是,**两者**的条件是不同的,重力的活动的条件是一种更高的异质性,而化学活动的条件毫无疑问只是取决于那个更高的异质性。但是我们迄今为止还没有能力更详尽地考察这两种异质性的关系。

第二点是,太阳作为重力的原因施加在地球上的活动,取决于一种更高的、作用于太阳的活动,因此活动不是独属于太阳的,但是作为地球化学过程之原因的活动完全取决于太阳的特殊本性。[1]

---

[1] 后面这一段(第二点)在手稿中被删去,并带有注释:可疑的。——原编者注

第三章
有机自然与无机自然之间的交互规定

迄今为止我们的研究可以被表述为:

"自然在其最为原初的产物中是有机的,但是关于有机体的功能,我们只能做出这样的推论,即这些功能与无机世界是对立的。因为**可激发性**作为有机体的本质必须被设定下来,只有可激发性才使得有机活动不会在产物中耗尽自身,而是总在**将要耗尽自身**的过程中。"

"但是如果一切有机体的本质在于可激发性,那么**激发性的原因**就必须到有机体**之外**去寻找,也就是一个与有机世界相对立的**无机的**世界。因此必须推论出这样一个无机世界的可能性及其条件。"

"但更重要的是,如果【生产性的产物或者】有机体只有在无机世界的条件下才是可能的,**那么在无机自然中也必然已经存在着有机体的所有解释根据。**但是这个自然与有机自然是对立的,有机自然的根据又怎么会在它之中呢?—— 只能通过**两者之间的一种前定和谐**来解释这件事。换句话说:无机自然的存在和延续本身必须以一种更高的物的秩序为前提,必须存在【仿佛是一个共同的自

III, 144

然灵魂，将有机自然和无机自然设定在运动之中】一个**第三者**，又将**无机自然和有机自然结合在一起**，它作为媒介维持了两者之间的连续性。"

因此有机自然和无机自然必须彼此解释和规定；—— 这就揭示了，为什么**单独**从一方或另一方给出的解释，包括当下这个体系中的解释，按其本性必然是不完整的；以及如果要一举解释整个自然，只有通过**有机和无机的交互规定**才是可能的，我们的研究现在就是要探讨这个交互规定。

I.

我们已经在有机体中**设定了可激发性**作为首要的特性，但暂时还不能进一步解释这个特性。我们唯一可以做的是将它拆解为对立的因素，即有机接受性和有机活动。通过推论究竟什么属于无机自然，也就是有机自然必须被什么所规定，我们现在已经可以将这个特性追溯到现实的自然原因上去。

III, 145　　事实表明，一个普遍万有引力体系的建构属于无机自然的本质，这个体系的等级梯度和质在差异上的等级梯度是平行的，因为这样一个体系表示的无非是物质在持续收缩的亲和范围内的普遍组织；进一步来看，宇宙中的特殊吸引力（是重力作用于每个个别天体的原因）取决于世界物质的原初差异；最后，除了重力的活动外，必然作用于每个天体的还有与重力活动同源的化学活动，其现象就是**光**，这个活动引起了**电**的现象，在电消失时，还引发了化学过程，这个活动实际上是倾向于与化学过程对立的（作为对所有二重性的取消）。——

1) 有机体的本质就在于**可激发性**。但这也相当于在说：**有机体是它自己的客体**（只有当有机体同时既是主体也是客体时，它才可以是自然中最原初的东西，因为我们已经把自然规定为一种以自身为客体的因果性了【它从自身中生产出自身】①）。

有机体构成自身。但它只在外部世界【外部世界维持着这种二重性，使其不可能退回到同一或无差别中】的挤压之下构成**它自己**（作为客体）。假如外部世界可以【直接】将有机体规定为**主体**，那么有机体不再是**应激的**。因此只有作为客体的有机体才必然能够被外部影响所规定，而通过外部影响而言必定无法触及作为主体的有机体。

（有机体的可激发性在外部世界呈现为一种持续的**自我再生产**。有机体也因此区别于死物，因为有机体的持存不是一种现实的**存在**，而是持续地［通过自身］**被再生产出来**②，这来自外部的、相反的影响，而死物［不应激的］在外部相反的影响下不能被规定为自我的再生产，而是因此被摧毁。）

2) 但是（无须证明的是）如果有机活动实际上只属于作为主

---

① 恰恰因为有机体是**它自己的**客体，有机的东西才与死物区分开来。死物从来不是**它自己**的客体，只是**一个他者**的客体；比如在撞击中，甚至在化学反应中，两个物体互为客体，但是这里我们已经设定了**两个**物体。但任务是这样的：**一个未被分割的**个体中应当存在一种二元性，它不应当是任何一个他者的客体，而是它自己的客体。—— 这样一个构成自身的整体就是有机体（这里的有机体有两面，作为主体的有机体和作为客体的有机体）。—— 虽然没有明说，但布朗通过可激发性概念表达出来的就是这种二元性之中的同一性。——谢林手稿中的注释

② 当然，从最高的视角来看，僵死的自然的持存也是持续被再生产出来。但是僵死的客体并不通过自身而持存，而是通过整个余下的自然持存。僵死的自然是不可变化的。而有机体总是毁灭然后再生成。每个有机的个体时时刻刻都在变化，但又始终是那一个。——谢林手稿中的注释

体的有机体，而有机活动只能被外部的影响激起，那么作为主体的有机体对于外部影响而言是不可触及的，尽管以往有过这样的主张。——解决这个矛盾的方法只有一种：更高的有机体（可以使用这个表述以取代作为主体的有机体这个更难以理解的表述）不能被外部影响**直接影响**到【**而是**如前文推论所言，只能是**间接的**】。简言之：（作为整体的）**有机体本身就必须是外部影响发挥作用的媒介**。①

3) 但【我们将继续我们的推论】"有机体本身就应当是媒介"，这无非是说：在有机体自身之中应当存在一种原初的二重性。

III, 147

但有机体只有在与外部世界的对立中才是所有它所是的东西。因此"在有机体自身之中应当存在一种原初的二重性"必然意味着：**有机体应当拥有一种双重的外部世界。**

4) 然而我的问题是：有机体如何可能同时属于两个世界？我的回答是，唯一的可能性是，**那个无机的世界本身实际上就是一个双重的世界**。但这不就是我们推演出来的无机世界的可能性条件吗？每一个无机的世界中都反映了一个**更高的秩序**，一个**更高的世界**。这两个对立的秩序相接之处就出现了**活动**。②

---

① 通过电流现象就可以理解这一点。应激系统就像是对感官系统的武装，是它将自己封闭其中的链条。——谢林手稿中的注释

② 每一个无机世界实际上都只是一面镜子，向我们反映出一个更高的世界。因此一旦两个世界之间的纽带松开，一个更高的世界就出现了 —— 正如光出现在燃烧过程中。自然中所有的活动都只发生在两个世界的界限之上（正如我们所见）。只要界限还在，活动就还在；如果界限被取消，正如**化学**过程中发生的那样，那么所有活动的条件就都被取消了。—— 因此只要有机体还是有机体（因为我已经证明了，有机的产物作为**有机的**东西，是不会毁灭的），它之中的界限就永远不会被取消。——谢林手稿中的注释

5) 现在，回答问题所需的素材已经找到了。① 解答如下：

如果有机体是可激发（是它自身的客体）的（它将自己表现为持续的自身再生产，与外部反向的影响相对立），那么有机体中就必然存在某种可以被外部世界的影响所触及的东西，或者，按照我们的进一步规定，这种东西是有机体的一部分（请允许我们这样来表达），有机体根本不会**直接地**接受直接的外部世界。因此必须有一种较为粗糙的有机体（一种有机体的有机体——通过更高的有机体的刺激而不断被再生产出来的有机体）——只有通过这种较低的有机体，较高的有机体才必然与外部世界接触。简言之：**有机体必然在现象中分解为对立的系统**②，一个较高，另一个较低。较高的系统只有凭借较低的那个才能与外部世界保持联系。

6) 但是更高的系统本身受到**更高世界的影响**，它又如何抽离外部世界的影响呢？正如更高的体系（更高的有机体）现在只是通过较低的体系与有机体（直接的）外部世界相关联，较低的体系也必然只能凭借较高的体系与更高的秩序相关联。简言之：**每个有机组织只有在同时与两个世界接触时才是有机组织**。每个有机组织都是一个**二重性**（Dyas）。③

7) 那个更高的影响需要更进一步的规定。只有它才是可激发性的**原因**，因为只有通过它，有机体才会产生一种与外部影响相对立的

---

① 之前的问题是：有机体本身如何可能是外在影响的媒介。——谢林手稿中的注释
② 这一点非常粗略地表现为感官系统和应激系统——但是，既然有机体是无限的二元性，这种分解也会是无限的——即便在神经系统中也必然再一次存在这种二元性。——比如加利尼所说的感官性的人和植物性的人。但这不构成对立，因为纯粹的植物性是以感官性东西为前提的。——谢林手稿中的注释
③ **最后**这句在手稿中被删去了。——原编者注

活动。

　　a）那个影响①是如何发挥作用的，其本性又是什么？我们能够对此做出规定的最简单的方式是，它是与外部影响作用于有机体的方式及其本性相对立的。②外部影响按其本性以**化学的**方式作用于有机体，因为它仅仅被视为物质（作为产物）。但是有机体从来不是单纯的**产物**（单纯的**客体**）。

　　因此外部影响并**不以化学的**方式作用于有机体。问题是，化学的作用方式是被什么阻碍的。

　　它必然是被有机体的对立活动所阻碍的，我们在可激发性概念中设想的就是这个活动。但是有机体本身只会因为一个更高的原因参与这个活动。**因此这个原因必须发挥与化学影响相对立的活动。**——这是规定之一。

　　b）但是更进一步：**那种作用于有机体的活动以有机体本身的二重性为条件**；只有当有机体本身之中存在一种原初的二重性时，这个活动才能作用于它。**因此必须有一个只在二重性条件下活动的原因**。我们只在**化学活动**中认识到这样一个原因，我们已经在前文推演出了化学活动在自然之中的必要性，它只有以**肯定与否定的交互规定**为条件才能表现为活动的。此外化学活动（正如活动是可激发性的原因）必须被设想为来自一种更高的秩序，因为化学过程（在特定

---

① 有机体仿佛通过它被武装起来，与直接的外部世界的影响对立。——谢林手稿中的注释
② 但恰恰这种作用方式不是**纯粹**可以被认识的，因为有机体已经处于更高原因的影响之下。因此我们必须问，如果那个影响只是单纯的产物，而不是生产性的，它会怎样作用于有机体。——谢林手稿中的注释

范围内）的**原因**不可能又是**同一**范围内的本原。① 因此一般的化学影响与可激发性的原因可能是同一的。

c）但可激发性的原因必然发挥与化学影响**相反的作用**，因此它与一般的化学影响不能是同一的，那么这个原因只能在一方面是**化学的**，另一方面**不是化学的**。问题是，如何可能设想这种状况呢？②

我们已经将那个活动（可激发性的原因）规定为一种**以二重性为必要条件的活动**。但是人们只能设想一种以二重性为必要条件的活动，其**倾向是化学性的**，因为只有对化学过程而言二重性才是必要的。因此作为可激发性原因的那个活动，本身必定是有化学性倾向的活动。——但是每个活动都会在其**产物**中消亡。如果这个活动的倾向是化学过程，那么它一定会**在化学过程中消亡**，于是便**不是化学性的**了。——但是化学活动【本身】实际上**也**会在化学过程中消亡（其中两个物体过渡为一个同一的主体），因为只有在**能够彼此交替成为主体和客体**的两个物体之间才可能存在化学过程。因此化学活动本身就是一种活动，只不过它的**倾向**是**化学性的**，**原则**上它必须被称为**反化学的**，因为它只有在二重性的条件下才是可能的。

---

① 自然中的一切可能都是化学的，但化学过程的原因除外。
　　关于斯蒂芬斯发表在《思辨物理学杂志》第1卷上的关于《论世界灵魂》《初稿》和《自然哲学体系初稿导论》的书评，作者在注释中表达了同样的想法，即超越化学和动力学过程之上的原因。那里是这样表达的（第34页）：
　　　　那么，那些认为某种不受制于任何化学亲和性的物质，不仅是所有化学过程的原因，甚至是所有动态过程的原因的人，是否已经完全无法理解，已经完全忘记了，按照他们对**物质**的理解，热、电、光，是化学过程的原因？即使没有什么能够证明它们作为组成部分参与了化学过程，或真正受制了化学过程。从他们向作者指出的矛盾出发，他们难道无法推论出自己观点的矛盾之处吗？——谢林手稿中的注释
② 一旦解决这个困难，我们得到的结论对我们的整个科学而言都是极为重要的。——谢林手稿中的注释

因此，可激发性的原因与化学过程的那个普遍原因是**同一**的，因此后者只是就其倾向而言是化学的，就其原则而言并不是。①

8) 上述体系之间复杂的对立冲突现在暂时被解决了（化学物理的证明中存在的假象自然也被解决了），也就是化学-生理学体系与生命力体系之间的冲突至少在主要问题上被解决了。

a) 接下来的研究会断定，生命究竟**是**不是一个化学过程。如果生命【不过就是】一个化学过程，那么化学过程又怎么会是生命的**原因**呢，或者怎么能够解释生命呢？**因此**我们认为化学体系只是效果而不是原因（例如，"动物化学的选择吸引力""动物性结晶"这类无法理解的概念还有很多）。毋宁说，如果生命本身就是一个化学过程，那么它们都还需要解释，它们来自一个共同的、**更高**的原因，这个原因本身不隶属于任何化学亲和性，不能是化学性的生命过程的组成部分（作为个别物质）。②—— 只不过那个作为化学过程之**原因**的活动（这里还没有谈及化学过程的**条件**）的**本原本身并不是化学的**。即便同一个本原既是生命的原因也是化学过程的原因，这也还并不意味着，生命就是一个化学**过程**。因为，正如为生命力做辩护的人所说出的真理（按照他们的立场，生命始终被视为某种**超出化学性之上**的东西，无限超越化学生理学），生命可能（不只是**可**

---

① 后面这段话在手稿中被删去了，取而代之的是：因此我们在化学过程的原因之外还有一个原因，其本性原初地是**反化学的**，换言之，它与化学过程中预设的东西是**对立的**。——谢林手稿中的注释

② 作者在早先的著作中已经提出的、有证明支撑的观点现在是否能得到更好的理解，该著作中的整体倾向现在是否能被认可，我们拭目以待。——谢林原注

　　当然，现在唯一还要说明的是：对于一些认为物理中只有物质和产物能被设想的人来说，这样一个本原是不可想象的。——谢林手稿中的注释

能，而且就是）仅仅在**倾向**上是化学的（正如那个原因），而这个倾向持续受阻①，为此当然不需要任何生命力。因为当我们

b）还想要假设**生命力**时（虽然接受一个虚构的东西对物理学和哲学来说都不是一件好事），这样一个本原什么都没有解释。②因为我们将每一种力设想为一种无限性。力只能被对立的力所限制。假如自然中存在一种特殊的生命力，一种简单的力，那么这样一种力是永远不会得出特定产物的，而如果人们出于解释特定生产的需要在这种力中设定某种**否定性的东西**③，它就不再是一个**简单**的力了；人们必须明确生命里的因素，才能够对其进行建构。④

注释：从这两个彼此对立的体系⑤中必须产生出唯一正确的

---

① 它是**被什么**所阻碍的，这似乎是一个巨大的问题，而电化学会给我们答案。——谢林手稿中的注释

② 至少乍看之下，化学过程与生命过程拥有同样的条件。但为什么生命过程不会像化学过程一样走到无差别状态呢，这确实是一个大问题。我们已经指出，虽然生命过程是最终原因，但它的整个建构并不等同于化学过程。——想要用**生命力**来解释为什么生命过程不会走到无差别，这是毫无意义的。——谢林手稿中的注释

③ 有机的构形本能正是在这一点上区别于自然中任何一种其他的**力**，在构形本能中，**静止状态**和受限于特定产物的状态是可能的（它之所以是一种**本能**，乃是由于它原初地指向一个特定产物），而任何其他自然力与构形本能完全没有相似性（因为**所有**自然形式的构形都仰赖于**一个**原因）——其他自然力匆匆奔赴无限性，从不停歇，也没有能够落脚的客体。——谢林原注

④ 如果生命是一种无条件的力的产物，那么在这个力作用下的物质就永远不会停止拥有生命——同样地，物质也不会停止具有重量：至少，力只会**无限**减少，因此生命在其无限前进中永远不会归零。——谢林手稿中的注释

⑤ 可激发性体系与这两个体系（即化学生理学体系和生命力体系）的差别在于，它在有机体中设定了一种原初的二元性。在对这两个体系的对比中，我们可以理解这其中的含义。比如，按照化学体系的说法，**整个**有机体都服从化学过程，没有**阻碍物**，也没有界限，人们看不出为什么化学过程不会在无限中丧失自身，为什么从这个过程中总是一再产生出同一个有机体。——谢林手稿中的注释

第三者，这是很容易预见到的；但是这第三个体系至今还不存在，人们先前想把**布朗的体系**视作第三个体系，因为它同时与那两个体系对立，但它实际上并不是，至少人们仅仅将它理解为一种真正的生理学体系，它从自然原因出发来解释生命【布朗的体系**原则**上是这样的，但在**执行**上并不如此】。下文的内容会进一步论证这个观点。

正如本书的第一章中指出的，在有机体的概念中必须设想一种内在的、仅仅指向其主体的活动概念，这种活动必然同时也是一个向外的活动。但是这个**向外**的活动（作为一个原初的、内部的活动）完全不能和一个**外部**的活动区分开来，换言之，它必然同时是**对外部活动的接受性**。只有在外部阻力发生的那一点，那个活动才能同时被把握为内在的和向外的活动，反过来说，外部活动在自身中反射，只有在这个反射的出发点才会有阻碍 —— 不在这个点上的东西对有机体而言就根本不存在。—— **布朗**通过可激发性概念很好地指出了下述概念，即向外的有机活动必然同时是对外部东西的接受性，反过来说，对外部东西的接受性必然同时是向外的活动，但他并不能推演出这个概念本身。

但是由于对生理学而言，建立或自行推导出这个概念是不够的，而是必须设想一种对概念的建构（即还原到自然原因）—— 布朗本人也声称自己无法做到这点。因此需要思索的是，对有机体而言，与其**同一**的世界为什么会成为【另外的】外部东西（一个一般而言的**外部世界**），只能是凭借一种本身就外在于那个世界的力量，也就是一种来自更高秩序的力量，于是有机体仿佛只是媒介，彼此对立的亲和

III, 154

性秩序①通过这一媒介接触彼此。②

因此有机体的可激发性的原因并不是有机体本身的某种活动，而是一种更高的活动——有机体是它发挥作用的中间环节。因为，有机体外部世界的影响（布朗称其为激发性的潜能阶次）只能解释**激发**（以可激发性为前提），不能解释**可激发性本身**。激发性的影响只是**否定性条件**，并不是生命（或者应激状态）本身的**肯定性原因**。——但是当人们去掉作为**激发性潜能阶次**的外部自然的影响后，可激发性的原因只剩下一个更高秩序的活动，对这个活动而言，自然**本身**也是外在的；由此【通过我们对可激发性的建构】也从新的方面展现了，我们必然把在之前的章节中已经提出的、宇宙的动态有机体把握为一种无限的**嵌套**。在这种嵌套中，体系被动态地把握在体系之中。③

---

① 诸秩序。——谢林手稿中的注释
② 对有机体而言，它所属的自然成为外部世界的唯一方式是，有机体一面从自然中被拿走，同时被提升到一个更高的潜能阶次。僵死的物质是没有外部世界的，它是整体的一部分，它和整体是绝对同一且同质的；它的存在迷失在整体的存在中。只有有机体才有外部世界，因为有机体中存在原初的二重性。——谢林手稿中的注释
③ 反过来说，也正是由于我们将自然的一般生命（以及每个有机体的个体性生命）通过终极原因与自然本身的建构联系在一起，我们的理论才具有了内在必然性。一直以来，关于生命现象与光、电等现象之间的关联已经有了诸多论述，但并没有能完全解释这种关联。布朗主义者认为物理学的这些尝试是非常片面的，他们没有注意到，这些解释的目的就是解释他们没有解释的东西——不是应激状态，而是可激发性本身；但是所有这些解说都缺乏内在必然性，只有建立可激发性和整个宇宙的动态有机组织之间的关联，才有可能解释可激发性本身。——谢林手稿中的注释

II.

所有有机活动（因为它是一个原因的效果，这个原因只有以二重性为条件才是活动的）都以二重性为**前提**。因此始终存在一个问题：**二重性如何原初地出现在有机体中**。

为了避免人们相信仅仅援引有机体现象中对立系统的存在就能简单地解决问题，必须马上注意到，这些系统不是二重性的原因（即可激发性的条件），反之，它们**本身**就是二重性的产物，也就是可激发性的产物。因为在动物性自然中，一切构形都是从应激的点开始的。**敏感性**（die Sensibilität）在它的器官形成之前就存在了，脑和神经不是敏感性的原因，它们本身已经是敏感性的产物了。—— 有机体分解为对立的系统（激动性系统和敏感性系统），它们只是有机力量的**框架**，而不是力量本身。—— 更不要说，在**半个**有机自然中证明对立的系统是根本不可能的，除非可以否认自然具有一切有机物的普遍特征，即可激发性。

因此，在解释有机二重性的**最初起源**之前，可激发性并没有得到完整的解释。

1）已经可以确定的是：所有有机活动都在有机体中呈现为客体。一切有机活动的**源泉**，不可能又在有机体中显现为客体。①但原初的二重性是所有有机活动的**条件**，因此一切活动的**源泉**就是**二重性本身的原因**。

2）因此必须设想一个在有机体中起作用的原因，它只作为其他活动的直接原因被认识，因此它只能**通过**活动被认识，不像其他所

---

① 因为只有被认识为客体的东西才是活动。——谢林手稿中的注释

有活动都能通过客体,并且在客体之中被认识到。

如果一个原因不是直接地将自己呈现为**客体性**的,而是只能作为另一个活动的原因被认识,那么它显然只是一个**回到其主体的**原因,即**否定性**的原因。但是一个否定性的原因①只能被设想为接受性的原因。

因此所有有机二元性的原因,也是有机体中出现**原初接受性**的原因。②

有机体的接受性提前被这样一个原因所规定,这个原因或许也必须被视为一切有机体的原因,因为有机体并不能通过对外部影响的接受性与非有机物区分开来。有生命者与死物**只能通过**以下这点区分开来,即死物接受**任何**影响,而有生命者通过自己的本性提前确定了一个**特有的**接受性范围;因为有机体的接受性范围也规定了其活动的范围。规定有机体的接受性范围的原因,必然也规定了有机体的本性。——

因此,**敏感性**的原因也是全部有机体的原因,敏感性本身就是生命的起源。因此一切有机物中必然存在着敏感性的火花,即便它在自然中的存在并非随处可证③,因为敏感性的开端就是生命的开端。—— 至于为什么它是一切有机体的可能性条件,但却并不一定在有机自然中可以证明它的存在,我们会在下文解释。

---

① 一个规定其主体的原因。——谢林手稿中的注释
② 我们的原理现在愈发明确,所有有机活动都经过了接受性的中介。可以看到,有机的接受性和有机的二重性是同一个东西 —— 这从另一个方面解释了,为什么所有有机活动都以接受性为条件。——谢林手稿中的注释
③ 例如在大部分的植物界并不能证明敏感性存在。——谢林手稿中的注释

但是**一般而言的**敏感性在自然中**如何**可证呢？敏感性的原因是一种回到主体的原因，因此它不能直接在**客体**中被认识。作为所有其他有机活动的**源泉**，它只能通过**活动**被认识。

对大多数读者来说，不用再去提醒，**敏感性**于我而言是一个完全**物理性的现象**，它是作为一个物理现象被我们考察的——即便从物理的角度来看，敏感性也不是什么可以在有机体中被认识为客体的外部东西，而是某种回到有机体主体的东西，它本身一开始是构造性的——简言之，是绝对内在于有机体本身的。（因此人们必然推论得出，敏感性的原因是自然中某种**完全**不能**客体化**的东西；并且，如果自然是来自自身的产物，那么自然中必然会存在这样的东西，不是吗？）①

敏感性只是被**推论**而来的，因为它完全不存在于有机体的主体**之外**。那么它是从何而来的？——是某种来源于感觉器官的东西吗【像珊瑚虫那样】？但是你如何得知，这样的器官是敏感性的**条件**呢？——只有从内在经验得知。但是在这里，有机体仅仅是**客体**。那么你又如何在有机体中将敏感性作为**客体**来认识呢？你只能从外部**效果**来认识它，你在有机体中看到了作为**客体**的效果，因此你看到

---

① 按照我们迄今为止的讨论，敏感性无非是有机的接受性，因为它是有机活动的中介者——简言之，它是有机活动的源泉。由此可以得出，有机自然中的敏感性根本不能在有机体的**客体**中被**直接**认识，而是只能在有机活动中被认识，敏感性就是有机活动的源泉。

如果我们将敏感性概念中所有超物理学的东西去除（这是必要的）并且仅仅将其思考为动态运动的源泉，后者是所有有机体中必须设定的东西，那么从**这个**概念中就可以得出，敏感性是某种绝对内在的东西，是回到有机体之中的东西（敏感性对有机自然而言，就相当于二元性，例如两种基本力——对无机自然而言，它们都是一切**建构**的条件）。——谢林手稿中的注释

的并不是敏感性**本身**,仅仅是它的外在表现。①

至于就**主体**而言,那个原因究竟是什么,或许可以这样来表述:凭借这个原因,原初同一的东西中出现了二重性。但是,只有同一性本身也是二重性的产物【从二重性中产生出来】,原初同一的东西(A=A)中才有可能存在二重性(这样的话,A=A就意味着A是它自

---

① 你只能从有机的运动中认识敏感性,有机运动以敏感性为源泉。——敏感性无非有机运动的内在条件。通过对概念加以限制,我们已经提前排除了很多无用的研究。

众所周知,自古以来人们对敏感性的作用方式已经提出了很多假设。但是这些假说远远没有解释清楚,感觉活动是如何产生出运动的。我们也很少可以解释这件事。外来刺激的唯一功能就是建立起有机的二重性;但是**一旦二重性被建立,运动的所有条件就都被建立起来了**(因为可激发性的原因只在有二重性的地方活动),因此每种感觉活动、每种刺激都直接或间接地过渡为运动。

正是因为如此,敏感性才只能在运动中被认识。

我想用一些例子来阐述这个观点。——例如睡眠的状态被视为一种敏感性消散的状态,此时有机体不再是它自身的客体,它作为单纯的客体沉沦于一般自然中。但是敏感性只是对**现象**而言被取消了,由于它只能在其**现象**中被认识,因此它看起来被**完全**取消了。但是,即便在现象中它也并没有完全被取消。所谓无意识运动的延续就证明了敏感性的延续(因为这种运动也经过了敏感性的中介)。

一些其他的经验,例如醒来的决心,和梦是类似的。康德认为:梦是自然的一种安排,如果没有梦,睡眠就会过渡为生命的完全消散。这是正确的,因为敏感性根本不会随着生命本身一同消散。不过敏感性可以降低到足以产生——比如说自然运动的程度。

在自然睡眠中发生的事情同样也会发生在人为的所谓磁性睡眠中。动物磁性的现象并不比一般的有机现象更奇妙和难以理解。磁性睡眠中最引人瞩目的事情是,一切有意识的运动都停止了,而敏感性仍然延续。我们在有机自然中经常看到的事情,似乎在这里也发生了,即当一种感官消散或变得暗淡时,另一种感官却因此变得强烈或明亮。而这里没有发生的事情,在有机自然中也并不是毫无痕迹,例如(而且这在自然睡眠中经常发生)所有**感官**都融合到一个均质的感官中,或者其他感官被我们在日常状态中并不知晓的感官所替代。无论如何很清楚的事情是,敏感性无非就是所有有机活动的中介者。——只有当所有有机运动都经过敏感性的中介时,(比如说)动物才会脱离机械性的领域——在这个领域中每个力都直接地产生运动,并且似乎是运动的主宰者。——因此敏感性等同于**活动的源泉**,但是所有有机活动都有**一个**条件,即二重性。——谢林手稿中的注释

身的产物）。二重性或敏感性（两者的意思是相同的）之所以存在于有机体中，是因为有机体成了它自身的客体，敏感性的**原因**就是有机体成为其自身的**客体**的原因。

但是这个答案并没有让我们比先前知道得更多。因为"有机体中存在二重性"与"有机体是它自己的客体"，这两句话表达的是同一件事。

因此问题【即敏感性的原因是什么】肯定有另一种含义，即敏感性的原因从它的主体中抽走了什么，就它是**客观的**而言，或者说，它**自在地**是什么。

显然，按照这样提出的问题来看，作为全部有机体的原因，这个**原因**必须超出有机体本身的范围之外。这个原因同样不可能位于机械物的范围内，因为有机体不能隶属于无机物之下。它必须位于一个将有机物和机械物（对立双方）包揽在自身之下的范围内，并且**高于**这两者。但这个更高的范围无非就是**自然本身**，因为它被设想为绝对的（绝对有机的）。①另一种表达方式是：**敏感性的原因**（或者说，也是全部有机二重性的原因）**必然会迷失于自然本身的终极条件中**。——作为现象的敏感性处于所有经验现象的边界，其原因是最高的原因，自然中的一切都系于这个原因。（达到这个观点的路径还有另一条。——正如有机体是**同一性中的二重性**，**自然**也是如此；这**一个**自然既是与自身相同的，又是与自身对立的。因此，有机二重性的起源与自然中一切二重性的起源，也就是与**自然本身**的起源，必然

---

① 我们已经用二重性解释了敏感性，二重性应当是一切有机活动的条件。而二重性是自然中**一切**活动的条件。因此我们看到有机自然系于这个最高的条件，整个自然都系于此。——谢林手稿中的注释

是同一个。

但是那种**同一性中的二重性**真的只能在有机自然中被认识到吗？——如果有机体的起源与自然自身的起源是同一个，那么先天地来看，即便在无机自然中，或者说在一般的自然中也必然会出现某种类似的东西。但在一般的自然中如此表现的只有一个，即磁性的现象。）①

3) 敏感性只能在其他活动中被认识。活动就是它的产物（并不是敏感性消亡于其中的客体）。因此，还需要解释的是，敏感性如何能够直接过渡到活动中。

有机体中通过原初的二重性产生了一种原初的对立。有机体与

---

① 自然原初地是同一性——二重性只是活动的条件，因为它持续努力回到它的同一性中。因此有机的二重性就起源而言毫无疑问与自然是同一的——这里似乎是我们可以将有机自然和无机自然的建构联系起来的共同点。我们至少在某种意义上可以说，当自然的一般活动与有机活动有同一个条件时，敏感性不是独属于有机自然的，而是整个自然的特性，因此植物和动物的敏感性只是一般自然的敏感性的一种样态。

敏感性的原因是某种绝对**非客体性的东西**，但是绝对非客体性的只是全部客体性建构的条件，是回到自然最深处的东西。如果自然原初就是同一性——这也证明了它重新成为同一的努力，那么自然科学的最高任务无疑是去解释，是什么原因最先在自然的一般同一性中引入了那种无限的对立，以及由此而来的普遍运动的条件。

我们暂时还不知道这个原因是什么，但是如果没有这个原因维持宇宙中的原初对立持续存在，自然就会沉入静止和僵死中。

要事先说明的是，有某个原因在同一性中产生出了二重性。但是我们只在磁的现象中认识到了同一性中的二重性。但是因为这个现象现在还没有被推演出来，因此只能提前指出，这个现象处于一切自然现象的边界，是所有其他现象的条件。

不过有机体无非是一般自然或者说一般有机体的一种建构：因此我们大概也必须假设，植物和动物的敏感性只是**一般敏感性**的一种模态。

由此看来，自然哲学就像是物理学的斯宾诺莎主义。——谢林手稿中的注释

自身对立，但是为了**能够**得到产物，它必须与自身保持平衡。①位于平衡点（或者说无差别点）的是我们至今为止称之为作为**客体**的有机体的东西，总结起来说就是**产物**【作为主观的有机体就是二重性本身，它在产物中取消了自身】。因此有机体中产生了静止，这个状态是一种同质化的状态，它是一个在自身中静止、在自身中封闭的世界。

然而一切有机活动都在这个平衡中消散了，有机体不再是它自身的客体，它【有机体】会迷失在自身之中【生产力过渡为产物】。

因此那种平衡状态（无差别状态）必须持续被阻碍，但也持续被再建起来。问题是，这是如何进行的。

有机体自身之中并不存在其受阻的根据。那么根据必然在有机体**之外**。（但所有非有机的东西都应当被视为**外在**于有机体，例如在有机体自身中循环的液体② —— 它不属于有机体的主体，因此也不可能是例如疾病的主体 —— 下文才会对这类东西的存在进行完整的推演。）

但自然中受阻的平衡只有通过重建的倾向才能被认识到。③因

---

① 仅仅凭借二重性是永远不会到达产物的，如果没有以二重性为条件产生一种向着同一性的努力，有机体就只能显现为**静止**的，由此有机体再次从分化中创造出统一。—— 生命是有机体为了它的同一性而不断发起的战斗。——谢林手稿中的注释

② 下文会指出，因为刺激永远不能**停止**，所以为了使有机体不依赖于外部刺激的偶然输入，必须安排一种内在于有机体，且永不停歇的刺激原因，这是通过其内循环的液体来实现的。——谢林手稿中的注释

③ 刺激的功能无非是对差异的重建。我将这种重建称为感官。当然了，我们只能通过各自的经验来认识这件事，但是因此更加可以肯定，每种感官都会阻碍并且同时拆解我们的同质化状态。在感官直接过渡为运动的情况中，我们当然注意不到这点，因为感官在这里没有**作为**感官被区分出来，并且二重性在它诞生的同一时刻也再一次被取消了。因此当感官没有直接消失于运动之中，正如感官器官受到影响时一样——它们之所以是感官器官，是由于它们受到的影响没有**直接**过渡为运动——这里的二重性就更为显著了。——谢林手稿中的注释

此【平衡】一旦受阻，有机体中就必然存在着重建平衡的倾向。但这个倾向（正如**所有**活动一样）只能由较高的有机体发起，因此较高有机体必须能够通过较低级有机体的被动性而被规定为活动。这只有在通过较低有机体中活动的减少导致较高有机体中活动增加（即主动性增加）的情况下才是可能的。问题在于，这种活动是如何可能的。

4）首先可以明确的是，必须存在一种在有机体中过渡为**客体**的活动（它不再**回到**有机体之中）——简言之，它是一种向外的活动。但是对有机体而言，存在某种外部东西，即某种与有机体不同的东西，这只有在一种更高的影响【作用】的前提下才是可能的。对它来说，有机体的外部世界本身就是一个不同的、外面的世界。但通过这个有机体确实有这样一种影响在作用（上文第148页）。但是这个影响在经验中（例如电的现象中）显示为一种只有**在二重性的条件下**才能活动的影响（上文第149页）。因此它只能在二重性的条件下活动。二重性是有机活动的源泉。但是在【作为客体的】有机体中二重性被取消了，有机体和自身处于平衡之中，其中存在着**静止**状态，但是它应当活动，而活动只能通过二重性的不断重建产生出来。但是这种持续的重建本身只能通过一个**第三者**发生，因此有机体中的那个原因只有在**三重性**的条件下才能显现为活动的。①

------

① 这里也需要做出一些注解。——电化学的一个基本原理是，所有电化活动都只能发生在三个不同物体组成的链条中。但洪堡通过一些实验对这个伏特定律提出了疑问，在这些实验中似乎只有两个物体构成了电流的链条。例如只有同质的金属构成链条时，才可能发生这样的情况。但是洪堡可能没有想到，电化现象的最终根据在于有机体自身的异质性，没有任何手段能够排除这一点。在神经和肌肉之间存在着一种对立。因此即便只有一个同质的物体封闭了两者之间的链条，其效果仍然可以追溯到三个物体上。（转下页）

III, 164　　　由此我们就推演出了电流学中必然的三重性。**电流链条中的第三个物体之所以必然，是为了保持另外两个物体之间的对立**。因为两个特性相反的物体相接触，必然会达到完全平衡的状态，只会在首次接触和随后分离时显示出带电（这可以从**伏特**最新的实验中得知，实验表明，为了产生电，仅仅触碰和分离两个异质导体是必要的；然而电气机就足以证明这一点了）。但我们的任务是：**应当发现物体之间的一种联系【即一种建构】，这样一来无须重复接触和分离，也就是在完全静止的状态中**（因为有机体仍然是活动中的静止）**也能产生一种持续的活动**，这个任务只能通过电化链条来解决，因为链条的**封闭性存在本身**及其**持续的封闭**带来了

III, 165　**不断的活动**；因为三个物体ABC中的任意两个只有被第三者阻碍才能达成彼此的平衡；因为三个异质的物体之间根本不可能存在平衡。

（接上页）在反对电流链条的三重性的必然性证明中，更引人注目的是所谓的**无链条**实验，在这类实验中，神经只装备了一种金属，这个金属被第二个（同质或异质的金属）所接触，肌肉就陷入了抽搐状态。但这里也发生了一种误导。因为我们无法排除神经同时在两端都有装备，因此不能排除链条的存在。—— 当同质的金属仅仅被异质的金属所接触，就至少会在链条中产生一种局部的动态变化 —— 这可以通过维尔发现的所谓**金属的电化**来证明，因为只要将一个同类金属用一个异类金属来擦拭或仅仅接触时，两种同类金属就会产生震颤。当金属与同质的金属相接触，这两个同质的金属也可以被视为两个异质的金属，其中一方装备了神经 ——从动物的器官中就能够发现异质性，否则异质性就没有任何意义了—— 最终，所有这些实验都可以归结为更简单的实验，即通过仅仅用金属触碰神经的一个点来引起肌肉的收缩；因此这里的情况也如我们所言，链条是不可避免的，因为神经在两个不同的部分上被接触是不可避免的。但是不仅神经和肌肉是异质的，神经上的两个不同的电也已经是异质的了。也就是说这里具有二重性。另外，所有这些实验只有在高强度刺激的情况下才能成立。因此结论仍然成立，即**动态的三重性**仍然是所有电化现象的必要条件。现在的问题只有一个：**为什么它是必要的？**我们的演绎将会回答这个问题。——谢林手稿中的注释

但由于有机体不是绝对的静止，只是**活动中的静止**，因此有机体中的那个三重性必须被假定为**持续存在**的。①但如果它持续存在，那么有机活动中就存在着同质的、**相类似的**活动。但同质的、**相类似的**活动在客体（外部）中**总体**上表现为静止。②

但现在如果预设一种会作为客体过渡到有机体之中的活动，换言之，会通过外在的变化呈现在有机体中，那就应当假设**三重性**并不是持续存在于有机体中的。

这个矛盾的解决方法只有一种：三重性必须只是持续地**将要存在**（产生又消失，消失后又再次产生），但从不**已经存在**。至于这种持续的将要存在和消失是如何可能的，这里并不需要加以研究（毫无疑问，是通过其中一个可变的因素得以实现的，而且这个因素不断变化着③）。—— **因此不断变化的三重性**是每一个活动的**条件**，我们的任务就是活动的可能性。

III, 166

5) 但我们还有一个任务：**有机体中的活动**是通过**哪些效果**（哪

---

① 手稿中取代这句话的是：但当三重性是一切有机活动的条件（当有机体的动态活动可能通过这个条件并且只有通过这个条件才能提升到一个**更高的潜能阶次** —— 因为我们在这里已经可以猜测，有机的力可能只是普通自然力的一个更高的潜能阶次）—— 那么当三重性是一切有机活动的条件时，它必须被假定为持续存在于有机体中。——谢林手稿中的注释

② 因此，一旦电流的链条封闭，例如器官就会显现为静止的，只会在链条的打开和封闭时发生运动，尽管链条的活动毫无疑问是持续发生的。——谢林手稿中的注释

③ 例如，我在别处已经证明过，血液通过应激性表现被脱氧化，动物体内的有机运动越频繁，血液就越频繁也越快地回到呼吸器官。只不过血液在肺中被氧所渗透，而正是氧决定了身体的电性，因为氧化的液体带负电，脱氧化的液体则带正电。现在看来，血液是应激性过程中的一个持续性因素，例如，在第三个物体注入血液之前，**心脏**是静止的。因此，如果每一次收缩都同时伴随着血液的脱氧化，那么血液就持续发生着变化，因此三重性就一而再地被不断取消。——谢林手稿中的注释

些变化)**将自己呈现为客体的**?

一个活动,其原初条件是**二重性**。但这样一个以二重性为条件的活动只能走向**嵌套**(因为**嵌套**只以二元为条件)。因此这个活动外在地显现为嵌套的倾向。但是如果没有过渡为一个共同的空间充实,任何嵌套都是不可能的,如果没有**体积**的**增加**或**减小**,这个过渡也是不可能的。因此这个活动外在地显现为体积减小的活动,其效果本身就是**收缩**(die Contraktion)。①

为了解释收缩的机制已经有了很多说法,但稍一细究就会发现我们仍然一无所获。关于每次收缩都伴随着从气体到可滴液体或从液体到固体状态的过渡,因此出现了压缩的观点。这一观点虽然有一些道理,即自然在这种过渡中展现出了巨大的力量②,即动物和植物,从客观角度看,实际上无非就是从液体到固体的连续跃迁(就像所有的有机体,如两栖动物,是处于液体和固体之间的), 运动器官随着年龄的增长变得僵硬等。③—— 只是所有这些表象方式仍然与现实性相距甚远,有一些现象,尤其是与电化有关的现象,完全不能用这些方式来把握。—— 毫无疑问,更接近真相的是聪明的伊拉斯谟·达尔文④(在他的《有机生命的法则》[*The laws of Organic*

---

① 这里要谈的是有机自然中最神秘的现象,即有机的收缩能力,这似乎是有机自然完全独有的,在剩余的自然中完全找不到与之类似的东西。——谢林手稿中的注释
② 它让肌肉力量的强度变得相当可以理解了。——谢林手稿中的注释
③ 正如上文所言,总体而言,与这一现象相似的只有化学现象,例如氧化了的金属通过脱氧化过程减少体积。我在《论世界灵魂》中提出了下面这个猜想,每一次收缩都伴随着有机体的脱氧化,电的动能(现在我也认为有理由接受这一点),我存疑的事情只是,是否能够从脱氧化来解释收缩本身。——谢林手稿中的注释
④ 伊拉斯谟·达尔文(Erasmus Darwin, 1731—1802),英国医学家、诗人、发明家、植物学家与生理学家,查尔斯·达尔文的祖父。——译者注

life]中)①的表达方式至少注意到了吸引和排斥的交替,因为在电现象中,正如在应激性现象中一样,发生着收缩和再度扩张的交替,正是在**这里**,**同质化**状态的重建也是再度扩张的条件②。——尽管我们可以确认,双方(正如电和应激性的现象)只是类似的,它们之间的可比性,正如较高与较低之间的可比性。③

6)但是那个活动的**倾向**是嵌套,也**正因如此**,它会在嵌套中消散,因为每个活动都会在其产物中消散。因此它**不会达到嵌套**。——问题是,这是如何可能的。

只有以下一种可能的方式。它必须通过嵌套的倾向本身再次否定嵌套的条件(我们在这里还是不去研究这是通过什么方式发生的【后文会加以研究】。可能的发生方式,例如,第三个物体在冲突中往往必然是**流体**的,并且会**通过收缩向前运动**。因为这时收缩的条件本身又通过收缩被取消,于是唯有纯粹二重性,不再有三重性)。

但是如果条件被取消,那么有条件者也将不再是活动。但是活动的这种纯粹**停止**不可能是重建先前的器官状态的**原因**。活动的停止导致了收缩,必须有一个与之相**对立**的活动,导致器官处于相对立

---

① 达尔文用与电现象的类比来解释收缩,物质在这类现象中所处的阶段,与物质在应激性的外化中所处的阶段无疑是同样的阶段,我们接下来就要指明这一点。——谢林手稿中的注释
② 它们无疑是通过同一个机制发生的,按照这个机制,两个带电物体彼此吸引,又彼此排斥,有机体先是自行收缩,然后又再次展开。——谢林手稿中的注释
③ 通过应激性的现象,从生产力向产物过渡的第二个阶段向我们显明了。可以想见,还存在着一个更深层的第三个阶段。应激性始终还是某种内在的东西,是一种还没有完全过渡为产物的活动。我们假设在那个交替中自身外化的活动被固定下来,并且**完全过渡为产物**(至于这个过渡是如何发生的,还没有被解释),那么它会直接地显现为**生产性的活动**或者是构形过程。——谢林手稿中的注释

的状态。——只要有一个与之相对立的活动在维持平衡，这样的活动就无法出现，但是只要对立面消失，这样的活动就必须出现，换言之，它必须是一个**始终当下**的，并且在有机体的主体中为自身提供根据的活动。

这种活动的效果是收缩的对立面，也就是体积的重建或**扩张**。

因此那个【经过敏感性中介的】活动会在作为客体的有机体中通过**收缩和扩张的交替**呈现自身。

注释：迄今为止被推演出来的不仅仅是**总体的**应激性（在这个词的真正意义上）。其可能性条件也被给出了。

III, 169　　应激性的**最终**条件是有机的**二重性**。这解释了为什么应激性在有机体的显现中与对立系统（神经和肌肉系统）的定在**显现**出关联。之所以说是**显现**，是因为没有任何经验可以达到二重性**本身**的**最初**起源。——正如所有可见物都只是不可见物的表现，因此那个更高的系统只是代表着那种从来不在有机体中成为客体的东西。有机力量在（神经）系统上不能像在其**客体**上一样**外在地**呈现自身，因为神经系统本身是有机力量得以抵达感官世界的最初桥梁（有机体是两个世界的中间环节）。正如太阳通过向所有方向的光线（太阳自身的图像）来标识出更高的影响的方向，神经也只是有机力量的光线，力量通过神经标明了向外部世界的过渡。也因为神经是力量的最初产物，力量就仿佛与神经链接在了一起，无法与之分离。但是，也正是由于生命的原因已经与神经相一致，因此它不可能在神经上外在地（比如通过收缩，这种浅显的想法现在开始变得普遍起来）呈现自身。

按照迄今为止的研究，**敏感性**究竟是什么？所有附加在这个词语上的其他想法都应当被排除,在敏感性这个概念之下我们设想的无非**动态的活动源泉**,它在有机体之中和在一般的自然之中都是必不可少的。但是,从我们对应激性的推演来看,敏感性现实地作为应激性的客体而**迷失**于后者之中,因此不可能说敏感性**自在地**是什么,因为它自身从不显现。因为只有肯定性的东西能够被认识,否定性的东西只能被推论出来。但是敏感性本身并不是活动,而是**活动的源泉**,换言之,**敏感性**只是一切应激性的**条件**。而敏感性并不**自在地**存在,它只在其客体(应激性的客体)中才能够被认识,因此当应激性存在时,敏感性当然也存在,尽管当敏感性直接过渡为应激性时,实际上也只有应激性是能够被认识到的。——另外,敏感性如何过渡为应激性,这可以解释为,敏感性无非就是有机的二重性本身。外部刺激的唯一功能就是重建这个二重性。但是,**一旦二重性被重建起来,运动的所有条件也就被重建起来了**。

但是正如敏感性是应激性的条件,反过来应激性也是敏感性的条件,因为没有向外的活动就没有回到主体的活动。上文中就已经明确了,作为客体的有机体如果没有来自外部的激发就会落在无差别点上。因此来自外部的所有激发都只能通过对无差别状态的干扰而发生。而这种无差别状态本身只是应激性的产物。因为具有异质性倾向的活动,正是在应激性中表现为嵌套活动的那个活动。应激性,或者说在应激性中发挥作用的活动,虽然不是敏感性的肯定性条件,但确实是敏感性的否定性条件。因为所有敏感性都只能被设想为对同质状态的阻碍。

因为每个来自外部的激发都干扰了一个**同质**的活动,并将其拆分为对立双方,因此在每个**知觉**中都具有必然的**二元性**,因为**敏感**

性对我来说，从现在开始无非意味着对有机体同质状态的干扰。因此，对视觉而言，颜色的极性、冷暖色的对比和棱镜中的色彩成像都成了客观的①（正如我们已经明确的，在**亨特尔**的实验中，负电并不是一种单纯的缺乏，而是与正电的真实对立，尽管每个二元性中，除了真正的对立之外还有程度上的**较多**或**较少**，正如棱镜色彩中的一个极也有较暗的颜色，磁铁的一个极同时也是较弱的）；对听觉而言，有升调和降调；对味觉而言，有酸味和碱味（因为所有其他味觉种类都只是这二者不同比例的混合）。毫无疑问，对嗅觉也存在着同样的对立，只不过并不明显，因为这种知觉总的来说是最黯淡的，（因此对观念的联想而言最为灵活）并且（由于它难以被思考）是最少得到培养的感官。——人们可以将必然的二元性作为感官的区分标志来使用。因此，例如温度感觉并不能被称为**感官**，因为这种感觉中不存在对立，只可能有单纯的更多或更少。——只有各种因素在结合过程中相互**中和**的情况下才存在对立，例如棱镜的对立色彩，酸和碱的味道等。——但是对性别感官而言，其对立并不在自身之内，而是落于自身之外②。

如果应激性或者其产物是一种同质的状态，是敏感性的否定性条件，并且应激性独属于较低的有机体，那么这就解释了，有机体本身是如何成为外部影响的媒介的（上文第146页），并且电化现象最终使其变得肉眼可见，因为应激性系统在其中仅仅显现为感觉的武装，显现为与外部世界相连的唯一中间环节。

---

① 我在别处就已经指出过，电或者有机自然中与电对应的东西，毫无疑问是唯一直接的感官——电化现象就是证据，因为这种现象的基础和电是同一的。——谢林手稿中的注释
② 在那种雌雄同体的动物中，必须假设存在一种更真实的性别感官。——谢林手稿中的注释

7) 但是**应激性**（有机物由此显现为内在运动着的）始终还是某种**内在**的东西，而活动却必须完全成为**外在**的，彻底在**外部产物**中呈现自身，并且当它在外部产物中显现自身时，它也在其中**消散**。而这种完全过渡为外部产物的活动，无非**生产性活动**本身（**构形本能**）。因此**应激性**必须直接过渡为**构形本能**或**生产力**。

但是如果不是从应激性，也就是从扩张与收缩的交替开始，有机自然的全部构形又是从哪里开始的呢？植物的变态不就是通过扩张与收缩的交替（**歌德**关于植物的变态的论述）发生的吗？这种交替在昆虫身上不是比在植物身上更为显著吗？

但是，如果应激性在生产力中仅仅显现为最外在的阶段（直接过渡为生产力的产物），那么当生产过程结束时，应激性也就完全消散了。但生产必须**完成**，因为它毕竟是一个**有限**的生产过程。如果应激性要在产物完成后延续，它就必须一方面是有限的，另一方面是无限的。**至少在特定范围内必须有一个无限的生产过程**——有机体的持续必须是一种持续的再生产，简言之，生产力必须是**再生产力**。

8) 问题是生产力是如何过渡为**再生产力**的。

首先只能设想是通过一种应激性和（通过应激性而来的）生产力的持续重燃。① 由于所有应激性的条件是**异质性【**一种永远不被

---

① 只是提及以下这点，构形本能之所以是构形**本能**，乃是因为它来自**应激性**，或者换一种说法，因为它是通过应激性的中介发生的。在僵死的自然领域中，构形是通过盲目的构形力发生的，没有经过更高东西的中介，后者在有机自然中显现为应激性。——谢林手稿中的注释

取消的差异】，因此重燃的唯一可能性在于，有机体中保持着一种总是在被更新的异质性，并且这种异质性的媒介也不断被更新和维持——这就是**营养**。

营养的目的既不是一般而言被认为的那种：替换掉经摩擦被损毁和用坏的部件，也不是通过不断添加新的物料来维持化学的生命过程（像火焰那样）。

正如其他人已经指出的那样①，由于摩擦而导致的固体部分的损失可能是非常微小的。例如植物中，哪里存在需要营养的摩擦呢？如果是出于这个目的，营养这个手段也太不相称了！如果我们进一步考虑以下几点：每一个有生命者都会在**刺激**之下提高对营养物的需求，在营养增加的同时，呼吸也变得更快、更频繁，每个动物都在消化状态下消耗最多的纯净空气等。如果考虑这些，人们就有可能认为，营养的目的是不断重燃生命的过程。

不过没有什么能够证明生命过程**真的是**化学的（因为我们认为生命过程在**倾向**上是化学的，并由此解释了生化学者的论点所具有的**表面**现象）②；或许可以说，那个在应激性中以更高的方式显现的过程，最终在（符合其倾向的）营养和同化过程中**变成**化学性的。但是这种观点最多只能获得**表面的**根据，稍加观察就会被反驳。营养和同化的产物不是化学的**产物**，这并不是因为这个自然产物不是化学的（**非化学的**只有那种完全不再是**自然产物**的东西，也就是那个

---

① 我指的特别是布兰迪斯关于生命力的著作。——谢林手稿中的注释
② 前文已经证明了，在敏感性和应激性中起作用的原因远远高于化学原因。——谢林手稿中的注释

第一原因），而是因为这个产物在有机体中的**产生**是不能通过一个化学过程被解释的。—— 化学产物，也就是那些能够被化学分析的产物，是每个生理学家都能认识到的，但他们无法看清这些化学产物是通过哪些**原因**产生的。

如果生命不是化学过程，那么任何功能，包括营养的目的也不是化学过程。

营养的目的必须是一种完全不同的目的，即下面要说的这种。通过营养来到有机体中的东西是作为激发性的**潜能阶次**发挥作用的，因此只是**间接地**发挥化学的作用。①其激发性的力量是取决于它的化学性质，但其本身并不是**化学的**，但物体的电的力量取决于它的化学特性，因此它**本身**就是化学的。—— 自从我们发现，电流的链条中各环节的活动性取决于它们的化学性质，甚至它作为激发性的力量起作用的方式都已经可以用物理来解释了。②

营养的目的是不断更新对有机体的激发，也就是将有机体规定为持续的自身再生产（上文第146页），但有机体本身又是诸系统的一个**整体**，这个整体中的每个系统都有**自己独有的**功能，因此它们

---

① 我也不否认，通过营养进入有机体中的东西以化学的方式、作为**激发性的**潜能阶次发挥作用 —— 我的主张并不是取消化学的自然和力量（这是荒谬的），而是"它只是并不直接地，而是间接地是化学性的"。——谢林手稿中的注释
② 此外我们也完全不必停留于（只是单纯的主张），即营养物作为激发性的潜能阶次发挥作用。这在物理学上也是可以被解释的，因为我们看到，一个物体在电化过程中的功能，也就是在应激性过程中的功能，取决于它的化学性质。因此电化过程正是将化学和物理通过生理学的基本原理结合在一起的环节。有一个非常自然的错觉，误导了化学生理学家们，当他们能够用化学作用来解释许多物质对有机体的作用时，他们可能会得出这样的结论，即有机生命本身就是一个化学过程。——谢林手稿中的注释

必须以各自的方式被激发。①因此从【营养的】同质化材料中必须产生出很多不同的产物（作为激发的原因），正如有机体中存在着不同的系统（分泌），但是反过来说，这些不同产物的出现也取决于不同系统的定在以及它们各自的活动。因此这个过程回到了自身之中。关于它的目的已经无须追问。它本身就是目的，它维系并再生产它自己。②

这个观点中其实包含两个命题，应当对它们进行专门的考察。

a) 有机体的系统中存在各种具有**特殊可激发性**的个别系统。因此我们否认整个有机体中应激性的**绝对同一性**，这并不是因为我们否认激发一个器官的东西也对整个有机体发挥激发性的作用。③因为，每个部分的激发之所以可以蔓延到整个有机体，【并且一个刺激作用于个别器官的**强度**取决于整个身体的可激发性程度】并不是因为可激发性的绝对**同一性**【遍布整个有机体 —— **布朗**可能也没有考虑到这一点】，而是凭借有机体各系统之间的**综合性**关系，在这样的关系中，它们必须被设想为处于交替的因果关系中。我们也并不

---

① 例如，我们可以将**动物**的各个器官看成各个动物，它们**像寄生虫一样**相互提供营养。这不只是一种比喻性的表达。还有其他有机自然中引人注目的现象 —— 不仅是分泌现象 —— 也表明，每个器官都具有一种真正的再生能力，它们本身就具有真正的生殖力。例如，不同动物种类的起源，它们存在于许多甚至所有动物的各种器官中，如内脏、心脏、大脑等，以往的假说并不能解释这一点。认为这些器官具有一种真正的生殖力，使它们不依赖于有机体的整体，这种观点可能并不是过于大胆的。——谢林手稿中的注释

② 总之分泌现象只能从不同器官特殊的再生产力来解释，它们的生产力一般是被应激性所决定的 —— 最终仅仅作为特殊应激性的效果。——谢林手稿中的注释

③ 或者，通过一个刺激在个别器官中产生的激发**程度**，与整个有机体的激发性是成比例的。——谢林手稿中的注释

认为特殊的可激发性是什么神秘的质。一个有机系统的可激发性取决于其因素的（化学的，更好的说法是**动态的**）质，这使得它只能被这样的原因所激发，而不是别的原因①（就像在一个特定的电流链条中，一种金属的激发力取决于链条中其余因素的化学性质）②；因此，例如胆汁对整个肝脏系统的激发力取决于这个系统中其他因素的质。因此这里没有什么无法解释的或物理上不确定的东西。

b）还有一个需要特别证明的观点，即**特殊的可激发性**又是**特殊的分泌能力的原因**。③—— 证据就在前文中。分泌能力不就是特殊的再生产力吗？但再生产的力与应激性原初并无不同，因此特殊的应激性＝特殊的再生产力。—— 那么这种过渡在有机自然中有实例吗？所有的传染毒素【最开始】只作用于应激性④，它们除了一般的、激发性的力之外，对应激性也产生了**特殊的**影响—— 受到特殊影响的应激性的产物与导致影响的原因是同质的 —— 这仍然是同一种毒素。同样的，对肝脏而言，例如胆汁也是一种**传染物质**【传染毒素】，对器官而言是一种激发性的潜能阶次，它本身由此再次成为器官再生产的原因。

---

① 关于器官的**特殊**应激性，我思考的无非是这个器官对一个刺激的接受性取决于其因素的动态性质，器官就是由这些因素构成的。——谢林手稿中的注释
② 激发状态物体的作用方式从来都不是绝对的，而只是**相对**的—— 正如心脏的右侧部分需要脱氧化的血液，而左侧部分需要氧化的血液，作为链条的第三个环节，来进行一次收缩。因此必须承认特殊的应激性，布朗主义者也承认这一点，因为他们承认一个器官受刺激的影响比另一个器官轻。——谢林手稿中的注释
③ 这种力很难把握，尽管它是以下观点的必然结果，即应激性直接过渡为生产力。——谢林手稿中的注释
④ 液体中没有发生任何变化，但例如叶片毒素却导致了应激性的变化。——谢林手稿中的注释

因此这里再生产自身的是一个电化过程。至于特殊的激发向特殊的再生产力的过渡是如何发生的（因为已经确定这个过渡会发生），至今为止尚未被解释，这只是因为人们对那个**更高的**（按照产物而不是按照创造过程来看）化学过程还没有概念①，这个化学过程是电化过程的一个效果，暂时只能从电化过程对僵死的化学物质（关于这种物质人们到现在为止还知之甚少）产生的效果来**类比性地**得出更高的东西。②

但是由于客体中的激发呈现为持续的自身再生产，因此通过营养的潜能阶次而发生的激发过程自然会不可避免地通过**同化**，过渡为质量上的积聚。但是由于激发会成为自身的再生产，质量的积聚

---

① 不可否认的是，动物的体内会发生化学性的生产——当有机体中不发生任何化学的东西，这种生产是如何发生的呢？——我认为，这样的生产也是通过一个高于化学过程的构形本能的过程得来的：因此我认为，正如应激性可能是无机物中较高的潜能阶次，构形本能也是化学过程中较高的潜能阶次——因此在有机体中存在一个**更高的**（按照产物而非按照生成的**方式**）化学过程，这个过程无疑是电化过程的一个效果，但我承认我们无法更准确地描述这个被应激性所决定的过程，因为到目前为止，我们虽然了解了两种更高的有机功能（敏感性和应激性），但我们还没有学会如何通过电化过程来影响再生产力。因为构形本能的过程确实同应激性过程一样，都是一个电化过程。——谢林手稿中的注释

② 不过我们确实知道，例如受到电流影响的伤口，诸如淋巴液这样的分泌物会发生变化（到这里为止是谢林原注）。——在这方面更深入的实验出现之前，虽然我们可以**演绎**出，分泌的过程最终会回到激发的过程，但是它是**如何**从中产生出来的，这还不能直观地呈现出来。可以暂时参考电化过程对**僵死**的物质产生的化学影响，但是正如文中所言，目前对此还知之甚少。这就指向了例如洪堡提出的实验，例如在两块同质的银板之间，水不会被分解，但在银和锌之间，就像在动物器官中一样，水会发生分解。我在我的著作《论世界灵魂》（第一卷，第557页）中已经怀疑过，这种分解无疑是通过电化过程发生的，按过程和产物来看是化学的，但从生成过程来看不是化学的。

必须先天地主张，电化过程影响了敏感性和应激性，也影响再生产力，因此所有的分泌、同化过程，甚至胚胎的构形，都是凭借电化过程的法则发生的。——谢林手稿中的注释

只能通过同化发生,并且原初的有机形式不会改变,只有体积会改变(这是生长的必然性,生长是有机的再生产力的第二个阶段)。

注释:下面的解释是必需的。

a)我认为积聚是激发带来的不可避免的后果。无论是同化还是生长,都不是营养所要达到的自然目的。**目的**只有激发本身,它是更高的生命过程的持续重燃,这样的生命过程不是任何其他东西的手段;它就是生命本身。因此质量的积聚和生长只是这一过程不可避免的后果,因此从过程本身来看它们是偶然的,虽然我们不能否认这种后果,但并不能将其视为营养的目的。

b)必须注意的是,我们只是否认了,**同化**是以化学方式发生的,并没有否认它的产物是化学的,并且能够接受化学分析。因此所有化学的发现都保留其价值,例如动物化的机制在于将氮与其他物质分离等。

c)一种关于有机体中所有液体的功能的新观点,最终得到了奠基,即液体同时是有机体的激发性原因,也是它用以生产和再生产自身的材料。——敲击一颗鸡蛋,从被敲击的点溢出的液体既是材料,也是(作为激发性潜能阶次的)构形的原因;因此当构形停止的同时,材料也被耗尽。——在**血液**这个有力的激发原因中,也可以辨认出所有生命器官的三重性;因为如果纤维状的部分包含肌肉物质,那么通过类推,血清质的部分也包含神经纤维物质,最后,球状部分则包含大脑的物质(这就完全解释清楚了这些器官的偶然性,以及它们是力的**产物**,而不是力本身)。

9)但是那个在再生产中显现为活动状态的力,就其本性而言是一种无限的力,因为它与宇宙的永恒秩序本身是联系在一起的,并且只在条件满足的情况下起作用。但在有机体中,它的条件始终被满足。因此它必然不断继续生产。这种不断继续的生产**既不会受限于产物,也不会超出**这个产物,换言之,由于有机的形式不能被逾越,因此必然会发生一种**不受限的生长**。

并且这种不受限的生长现实存在于自然中,存在于有芽的植物和动物之中。因为世界上所有的珊瑚虫都是同一个原初树干上的芽(并且这个范畴下,还包含很大一部分我们上文[第44页]提到过的自然中无性生殖的例子)。—— **又或者**,生产超出了它的产物。但那种力的条件是二重性。如果它超出了产物,那么产物的二重性中,一定有一个因素超出了产物**之外**。①

如果产物中**没有**这样的二重性(其中一个因素外在于产物),那么即便生产力可以继续发挥作用,它也只能在产物中呈现自身,(由于二重性是所有有机物的条件)**它们按照所有规律而言仍然只是无机产物**,这就是所谓的**艺术本能**的产物。

附注:既然我们通过研究发现了这一对象,就更有必要略作停留,因为有机自然的这一现象在我们看来似乎是最缺乏解释的。

这整个理论**处处**以一条基本原理为前提,即在有机自然界中,无论其现象可能是多么奇妙或仍旧不可解释,我们窥见的无非一个**更高机制**的游戏,它仍然是可以用自然原因和自然力来解释的。—— 关于这些有机自然中无与伦比的产物,很多哲学家似乎需

---

① 或者像我们即将看到的那样,**产物本身**必须是一个对立的因素之一,对立的另一个因素则外在于产物。——谢林手稿中的注释

要假设某种**程度**或至少**类比**意义上的理性,如果我们不能用我们的原则来理解它们,这整个理论会是怎样的面貌呢?

再生产力的应激性现象以及敏感性的现象仍然可以奠基在自然原因之上,这是公认的;因为即使是那些赋予动物表象,并且相信它们具有灵魂,只是追问灵魂所在之处的人,也相信存在特定的有机运动与表象相对应,并且尝试去规定这些运动。但是对他们来说,动物的艺术本能似乎是某种超出了单纯的有机力量的东西。如果我不主张,敏感性的直接产物(艺术本能)可以追溯到自然的原因,那么我如何能够主张敏感性的原因**仅仅**只在自然之中?

前文的内容已经为我们铺平了道路。我已经指出过,同一个敏感性的力量是如何首先进入应激性,从那里进入再生产力,又从再生产力那里(在一个特定的条件下)迷失于**艺术本能**之中的。因此艺术本能不再是一个与其他本能相区别的特殊本能,它只是**一般**构形本能的一个模态,最终也同构形本能一样,只是一切有机体敏感性之**一般**原因的一个模态。

III, 181

但这是不够的,这一本能的产物本身比那个类比更明确地证明了我们的观点。因为艺术本能的所有产物有一个共通之处,它们都是完美的、真正的杰作。每一个拥有这种本能的动物都携带着它的艺术品站在舞台之上,并且生来就是有教养的。这里的艺术品不是半吊子的、有缺憾的,或者需要改善的。正如不完美的东西同时也是可以被完善的,那么完美的东西必然就是不可完善的。 所有动物的艺术产物具有一个主要特征,即**不可完善性**。

但是这**一**个特征就足以否认,这些产物中具有任何类比意义上的、任何程度的,或者任何类型的理性成分。因为:

a）没有任何人会否认，这些**产物**中存在着某种**类似于理性的东西**，这是公认的。但是如果因此下结论，认为**动物本身**具有**理性**的类似物，就太过草率了。因为我们在天体的有规律的运动中也看到了这样的类比，以及**所有**有机的产物中，出于同样的原因，行星也必然具有一个理性的灵魂，使它们绕着太阳运动，或者我们相信，每个动物灵魂和植物灵魂也造出了自己的器官。

b）但是将理性的程度作为解释的根据，这本身就是不理性的。这并不是因为，我们真的不能在动物隶属的较为狭窄的范围内，通过它们的本能看到它们可以完成我们在更广的范围内通过理性完成的事情，而是因为，理性绝对地是**一个理性**，因为它是不能有程度的，并且它是**绝对者自身**。

c）"但是如果理性没有程度，只有一种理性！—— 正如人类理性只按照一种特定的类型来表象世界，这种类型的可见印记就是人类有机体，那么每个有机体就都是特定世界直观之图式的印记。我们可能会认为，我们的世界直观受到我们的原初受限状态的规定，但我们并不能解释，为什么我们会被**这样**限制，为什么我们的世界直观是这一个而不是别的，那么动物的生命和表象也可能只是呈现为一种尚未被理解的、特殊的受限状态，它们与我们的区别仅仅在于受限状态的**类型**。"

僵死的物质是表象力的**酣眠**，动物生命是单子的**梦**，理性生命终究只是一般觉醒状态的一种，这当然是一种有意义的憧憬。物质不就是**熄灭的精神**吗？在物质中，所有二重性都被取消，它的状态是一种绝对同一和静止的状态。在从同质性向二重性的过渡中，一个世界已经破晓，当二重性被重建起来，世界本身就展开了。并且由于自然是**可见的**精神，因此一旦物质的同一性被取消，精神就必须在自然中（正如美在自然中出现，只要自然法则的机制允许）变得可见，因为精神是被同一性推回自身之内的。

但是这个物理学的憧憬究竟起什么作用呢？—— 因为对物理学而言，动物的生命或许是单子的梦中状态，或是自然机制的单纯游戏，动物仍然是先前那种**没有自我的客体**，因为只有直观自身的东西才能超出单纯**被直观**的范围。凡是不能**让自己脱离**这个范围的东西，就仍然被异在的直观所把握，按照物质的法则而言，仍然是有待被处理和被解释的东西。

III, 183

因此，所有试图在动物行为中设想一种理性的尝试，连同那些关于艺术本能的解释一起，都被排除了，这些解释假设动物具有思考、经验可能性、传统等。

我们必须认为，动物是出于盲目的需要而做出行动，并且进行生产的，现在只是要确定究竟是怎样的需要。

a) 否认动物具有任何理性的哲学家，认为它们在快乐感觉的驱动下，不仅做出行动，而且进行生产。他们没有意识到，本能和驱动力并不是通过快乐感觉共存的，并且当他们将人类的卑劣引入自然之中时，他们从根本上取消了本能。—— 例如认为蜜蜂是因为疼痛而被迫建造蜂房，并不能是一种更好的解释。因为通过疼痛的驱使或是出于需要而发生的事情，也只会以一种蹩脚和缓慢的方式发生，相比之下，"敏捷是由一种自我驱动的力量导致的"。那么在那些生产过程中，是否能够看出任何费力或笨拙以及受迫的痕迹呢？

b) 因此我们主张，动物的艺术本能来自**物理**性力量在其作用方式上的规定（不包括**莱马鲁斯**在这里平添的所谓灵魂力量，前文已经否定了这种力量的存在）；或者更明确的说法是，我们主张，按**物理学**，以及按照动物的本性来看，动物都**不可能**生产出除**有规律的东西**之外的**别的**东西；我们要指出是，那些比其他类别更早具有艺术本能的动物类别，它们使用的所有运动工具都是受限的，工具和对工具的使用是**同一件事**；由于有机自然中一切都无限地联系在一起，因此一者的变化伴随着所有其他东西的变化，因此有机自然中根本不会有不和谐或自身矛盾的东西产生出来；更进一步来看，具有艺术本能的动物通过其应激性的范围也规定了敏感性的范围，这导致一个这样的动物不会因为感觉的刺激而做出**不合规律**或不完全符合它本性的运动（在更高的动物种类中反而是可能的，它们的艺术本能消失了，而且敏感性相对其他有机力量更占优势）；最后我们要指出，这种动物的敏感性的范围是无限狭小的，在更高的有机体中力量分散为不同的射线，但在这种动物中则汇聚在一个点上，因此一个感官似乎取代或统治了另一个，由此就产生了感官的错误（如果可以这样表述的话），或者说，动物行为中的过失根本就是不可能的，等等。

　　这个解释已经预设了动物中存在一种**生产性**的力在发挥作用，**任务**只是要解释为什么这个力必然以一种特定的**形式**发挥作用，并且只通过符合规律的行动体现自身。但是前文给出的根据揭示了，这样一种动物的有机活动中必须存在合规律性，但并没有揭示为什么这个活动也会创造出**外在**合规律的、类似于艺术品的产物，门德尔松对莱马鲁斯提出的异议也适用于我们，也就是即使我们假设动物的有机力量具有某种确定性和方向，我们仍然无法理解例如从一个方向发展为六边形（蜜蜂在它们的蜂巢蜡房中构建的形状）或任何其他规则图形的概念。

我的回答是：我们承认在动物中存在一种超出其产物的力；和自然中的每一个力一样，这个力也必须被消耗掉，由于它是一个原初生产性的力，因此它必须成为一个**产物**（即一个确定的东西），并在其中熄灭。但是由于**它的作用方式**必然是确定的，它的**产物**也是确定的；这个确定的作用方式和那个确定的产物是**同一个东西**，完全没有差别。产物已经包含在有机力量的规定性中，至于你看到的那个产物，只不过是对那个力量规定性的可见表达。

"但是如果承认产物已经同有机的力量一起被确定了，那么力量中如何恰好具有这种合规律的规定性，即产生出六边形的方向呢？"——我的答案是：对自然而言，这个六边形**并非**六边形。它只对提出问题并且在自然中观察的你而言是六边形。错误在于你只是说出了它是什么，因为只要它经过你的大脑，就穿上了理性的外衣。自然根本不关心六边形，就像它也并不关心雪花一样。

"但是如果我们承认这种合规律性只对**我**而言存在，但自然为什么正好生产出对**我**而言合规律的东西？"——这个问题的意义更为深远，因此也必须站在更高的角度来回答。——你在艺术本能的产物中看到的，只是力量的最终产物，同一个力量也生产出了有机体本身，在最初的产物完成以后，它就只将这个产物作为构形倾向的工具来使用。（大多数昆虫都清楚地证明了这一点，可以看到，昆虫中的这种本能刚刚活动起来，昆虫立刻就会停止存在，至少不再是它从前所是的那样；如果它要继续，就必须发生变化。）

III, 185

在有机的构形中我们只看到了这样一种产物,其中所有的东西都互为工具和目的。除了有机自然之外,我们没有其他名称来称呼这种内在的完美性,因为有机自然在这方面是**独一无二的**。—— **当有机的构形处在其界线上,并且有机的力量超出这个界线时**①,**它就不再生产出那种内在的完满性,而只生产外在的完满性**。—— 这种外在的完满性是**几何的**完满性,你可以在自然的每一处发现这种完满性,有机体处在其界线上(例如甲壳类动物的外壳),或者机制开始的地方,例如在天体的运动中。完满性遍及所有运动的法则,这样看来,自然是最完美的几何学家。

这个问题实际上涉及整个自然,因为自然之所以生产出这些外在的、几何的完满性,和它生产出内在有机物的根据是一样的。这个根据无非是**盲目的必然性**,自然是凭借它行动的。如果自然中存在任何偶然 —— 哪怕只有**一个**偶然 —— 你就会发现自然处于普遍的无规律性之中。但是由于自然中发生的一切都是凭借盲目的必然性发生的,因此所有发生或产生的东西,都表达了一条永恒的法则和一个不可折损的形式。—— 然后因为你在自然中看到了自己的知性,因此看上去它在**为你进行生产**。因此你唯一做对的事情,是在自然的合规律的生产中看到了自由的类似物,**因为无条件的必然性会再次成为自由**。

但是这个解释仍然过于笼统了;即便现在通过一切已经证明了,动物的艺术本能(以及与之相伴的所有行动)仅仅是由单纯的自

---

① 艺术本能就是这种情况,它超出了有机的产物(生殖本能也是同样的情况,但它在自身之外发现了二重性的另一个因素,二重性是生殖本能的条件)。——谢林手稿中的注释

然力量所造成的，还是要问一个问题，它是**如何**被造成的，又是**通过哪些**自然力。

但是我们也不必停留于这个笼统的解释。因为艺术本能（我们的讨论限定在这个对象上）出现在**所有其他**有机力量的连续性中，只有**一般的**生产力消失于其中（还有一件事情被解释清楚了，即艺术本能在有机体的序列中只出现于那个【盲目的生产】力开始压制那些更高的力时；那么为什么最敏感的动物被剥夺了艺术本能，而在这个本能的范围之外，最具艺术性的动物反而在敏感性上最为受限呢？）——因为更进一步来看，这种本能在它最显著地表现自身的地方，才会向**变态**过渡——因此对我们来说，这种本能的原因并不会更加神秘，相对于更高的有机功能和再生产力的原因，以及它们如此多样的显现形式而言①；那么芽和花朵②，壳类动物的外壳，难道不是比蜜蜂的蜂房更为完美的艺术品吗？③而且所有这些现象不都在自然中具有共同的原因吗？

既然通过迄今为止的论述已经**证明**了，动物的艺术本能（通过类比的推论，还有它们的所有本能）是盲目的自然效应，那么我们还需要进一步担心，那些可能来自经验或普遍偏见的进一步异议吗？我们只需要简短地回答少数几个异议，因为它们让我们有机会做出一些别的阐释。

---

① 看上去，有机的构形本能恰恰通过这种艺术本能回到了单纯的结晶本能：从完美的、有机的晶体化到僵死的身体性，构成了一个链条。敏感性越少，艺术本能就越多——这是一条普遍法则。因此可以说，比起蜜蜂的六边形，晶体形成得更加完美且快速，因此晶体具有比昆虫更多的艺术本能。——谢林手稿中的注释

② 手稿中的说法是：难道很多结晶体不是。——谢林手稿中的注释

③ 很显然，敏感性占比更少的那些产物就是更完美的产物。——谢林手稿中的注释

所有我们可能遇到的其他异议都可以归结为一个主要的批评，即我们将动物贬低成了纯粹的笛卡尔式的机器，古往今来人们针对这个哲学家提出了种种成功的论据，因此我们需要面对这些论据。通过分析这一批评，我们会弄清楚，我们的理论是否真的将动物贬低成了机器。但是动物表象（以及与之相伴随的一切）的定在，暂时符合我们的理论。但与此同时还出现了以下观点，即表象是通过所谓的**感觉器官**本身被唤醒的。—— 我们暂时还不必担忧这种观点，直到有人能够通过对器官的外部刺激来解释表象的起源，因为我们否认，即便在表象的存在确定无疑时，表象也不是通过外部的影响产生的。我们主张，一个被外部刺激激发的器官活动只是表**象的必然共存者**，因为只有凭借这个共存，我们原初的唯心论才会转变为实在论，否则我们会相信一切都只是在我们之中被直观的。因此在我们**原初的**生产性直观中，自我必须已经被物质化了，也就是已经成了被外部自然所影响的客体。但是现在可以明确的是，在器官中与表象对应的东西，是这个器官发生了变化的接受性。那么为什么例如光只对**眼睛**来说是光，对僵死的身体而言就不是，为什么即使是缺乏现成的外部条件的情况下，眼睛会生产出（例如在电流的链条中，我们并不考虑任何物质性的发光）光的状态本身？

III, 189　　但是通过外部刺激在器官中产生的变化（为了简洁起见，我称之为感官，排除了所有可能与这个词相关的附加概念）是一个**内在的**变化，就外在而言是绝对不可辨认的，或者正如我们在上文已经说过的：敏感性是一种回到其主体之中的活动。它在客体中只能在应激性的外化中**间接地**被认识，这些外化的源泉是敏感性，在很多动物和动物的个别器官那里（那些所谓的无意识的器官），敏感性直接迷失在外部运动中，它无法再与外部运动区别开来，因此也不再是可辨认的。

如果我们主张，动物**直接**通过外部输入进入运动状态，那么我们就将动物贬低为机器了，因为每一个单纯的机械性输入（它可以用来理解所有直线作用的东西，包括吸引）都**直接**过渡到运动中。但是我主张的是，当敏感性**直接**在外部运动中**迷失自身**时（换言之，当运动显现为完全无意识时），运动并不是由外部输入直接**产生**的，而是经过敏感性（作为普遍动态运动的源泉）**中介**的。每个外部的力在作用于应激性之前，先经过了敏感性，敏感性也**正是因此**而是生命的源泉本身，因为有机物完全是通过敏感性脱离**一般**机械论的（其中一浪驱逐一浪，并存在力量的静止状态），也因此成为自己运动的根据。

如果我们同意笛卡尔主义者的荒谬观点，让所有外在的激发性原因通过输入或吸引作用于动物（整体上），因为这种情况下这些原因只能机械地**以直线**发挥作用，那么动物就成了机器。——但是尽管所有外部原因只有通过敏感性才能达到有机体，对我们而言，敏感性同样是奠基在自然原因中的。虽然我们承认，因为我们只认识作为一切有机活动之**源泉**的敏感性，而且所有力量都通过作为**共同媒介**的敏感性发挥作用，对我们来说，敏感性迷失在自然的最终条件中，从中可以预见的是，**敏感性**确实是自然活动的**普遍**源泉，因此它不是个别有机体的一个特性，而是整个自然的特性。

按照这种观点，动物的所谓无意识运动究竟是什么已经很清楚,关于它还有第二种异议,接下来会有更加明确的论述。

"但是这种观点剥夺自然中最重要的部分的生命,并将其置于死物的王国中。"—— 如果真的是这样,这个结论无法反驳任何已经证明的命题。但事情真的如此吗?—— 为了只从**一个**方面来呈现事情,我们将艺术本能与一般的生产力设定在连续性中。但是这个力也属于所有其他有机力量的一般有机体。(否则如何解释,虽然在动物界可以说产生出了**普遍分离**的性别,但是每一个物种都包含了两性之间的平衡?又如何解释,在物种的繁殖中可以观察到一种醒目的合规律性,〔至少人类物种确实如此〕即有机自然界中的繁殖与自然发生普遍变化的某些时期紧密相连?)但是可以确定的是,生产力与一般有机体交织得最为紧密,这也适用于动物的**所有**本能(候鸟在磁针转向相反方向的同时开始飞向另一片天空,人们认为哪些普遍的自然变化与候鸟的本能是共存的?)—— 这必须适用于**所有**本能,因为它们全都只是普遍构形本能的模态,因为只有普遍构形本能具有**朝向外部客体的方向**。但是这更适用于**艺术本能** —— 我们可以将这种本能的产物视为**普遍**构形原因的产物,这种原因只是像通过中间环节一样通过有机体来作用于自然,并且把整个自然连接成一个**普遍的**有机体 —— 简言之,这个原因几乎是普遍的自然灵魂,**万物都由它驱动**。①因此我们的观点不过是,动物并不具有**个别的**、**自己的**、**特殊的**生命,我们牺牲它们的**个体性**生命,只是为了**自然的普遍生命**。

10)艺术本能中预设了它超出产物,并且不包含二重性的存在,

---

① "有人说,蜜蜂是神圣精神的一部分,是天堂虚无缥缈的气息。"(维吉尔)——谢林原注

二重性的因素之一外在于产物。但如果产物中有一种二重性,其因素**确实**外在于产物,那么这个因素有可能又处于一个有机产物之中,因为二重性必须是**有机**的。这个产物与第一个产物就各自因素而言是对立的,但是**正因如此**,从普遍有机体更高的因素①来看,它们是**相同的**。就**这个**二重性而言,它在每个产物中只有一个因素,这两个因素对它们的发展阶段的普遍特征的表达**分别**都是不完整的,但**双方**在一起却是完整的。

但是处于这种关系之中的个体,是同一个物种内**性别对立**的个体(上文第54页)。

这里演绎出的是上文(第47页)只能预设的东西,即有机自然中的普遍性特征,它就像是普遍有机对立中最外部的边界。但是那个力量的唯一条件是二重性,因此只要条件满足,它就会起作用。而条件被满足了,它会继续起作用。曾经是其客体的东西,成了它的可能性条件,或者它的工具:这就是对立的性别。问题是,它的产物是什么。

它的产物是一个**新的二重性**,换言之,它无限再生产出它的**条件**。因此不难理解**敏感性**是如何进入**个别**有机体中的。**个体**只是作为**导体**,那**一点**燃起的敏感性火花沿着导体无限传播。但这个力量**最终**从何而来?—— 生产力并不通过受精的行为直接被唤醒【因为它是一种附属的力量】。最先被唤醒的是敏感性,然后过渡为应激性,最后才过渡为构形本能。那种液体的【生殖】物质只是**激发性的原因**【受精的过程并不是化学性的,而是动态的】;而且在受精过程

---

① 相对于发展阶段中一个更高的概念而言。——谢林手稿中的注释

中，单纯的触摸像一种传染①一般发挥作用，**敏感性**由此被唤醒②，就像磁铁的**极性**通过单纯的**接触**而产生一样。

有机自然的循环就这样结束了。生产力是有机力量中**最外在的**一个。敏感性会迷失在应激性中，应激性迷失在生产力中，但生产力最终会迷失在什么之中呢？当它不能回到起源（敏感性）时（永恒的循环取决于此），它就必须彻底熄灭。但是它回到起源的唯一可能性在于，它的因素之一位于它的产物之外。但是它的因素之一落在其产物之外这件事，只能通过以下情况发生，即它不在任何别的力量之中迷失，而是直接迷失在产物自身之中。

III, 193　　因为**产物自身**必须分化为对立的东西。③如果只有**一个**产物分化为对立的性别，那么生产过程也只有**一个**。但是生产过程分布在不同的个体身上。这些个体本身又必须隶属于一个更高的秩序，凭借这个秩序，不可能在一个性别产生的同时，另一个却未一起产生（或者更一般地表达为：对立的性别凭借这个秩序保持平衡）。④这个秩序的根据不能仍然位于有机自然自身之中，它必须在有机自然的范围之外，但也不能落于无机自然之内，因此它在统一二者的更高秩序中，或者说在**普遍**有机体中。因此有机自然连同它的两个最外在的端（敏感性和生产力）交织在一个**普遍**自然中，我们暂时只能假

---

① 这一观点的根据可以在**哈维**的著名作品中找到。——谢林原注
② 由此最先产生出一个二重性，然后产生出一个新的应激过程。——谢林手稿中的注释
③ 因为我们先前已经有了一个简单的二重性，现在我们有的是一种产物的二重性，也就是第二潜能阶次的二重性。只有这样生产力才不会消散。这样一来，生产力就有可能回到它的起源（敏感性）。——谢林手稿中的注释
④ 一般情况下（至少存在分化出来的性别），**物种**的繁衍总是需要**四个**个体，因此，原初的二重性最初进展为三重性（在应激性中），最终进展为四重性（在生殖力中），这并不是单纯的游戏，而是需要被注意的。——谢林原注

设这样一个普遍自然。

11) 对这个迄今为止被推演出来的有机活动而言，因素之一已经位于【个别的】产物之外，并且这个因素会过渡到一个新的产物之中。因此**活动**延续（因为它无限地再生产出自己的条件），但**产物**并不延续。作为个体的产物只是工具，而物种则是目的。

因此在物种的繁衍中，个体最后的有机活动消亡了，因为所有更高的力量都迷失在这个最外在的活动中。—— 然而，对抗最外在东西的趋势在生产力的早期模态中就已经显现出来；因为艺术本能（在某些物种中相当于构形本能）（上文第44页）在整个自然界，从昆虫到人类，都是正在觉醒的**构形本能**的预兆。昆虫只有在发展出性别之前才具有艺术本能，正如工蜂始终具有艺术本能，是因为它们永远不会发展出性别。一旦昆虫经历了变态，而变态不过是性别发展的现象，它拥有的所有艺术本能就都消失了。但鸟儿也会在交配季节前筑巢，海狸也会在交配季节前建造洞穴① —— 也许是出于格外谨慎的缘故？正是如此。同一个盲目的本能驱使着动物的所有行动。因此艺术本能是生产性本能的模态，并且会直接过渡为生殖本能。②

随着生殖的实施，最后的异质性【二重性】也过渡为活动；那些具有**取消一切二元性**倾向的原因（**正因如此**，这些原因只在同样的条件下才显现为活动的）也不再被任何东西阻碍 —— 二元性的消失因此是必然的。但是二元性的消失只发生在**化学过程**中，也就是

III, 194

---

① 海狸以建造复杂的巢穴和水坝而闻名。——译者注
② 艺术本能和生殖本能一样都是盲目的。因此艺术本能的所有产物都是不可变动和不可完善的。——谢林手稿中的注释

在无机世界中与有机的构形本能相对应的过程中。①

III.

现在我们至少已经解决了上文（第69页）提出的任务中的**一部分**，即**推演出自然中的一种动态阶序**。我们至少认识了，自然逐渐从有机物下降到无机物的最初阶段，接下来我们的工作无非在自然本身之中指出这个阶序。②

---

① 产物回到普遍的无差别中。但是无差别只会在化学过程中通过在无机世界中与有机的构形本能相对应的东西被重建。——产物**作为**有机物，也就是作为第一潜能阶次的产物，不会消亡。如果它要过渡为无差别，它必须首先下降到较低潜能阶次的产物。这样一来就推演出了，生产力在无机自然界逐渐过渡为产物所需要经历的阶段。——自然在每一个有机产物中都经历了全部阶段。但这并不排除，那些不同的阶段在某一个产物中差别更大，在另一个产物中则**差别**不大。因此这不仅仅得出了生产过程的阶序，而且也是产物的阶序。

我们推演出了有机生产的三个阶段：敏感性、应激性和构形本能，它们是一般而言构建一个有机产物的条件，因此也是有机体本身的各个功能。——谢林手稿中的注释

② 如果更高的功能**为了显现出来**逐渐被较低的功能所取代，那么尽管只得出了**一个**有机产物，但却存在着那个产物**显现**出来的很多个阶段，就像存在着从生产力过渡为产物的诸多阶段。这就引出了**比较**生理学的理念，它并不在形态和有机构造的过渡中寻找有机自然的连续性，而是在功能的过渡中寻找。——谢林手稿中的注释

对比生理学的概念早在**布鲁门巴赫**的《动物体内热和冷血动物的比较生理学》（*Specimen physiologiae comparatae inter animalia calidi et frigidi sanguinis*）中就已经被提出，并在**基尔迈尔**先生有关有机力量关系的讨论中得到进一步发展。基尔迈尔的主要思想是，在有机体的序列中，敏感性被应激性所取代，并且如**布鲁门巴赫**和**泽默林**所证明的那样，最终被生殖力所取代。这些观点来自**赫尔德**有关人类历史哲学的思想，见于《关于人类历史哲学的思想》第一卷第117至126页。而敏感性**如何**被应激性所取代，两者又如何最终被再生产力的优势所取代，这些学者的尝试还没有能够做出解释。——谢林原注

迄今为止，既没有发现那个阶序的机制，也没有发现根据。我们的推演已经做出了部分发现，并且将继续下去。——谢林手稿中的注释

有机体的各种功能本身就应当是**对立的**，因此在同一个个体身上，它们是互斥的，因为它们要么分布在不同的器官上，要么完全被别的功能所取代。这在一开始就被证明了（上文第67页）。

但是现在才能解释，那些功能是**如何**彼此对立的。因为按照我们先前的研究，敏感性、应激性和生产力连同它们的所有模态，实际上都是同**一个力**（因为每一个较低的力都至少与较高的力有**一个**共同的因素），因此可以得出，它们只能在显现或**凸显**在个体或整个有机自然中的意义上是彼此对立的。①再生产力也是应激性和敏感性，并且只在**显现**之中取代二者，因为二者迷失于其中的最终之物就是再生产力。②

但是由于有机体的那些功能都至少在显现中是彼此排斥的，因此这样一种动态阶序的现实性只能部分地从不同的**器官**、部分地从同一个体的不同**状态**中得到证明（因为在这两种情况中，一个功能的主导地位排斥了另一个功能），最终还有一部分证明来自有机体本身的差别以及有机功能在比例上共存的差别；我们确实会采用这种三重的证明方式。

有机体的各种功能显现为彼此排除并且彼此对立的。因此通过这些功能之间的交互规定可以穷尽它们所有的可能关系。

---

① 因为敏感性、应激性和构形本能只是受限的生产力，或者向产物过渡的生产力的不同**阶段**。这样一来，它们只对**显现**而言可能是对立的，较高的阶段只有对显现而言才能被更高的阶段所替代，这是因为前者是被后者所决定的。——谢林手稿中的注释
② 功能的阶序至今为止是先天的，是从生产性的、有机的生产力的单纯概念中演绎得来的。我们现在要做的就是在经验中验证它。——谢林手稿中的注释

A. 敏感性和应激性之间的交互规定。①敏感性和应激性是交互规定的，因为敏感性在应激性中作为其最直接的表现形式而出现。但是

1）敏感性和应激性双方，必须至少具有**一个共同的因素**，因为一方过渡为另一方，并且在另一方中仅仅呈现为它的**客体**。

2）如果应激性等同于产物，敏感性在其中最直接地呈现自身②，并且每个活动都直接在其产物中熄灭，那么**应激性在现象中上升时，敏感性就必须下降**，反之亦然，**当关系中的敏感性上升时，应激性就必须在【为了】现象中下降**。（最后的限制必须始终被添加上去，因为**原初的**应激性可以没有敏感性，敏感性也可以没有应激性。）③

证明

这个证明可以来源于：

a）同一个个体的不同**器官**。

aa）因为敏感性是一种回到其主体的活动，因此它只能在与一个**向外**的活动（应激性）的**对立**中被区分出来。当敏感性在有机自然中占据优势时，一定会出现一个**仅仅**是敏感性的有机体，

---

① 至今为止，应激性是为了收缩和扩张的现象而被应用的。按照这个词语原初被使用的方式来看，应激性只是单纯被刺激的能力。只不过，由于它长久以来被用来描述那种现象，而一直以来被使用的例如影响能力等名称并不能很好地描述那种现象，因此在找到一个更准确、说明性更强的词语之前，我会保留这个表述。——谢林手稿中的注释
② 如果**应激性**等同于敏感性直接过渡为的那个活动。——谢林手稿中的注释
③ 最后的句子被划去了，手稿中是这样的：这是一条普遍的法则，是可以从我们演绎出的关系中先天地推演出来的。——谢林手稿中的注释

换言之，这个有机体的功能不会呈现为应激性（通过向外的活动）。①这就解释了我们在别处已经提及的一件事情，敏感性只能作为**应激性**的**否定性东西**被表象。敏感性本身不能被辨认，因为它直接迷失在应激性中，因此只有当它（或者外来的激发凭借它）不再直接过渡为外在运动时，它才是**可辨认**的。如果敏感性仅仅作为应激性的否定性东西才能被表象，那么在敏感性占据优势的地方，也必须有一个有机体是对应激性的绝对否定（绝不受制于应激性）——这样一个有机体就是**大脑**系统和**神经系统**的有机体。②（如果像我们在前文中已经证明的那样，有机力量存在级别，那么器官也必须存在级别。如果有机体只是一般有机体收缩变小以后的图像，那么世界有机体中也必然存在这样的力量级别，正如我们将要看到的那样。）

大脑及其延伸出的神经系统完全专注于**敏感性**，因此通过敏感性的优势，应激性完全被取代了，因为认为所有神经功能【在更狭义的意义上，即敏感性的真正功能】也是一种收缩的观点，还没有人证明过【而且是荒谬的】。

bb）反过来看，由于敏感性只能作为应激性的否定性东西被表

---

① 但是这里必须添加一个限制：由于敏感性的优势，应激性只是为了**显现**被取消。那三种功能属于一切有机体的建构，因此应激性也在其中。——当敏感性具有优势时，应激性自然为了**现象**被取消了。就**显现**而言，较高的功能总是被下属的功能所取代。——谢林手稿中的注释

② 手稿中这句话更正为：

当敏感性占据优势时，必须存在一个有机体，其中应激性为了显现被彻底取消，换言之，这个有机体的激发不会直接过渡为运动。这样一个有机体是大脑和神经系统的有机体。在后面这种有机体中，生产力还停留在过渡的最初阶段。——谢林手稿中的注释

象，因此在它直接过渡为应激性时，它必须绝对消失。①但是对于这样一个只有敏感性的有机体而言，为了保持平衡，必须有一个只有**应激性**的有机体与之共存，这就是心脏的有机体及其延伸部分，即**动脉**。②因为这个有机体完全关注于应激性，所以应激性的优势必须将所有**敏感性**③从有机体中排除出去。这里所有敏感性都直接消散在运动中。这里不再发生任何**反应**，并且所有有机活动都只是一种**向外的活动**。但这种向外的活动必须以敏感性为条件才是可能的，因此敏感性是存在的，只不过它消散在应激性中了，只有这样，例如心脏才能被称为无意识，但保留一些知觉的器官。④

b) 同一个个体的不同状态，例如疾病。其中，随着敏感性的上升，所有运动都消失了，或者反过来，随着应激性的上升，敏感性下降。**睡眠**的状态也属于这里的情况，心脏和动脉的应激性会随着敏感性的下降而上升。⑤

c) **不同的有机体**。前文已经说明，敏感性（作为应激性的否定性

---

① 手稿中这句话是：按照同一条法则，反过来看，当敏感性直接过渡为运动，它对显现而言就绝对消失了。——谢林手稿中的注释

② 所谓的敏感性系统和应激性系统指的是**大尺度**上的对立，这种对立在小尺度上发生在每个个别器官内，例如每个神经。——既然每个神经都是一个有机体，那么其中也存在那三个阶段，因此每个器官中都再次存在一个三重性；但是对作为**总体产物**的有机体而言，神经系统**只是**敏感性的再生产，正如肌肉系统**只是**应激性的再生产——尽管每个个别器官，例如每个神经都如我所言，**再次**具有它的神经，并且必须设想在每个器官中都必须存在着那种三重阶序，例如，每个神经中又有敏感性系统和应激性系统。——谢林手稿中的注释

③ 对显现而言。——谢林手稿中的注释

④ 心脏的运动像有意识的器官一样经过了敏感性的中介，只不过心脏这里发生了更为直接的过渡。——谢林手稿中的注释

⑤ 这两个例子留待在疾病理论中去特殊处理。——谢林手稿中的注释

东西）与**有机体**的存在是联系在一起的，敏感性完全不受制于应激性，因此我们看到，有机体是从作为核心的**大脑**中涌现出来的，在人类身上大脑是最大并且组织最为完善的，自人类以降则缩小为体积更小也更加不完善的有机体。在鲸鱼那里，相对于其他体积，大脑几乎为零，被一层厚厚的油状液体所包围，这也解释了它在敏感性外化方面的迟钝。在鸟类中，我们注意到大脑结构的多样性较少，凸起、凹陷和弯曲也较少。—— 在爬行动物这里神经首次不再显示结节（次级大脑），大脑变得非常小，在鱼类中也是如此，然而，鱼类在感觉方面甚至**不如**爬行动物，因为它们的大脑也由于所处环境而更加不可及。在昆虫中事情变得很复杂，我们能确定的只有，被延长的脑脊髓上有许多结节。在大多数蠕虫那里大脑完全不显现，而在珊瑚动物那里所有敏感性的外在表现和大脑一起都消失了。

正如大脑在整个有机世界逐渐缩小并最终消失，敏感性的外部器官也是如此。例如眼睛在昆虫那里得以保留，甚至在一些种类，比如鸟类中，更加完善了。在昆虫那里，眼睛的结构开始失去合规律性，因为在这里眼睛一会儿很大一会儿又很小，有时只是一个类似于眼睛的器官，有时又扩展为上百个。在大多数蠕虫中，如果它们有眼睛，眼睛至少是被覆盖的。在珊瑚虫中，已经没有可以显示的器官，尽管它们似乎在寻找光线。

作为敏感性的原因的**那个**力量，是通过何种媒介分散为不同射线的，我们还不清楚；但大脑在结构多样性上的降低教导我们，某一感官对其他感官的优势在增加，并且所有感官最终都收缩为一个同质的感官（就像珊瑚虫那样），那个力量从人类以降，开始变得越来越均匀，并且最终消失在完全无意识的运动中。

但是当敏感性在整个有机自然界逐渐衰落,那么按照我们建立起来的法则,应激性应当相应地上升。但是敏感性绝对消失的原因是它直接迷失在了运动中,在这种情况下的运动被称为**无意识的**,尽管对于真正的生理学家而言,无意识的运动这一概念是一个没有意义的概念。① 因为虽然心脏的运动看上去是无意识的,但并不意味着这个运动不像所有有机运动一样经过了敏感性的中介,而是因为这里的敏感性直接迷失在它的效果中,我们没有看到原因,只看到了效果。但其他运动却显现为**有意识的**,因为它们不是通过任何**特定的**刺激(例如血液使心脏运动起来),而是仅仅通过**持续不断的刺激的总和**(光和其他更一般的原因)产生出来的。由于刺激持续发挥作用,个别的刺激没有过渡为运动(人们只能这样辨认出敏感性,因为敏感性无非是应激性的否定性东西),因此必然会产生出运动力量的**总和**,有机体似乎能够支配这个力量的总和,因为对有机体而言,对这种力量的使用和无意识运动一样是必要的。因此,随着刺激的总和被耗尽,这是基于努力的后果(也称为疲惫)——正如按照已经确立的法则,通过不断增加无意识器官的应激性(这是由迷醉性物质所产生的)——敏感性也随之消散了(在睡眠中),但从睡眠中(持续的)梦境(动物在睡眠状态中的一些运动也可以让我们得出这一结论),以及敏感性(作为生命的源泉)只能随着生命本身一起消亡这件事,我们可以确定敏感性并未消亡。②

在纠正了有意识运动和无意识运动的概念之后,如果有机自然

---

① 因为严格意义上,既没有有意识的运动,也没有无意识的运动。——谢林手稿中的注释
② 参考第158页,注释1。——谢林手稿中的注释

中敏感性下降,那么就只有应激性必然取而代之,换言之,敏感性必须彻底迷失在应激性中,按照惯常的说法就是,运动必须变得**越来越无意识**。

事情也确实如此。在植物中,虽然液体通过管道的刺激被驱动,但只在少数情况下,而且只在一些植物中,例如舞草①(Hedysarum gyrans)。在其他植物中只发生在特定的状态下,例如在完全性成熟的时刻,才会表现出所谓有意识的运动的类似物。因为即使是含羞草(Mimosa pudica)、捕蝇草(Dionaea muscipula)等植物的运动,也由于是**特定的**外部刺激(通常是**触摸**)导致的,因此也只能被视为无意识的运动(因此关于植物的敏感性的争论也就解决了)。敏感性(作为生命的**普遍**原因)必须也属于植物。但是在有机自然中,随着下属力量优势的增加,它也**必须**成为**不可显现的**,因为只有当它不直接消失于运动中,它才能被预设。

在动物最底层的类别中事情也是如此,因为即使在这里,所有运动也都收缩在一个如此狭小的范围和合规律性中,于是自愿(Willkür)的最后假象也消失了。——在敏感性逐渐更为可见的地方,例如在昆虫和两栖动物的类别中,运动变得不那么单一、合规律【表现得更加自由】和更加多样化(要注意的是,一些昆虫将所有可能的运动形式都统一在自身之中),但是应激性仍然坚持它对敏感性的独立性,因为在**整个有机体被摧毁之后**,它仍然持续在个别器官中表现自身,并且这种动物的**脆弱性**较低,这证明了敏感性的

---

① 一种豆科植物。别名钟萼豆、跳舞草、虞美人草、无风独摇草。舞草叶片具有自然舞动的特性,据科学研究,舞草起舞的原因主要与温度、阳光和一定节奏、节律、强度下的声波感应有关。——译者注

统治是有限的。①最终随着脆弱性增加,应激性也更加受制于敏感性,但同时(正如在那些运动性最强的动物,即鸟和大多数热血动物中,它们的应激性随着敏感性的增加而减弱)运动的速度、多样性和力量也随之增加。**运动性**也只会逐渐减弱,但是只有在一切有机体的巅峰,敏感性才绝对独立于下属的力量,并且成为整个有机体的主宰。

因此我们通过一般归纳法证明了,在整个有机自然中,**应激性上升,敏感性就下降,敏感性上升,应激性就下降**。

但敏感性通过应激性直接迷失自身,应激性则迷失在有机力量最外层的界限中,有机世界与无机世界在这条界线处区分开,这就是**再生产力**。

B. **敏感性和再生产力的交互规定**。如果敏感性最初通过应激性迷失在再生产力中,那么在应激性对敏感性占据优势的情况下,生产力就会上升,事情也确实如此,因为自人类以降,我们看到在四足动物和鸟类等下降为两栖动物和鱼类的过程中,生产力是在提升的;这是因为逐渐减缓的营养已经导致了应激性的下降,多样化的特殊分泌(例如动物毒素等)导致了同化力的变化,最终体现为生产出的个体的大小、构形的完美程度以及在较低阶段上不断增长、最

---

① 众所周知,即使在有机体结构被破坏后,尤其是在两栖动物和昆虫类中,个别部分的运动性可以多么深远。下属的有机功能十分独立于更高的有机功能,以至于昆虫在丧失其主要器官、头和心脏的状况下,仍然发挥出艺术本能,进行交配。众所周知,蠕虫、毛虫、蝴蝶和蛇,即使在身体与头部分离后,仍然进行所有可能的运动。——里德利(Henry Ridley)这样描述过,一只乌龟在断头后生活了6个月,并且四处走动,仿佛卸掉了一身重担;在人们将它的心脏和内脏(除了肺之外)从身体中取走后,它还活了6个小时,并且仍然表现出它在自然状态下做出的一些活动。——从这里来看,整个有机体几乎只是应激性。——谢林手稿中的注释

终不可估量的数目，这些都宣告了在自然的这个部分中生产力量的优势。当生殖力在强度上再次减弱时（例如昆虫），变态过程上演，随之而来的还有艺术本能，艺术本能一旦消失，取而代之的是无限的替代本能。① 但是在这种情况下，敏感性也随之下降了。

C. 应激性和生产力的交互规定。如果完全无意识的运动中几乎不再剩下应激性，那么对显现而言，所有有机力量中就只剩下最外层的再生产力。因此每个有机体中都必须存在第三个系统，人们称之为**再生产的**系统，营养、分泌和同化的所有器官都属于这个系统。——为什么可以被刺激的心脏不是分泌器官，但迟缓的肝脏却是分泌器官呢？进一步来看，**布鲁门巴赫**和**泽默林**已经证明了，只有不依赖于大脑的那些部分以及那种完全没有大脑或大脑极度残缺的动物的**所有**部分，才能**替换**自身。概括起来就是：完善的再生产只出现在应激性和敏感性已经消失或至少接近于消失的地方。② 并且有机自然的这个阶段是通过植形动物和植物（在它们中，每个个别部分与其他部分都是**一模一样**的，几乎所有异质性都消失了）来表明的。③

III, 205

---

① 珊瑚虫被切断、四分并且像手套一样被翻转过来。——谢林手稿中的注释
② 当然，再生产力并不是由**神经**的缺失所决定的（否则蠕虫就不能展现出再生产行为），而是由于敏感性下降到某一程度。这是需要通过经验来探索的，而且即使有神经的存在，这种程度仍然存在。——谢林原注
③ 剩下的就是第 199 页 b 分段中提到的证明，它可以从同一个个体的不同状态中得出。
　　正如自然在整个有机世界中遍历了我们提出的那三个阶段（自然不断重复自身——只不过它从个点开始，又在另一个点结束）—— 每个个体也是如此。这个阶序既存在于整体中，也存在于个体中。个体只不过是敏感性、应激性和生产力之间某个比例的可见表达。—— **形态**只是动态关系的表达，例如，下降的应激性带来整个呼吸系统的受限，下降的敏感性带来大脑器官的受限。—— 既然每个有机体都只是这个比例的表达，那么它也只存在于其中 —— 不在这一侧，也不在那一侧。如果比例不是特定的，那么也不可能有比例的偏差。如果产物的存在没有**限制**在特定的比例上，那么也不可能存在产物（转下页）

推论

总结迄今为止的讨论会得出以下**结论**：

"有机体为了能够被激发，必须与自身处于平衡中，有机体作为客体位于这个平衡点上。如果有机体不与自身处于平衡中，那么这个平衡就不会被干扰，有机体中就不会有动态的活动源泉，也就不会有**敏感性**。但正是因为敏感性不过是对有机的平衡状态的**干扰**，它只能在平衡的持续重建中被辨认。这种重建通过应激性的现象表明自身；因此激发性的原初因素就是敏感性和应激性，它们是必然共存的。但是由于每一次重建的产物始终又是有机体本身，因此它在**最深**的阶段显现为有机体持续的**自身生产**，其原因是**再生产力**；至于它显现为其所是，最终只能通过一个更高秩序的影响（也就是只能通过**可激发性**）来理解，有机体通过这种影响得到保护和武装，抵御外部世界的直接影响。"

从中可以直接得出以下命题：

如果有机体中存在力量的等级，敏感性在应激性中呈现自身，应激性在再生产力中呈现自身，并且较低的力只是较高的力的显现，**那么自然中有多少有机体的阶段，那一个力量就有多少不同的显现阶段。**——植物就是动物所是，较低的动物就是较高的动物所是。

（接上页）的存在的偏差。反过来说，由于比例是一定的，不应当产生偏差，因此产物是可以存在疾病的。

因此个体的不同状态就是**健康**与**疾病**的对立状态，并且我们关于有机自然中动态阶序的理论会将我们引向疾病的概念。——谢林手稿中的注释

（《初稿》会在下文从阶序中推演出这个概念。但在讲座中，作者根据手稿中的意见将这章移到了这里。——原编者注）

在植物中起作用的力量，就是在动物中起作用的同一个力，只不过力的**显现**阶段较低。在两栖动物中作为应激性，在更高的动物中作为敏感性被区分出来的东西，已经完全迷失在植物的再生产力中了，反之亦然。

因此同一个有机体遍历了所有阶段，逐渐下降到植物并迷失在其中，同一个原因不间断地发挥作用，它从最初的动物的敏感性出发，直至最后迷失在植物的再生产力中。

如果在这个演化过程中，每一个力量成为生产力的点，并不必然也是力量自身散开的点（上文第192页），那么自然中就只存在植物和再生产力；因为只有在作为生产力的力必然分布在对立个体中的情况下，它才会无限地再生产出它的条件，同时也生产出产物。

现在我们拥有整个有机自然中进行生产的**力的统一体**，而不是**产物的统一体**，后者是我们在上文寻找过的，但是由于对立性别的分化（它打断了同一个产物的所有进一步构形），我们并不能假定它。我们在不同的显现阶段看到的是**一个力量**的受阻，而不是一个产物。但是这个力量原初只倾向于**一个**产物；力量在不同阶段受阻，这意味着，哪**一个**产物在不同阶段受阻，并且必然可以得出，所有这些在不同阶段受阻的产物只相当于**一个**产物。

现在可能是时候在有机自然中也指出那个阶序，并且辩护以下观点，即**有机力量、敏感性、应激性**和**构形本能，所有都只是那一个力量的分支**，而且毫无疑问的是，**在例如光和电等中，只有一个力量显现成了不同的样子。**[①]

[①] 《论世界灵魂》【第二卷，第565页】。——谢林手稿中的注释

如果有机自然中只是**普遍**有机体的自身收缩，那么普遍自然中至少具有种种有机力量的**类似物**。

那么

1) **普遍**自然中的**光**就对应着有机自然中**构形本能**的原因。并且如果光是所有化学过程的最终原因（上文第131页），那么构形本能本身（如同有机自然和无机自然的普遍关系）就只是化学过程的一个**更高的潜能阶次**，并且，由于所有的有机构形都只以化学的方式发生，应当有一个**活动**赋予**所有**自然构形以合规律性。[①]

这一活动完全不需要考虑任何**物质性的东西**，就像**光**本身一样。它本身完全不是物质性的，只有它的直接产物是物质性的东西。如果它的**产物**是光，那么光就是**物质**，这和说一般而言的某物是物质是一个意思。因为，就所有物质都是空间的充实，即一定程度的活动而言，所有**物质**都是**非物质性的**。但是光并不是活动的**产物**，而只是它的现象。光，也就是我们**称之为光**的东西，根本上不是物质，本身并不是一种在变化的（在变化中被把握的）物质，毋宁说是**变化本身**；光的变化是永不停歇的创造活动最直接的象征。—— 由于光不需要什么更高的光，因为它其实划下了我们的敏感性的最外层界线，因此它本身不再能成为客体，即物质。但不言而喻的是，我们称之为光的那种**变化**，必须以一个载体，也就是任意一个物质为根基。但是**我们称之为光**的东西并不是那个载体，而是**变化本身**。

（这就自然而然产生了一个问题，这种对光的观点与光的化

[①] 光对晶体构形的影响。**普雷沃斯特**的新光学实验？—— 光的大量涌入同时伴随着有机自然中的运动等。——谢林原注

学效应，以及那些试图证明光的物质性的光学现象是如何相一致的。）

a）如果涉及光的化学**效应**，那么它们都会还原为光的**脱氧化**特性。这一特性的根据必须在光与氧的关系中寻找。但这是怎样的关系呢？

因为光出现在化学过程中，正如氧作为中间环节消失在过程中，因此氧必须是对立的亲和性范围的中介者（地球和太阳）。—— 只要双方是分离的，并且只是**间接地**接触彼此，也就是说，只要那个中间环节（连接双方）还存在，**二元性**以及伴随而来的电，就存在。只要中间环节被取消，对立的亲和性范围过渡到彼此之中 —— 这种过渡的现象就是仿佛在光中敞开自身的太阳本身 —— 所有二元性就被取消了，而化学过程就开始了。

III, 209

既然光只是氧消失的现象（光仿佛取代了氧的位置），那么反过来说，氧也只是光消失的现象，或者说是取代光的东西。氧在这**两个**亲和性范围中都共同被设定为对立的，因为它分离并且中介了这二者。因此当光的**对立面**再次出现时，光必须消失，并且看似作为脱氧化的工具（就像一个可燃的物体一样）发挥效果。但是光，即我们称之为光的东西，并不发生**脱氧化**，它的消失只是与脱氧化过程共存。

光并不发生脱氧化，而是以光为现象的活动发生脱氧化。但这个活动的普遍规律是，它在否定性的东西上发挥肯定性的作用，在肯定的东西上则发挥否定性的作用（例如，氧化的物体是带负电的，带正电的则是未被氧化的）。因此活动并不脱氧化，而是产生**正电**。至于这种脱氧化是否与光的载体的燃烧共存，这是另一个问题。—— 由于这个对脱氧化原因的假设，我们对一些先前谜一般的事情有了新的认识，比如大气中氧气的量**在整体上**始终保持不变，这只能通过一个**普遍**、均匀作用的原因来解释，这个原因使否定性和肯定性状态保持平衡，防止物质迷失在任何一个极端中。那个普遍的活动对肯定性东西产生氧化作用，正如对否定性东西产生脱氧化作用，两种效应在自然中像正电和负电一样持续存在。

III, 210　　b) 但是如果涉及**光学**现象，后者应当显示出光的物质性，那么我们就更不必深陷其中，那种现象（例如折射等）越是缺乏不证自明的本性，我们的光学中就几乎没有什么命题是确定无疑的。——

　　但是这个在更深层的阶段上显现为**构形本能**的活动，在更高的阶段则显现为**应激性**，因为两者在原则上是同一的，这一点可以从它们在条件上的异质性中明确得知；这样一来，我们就可以继续做出推论：

　　2) **电**对应着外部世界中的**应激性**。这里可以用电化现象来取代所有其他证明。①

　　因为 a) 我们确认电化现象和电现象在终极原则上是同一的，即使电化现象和电本身是不同的现象，因为电通过电化现象被提升为一种更高的功能【潜能阶次】。电只要求二重性，并且只发生在异质物体接触和分离时。但电化现象则要求**三重性**作为其条件，并且在封闭的链条和**静止状态本身**中活动。②但这也适用于那个活动，因

---

① 上文已经从它们的条件的同一性出发给出了证明。——谢林手稿中的注释
② 因此并不是绝对同一性，而只是在最终原则上是同一的。在电化的链条中起作用的活动不再是简单的电，而是被提升到更高潜能阶次的电。我们从电化现象中只能推论出，但至少可以确保以下这点，与应激性现象相**对应**的是**电**。因为有机的自然现象和一般的自然现象之间的这种对应关系，最终会回到以下这点，有机的现象只是一般叫自然现象的更高潜能阶次。——谢林手稿中的注释

为它是应激性的原因;因为那个活动的条件(三重性)在有机的物体中始终在场①,因此它永远不会**静止**,但它的活动是**均匀的**;它通过收缩来表达自己和通过电来表达自己是一样的,只不过是通过重新连接或断开**链条**。因此电化**链条**中的活动本身并**不是**电(至少不是人们一直以来理解的电),而是以电为条件。这是一种被提升为均匀活动的电,仿佛封闭在多个物体所构成的体系中,并且只在这个范围内,不作用于任何外在东西的活动。②

但是 b) 不能因此就得出,应激性外化的动能**本身**就是电(正如不能从前面的论述中得出光)。电只是一般自然中与那个更高的(**有机**)活动相对应的东西。③那个有机活动本身也是电化活动的更高潜能阶次。被封闭在电化链条中的器官的收缩,似乎不是这个链条中活跃着的变化的**直接**效应。——相对于**应激性**而言,**电**是一种完全**外在的现象**(它只在电化的形式下才是一个虚假的内在活动,因为它被封闭在链条中,并且只在这个链条内部发挥作用)。——与此相反,应激性现象的原因是一种绝对内在的、与有机体绝对绑定的活动。④因此电只能被视为那种有机力

---

① 请阅读冯塔纳在他的《有关动物身体自然的研究》中对肌肉结构所做的出色的显微镜观察。——谢林原注
② 因此可以理解,任何静电计都没有也无法显示出这种活动。——谢林原注
③ 并且那个在电化链条中起作用的东西似乎只是要促成从电的活动向应激性活动的过渡。因此这个在电化链条中活跃的活动,并不是那个当器官收缩时在其中起作用的活动。因此电化现象似乎是将一般的自然现象与有机的自然现象联系在一起的中间环节,或者是一般自然现象过渡为有机自然现象的桥梁,比如说,电化链条中的活动显然是电和应激性的中间环节。——谢林手稿中的注释
④ 电**本身**不可能是应激性的原因,即使神经是电的第一导体,这已经被**哈勒**提出的一个理由所反驳,即电自在且自为地并不是一种能被设想为封闭于神经中的力量(被各种导电物质环绕)。(转下页)

量的后代，后者作为构形本能和**应激性**的原因只能在它们的产物中**被间接地**辨认出来，只有当全部有机物停止时，它才会直接呈现自身。

作为应激性原因的活动通过同样的条件与电联系在一起，这样一来，一些未解之谜就迎刃而解了。目前可以确定的是，在这个更高的过程中，正如在电的过程中，**氧**（作为对立的亲和性范围之间的中间环节）必须是**间接的规定者**；氧不应当**直接**介入这个过程（否则，化学过程就是就不可避免的），而只能通过第三个物体，作为它的代表物，在这个过程中发挥作用。[①] 这第三个物体在动物的生命过程

（接上页）原文的注释在手稿中是这样的：

　　人们通常认为电的第一导体是神经，电之所以不可能是应激性的原因，是因为人们没有认识到，当电被如此多导电物质所围绕时，它是如何能够被束缚在神经上的。应激性的原因是一个完全内在的、束缚在器官上的活动，电只有在现象最深层的阶段被直观时，也就是在第一潜能阶次上，才是那个原因。但这也解释了，为什么应激性过程与化学过程和电过程的条件如此确切地联系在一起，但又并不是它们中的任何一个：与化学过程的条件联系在一起，是因为这个条件是电过程和应激性过程共同具有的条件——与电过程的条件联系在一起，是因为应激性过程是电过程的更高阶次。几乎所有动物化学的发现都能从中得到解释。——谢林手稿中的注释

① 如果**应激性过程**只是电过程的更高潜能阶次，那么正如我们所注意到的，可以从中得知为什么这两个过程与相同的条件相关联。为了更进一步解释这一点，关于化学过程和电过程的理论预设了这一命题：氧是所有化学过程中不可变的那一个因素，这个因素在电过程中则是间接的、持续的。那么氧和应激性的过程之间显示出何种关联呢？

　　已知近代的很多物理学家已经将氧确立为刺激性的本原。一些经验似乎已经证明了这个观点，而且这些经验的数量远比人们通常认为的更多，但是从其他根据来看，氧不可能真的是刺激性的本原。

　　所有这些经验虽然证明了氧在应激性的现象中扮演了重要的角色，但是并不能证明氧是应激性现象的本原。——在进行更进一步的研究之前，我必须指出一些误解。很多反对意见，特别是来自**罗施劳布**的反对意见，都是基于一种误解。他说：氧化物质几乎没有刺激，例如植物营养—所有水果—所有植物酸—醋，在偏阳性疾病中主要是有益的。（转下页）

中就是血液，只有它直接与氧接触，并且在生命过程中仅仅作为氧的代表物出现①。因为血液是作为液体流动的，并且作为质性可变的实体通过每一次收缩被改变（脱氧化），因此也只有它满足了上文（第165页）提出的电化生命过程中**第三因素**的条件，即通过它的可变性使**三重性**有可能持续变化并且不断停止又重新开始。如果没有那种接触，生命过程就几乎静止了，因为其条件是不断更新的异质性，异质性离不开那种接触。相反的是，一方面通过营养（在动物中【大部分】是通过可燃烧的物质发生的），另一方面通过呼吸（将血液转变

（接上页）相反，可氧化的物质如鸦片、酒精、氨等刺激最强烈。——只是这些反对意见建立在一种误解上，他们好像认为氧是**激发**的本原。恰恰相反，氧是**可激发性**的本原，是**可刺激性**的本原。

把氧说成是一种剧烈的或强烈的刺激，这完全混淆了概念。氧并不是这样的，毋宁说是恰恰相反的。氧最多可以进行虚淆的**刺激**，因为它提高了可激发性，这预设了通过它的刺激总和没有被**减少**：因为这样一来，刺激的总和作用在被氧提高的可激发性上，会有更强烈的效果，强于先前可激发性较低的情况。刺激的所有强度都是相对的。氧可以**看上去**在发挥刺激性的作用，但始终是非直接的。一般来说它起的是**削弱**作用；它提升了**虚弱**和接受性的因素，因此它在真正意义上是可刺激性的本原。

对这一矛盾的解决方案简单来说是这样的：**可燃烧的**物体直接产生刺激。而氧作为对立的因素必须直接降低激发性——并且只能间接地通过提高可刺激性来提高激发性。但如果可刺激性被提高到超出了某一界线，就会导致**虚弱**。因此氧总是直接产生虚弱效应；这些直接来自这个观点，即氧是可刺激性的本原。

但是这样就产生了一个极为重要的问题：氧是**如何提高**可刺激性的，对整个生理学而言，回答这个问题是最重要的任务之一。

氧不能直接参与到生命过程中，正如它不能直接参与电的过程，只能通过一个物体作为它的代表。——谢林手稿中的注释

① 因此氧凭借血液给生命过程带来了**否定性的**环节。被氧化的血液之所以发生作用并不是因为它被氧化了，而是因为它带**负**电。——谢林手稿中的注释

为一种氧化了的液体①），所有电过程的条件（也就是其因素与氧的对立关系）都持续被再生产，而且生命过程（作为一种更高的电过程）必须不断重新开始。

但是正如应激性在有机自然中下降一样，与之一同下降的还有电过程，因此电过程的条件也逐渐消失了。只有当植物中的应激性完全下降时，它的再生产力才会占据优势，并且由于植物只作为再生产力而存在，因此它的生命（应激性的程度也是如此，后者仅仅与它的生命，也就是有机力量的这个特定比例有关）会受到所有减缓应激性的因素的促进。因此，其生命过程的条件已经显现为与动物生命过程的条件相对立。植物只是在**否定性**的意义上能够被电化【换言之，几乎必须通过否定性的刺激对植物发挥作用，否则它就不是植物】。

有人说电化不能延伸到植物界。为什么不呢？植物中的电化过程只不过是**动物性**电化过程的否定性东西。值得注意的是，植物具有的可刺激性受到电的冲突中完全带**负**电的物质的促进，例如金属钙、水、硝酸盐、硝酸、硫酸、各种盐等。因为这里发生作用的并不是这些物质中的氧，像人们通常认为的那样，而是它们的**负电**特性，我们可以从下面的例子中得知这一点，比如**硫酸**发挥和酸一样的作用。——所有这些物体一旦不再是可滴流的液体（为了证明它们的

---

① 除此之外，动物身体中的血液一般作为质性可变的物质发挥作用，因为它通过应激性的外化自身再次脱氧化（这是毫无疑问的，因为**营养**与之共存）。其中值得注意的是显著存在于心脏的收缩中的对立。当从全身回流的血液，也就是大部分已经脱氧化的血液导致心脏的右半部分收缩时，相反的血液是直接来自肺部的，也就是含氧量还很好的血液，它刺激心脏的左半部分收缩，因此血液作为生命过程的电化中的家族守护神（lar familiaris），它的质似乎必须根据每个链条中其他因素的量来变化。——谢林原注

化学性质不再使它们有效），它们在动物性的电化过程中就**不发挥作用**了。——相反，非常引人注目的是，正是这些在动物的电化过程中起效用的物体，例如鸦片和碳（按照**英格豪斯**的观点），肯定还有金属，它们抑制了植物的可刺激性。

但是正如应激性在有机自然中下降，呼吸（即氧对有机体的影响）和循环也随之一起减少。这在动物那里最为常见，应激性的外化以很快的速度在短时间内连续出现（例如鸟类，空气通过与肺相连的囊状器官渗透到翅膀的中空无髓的骨头里）。尽管逐渐变得平滑和缓慢，这种情况仍然以这种方式有规律地发生在鱼类那里（无论它们是否根据**维克-达齐尔**的观点，通过鳃中的水而非空气进行呼吸，或者根据其他观点，它们吸入水中自有的空气），但是就在这里，整个应激性系统突然发生了变化，心脏的一个心室消失了，血液不再通过一种特殊的腔室返回到肺部。在昆虫那里，肺消失了，取而代之的是气管。但是在昆虫那里，同蠕虫一样，心脏仍然只是一系列的结节，它们一个接一个缓慢地收缩起来，人们称之为其血液的东西是冰冷和无色的。最终在珊瑚虫那里不再有任何呼吸的痕迹（尽管必须预设它），但是所有心脏或血管的痕迹也都消失了。——终于在植物中，当应激性降到最低，呼吸就变成了**呼出**纯净空气，而氧在动物那里具有**与营养相对立**的功能，但正如**英格豪斯**指出的那样，氧对动物而言（间接或直接地）成了营养物本身。

III, 216

现在考虑所有上文所讨论过的内容可以得出，氧作为规定性根据如何在地球的动态过程中，将其统治延伸到整个自然中，并且在某种意义上正如**吉尔坦纳**所言，氧就是应激性的本原。正如它是电的本原。而支持和反对这一观点的一些论据中的谬误也是显而易见的。——总体上人们可以说,动物相对于植物而言处于肯定性的生命状态中(证据就是,前者不断分解氧气,而后者处于还原状态)。但由于氧化在任何地方都会带来**否定性**状态,因为它会降低燃素性的可激发性(增加热容量),正如降低电的可激发性一样,并且负电对于有机体而言也是一种否定性的刺激。这样就可以理解,氧是如何**增加**有机的接受性的,也就是增加动物的可激发性,正因如此成了活动增加的(间接)原因①,正如与氧相反的对立(带正电的)物质提高或间接地(通过耗尽可激发性)降低肯定性状态;相反,在植物中(其生命状态是否定的),否定性的刺激必须持续发挥作用(成为习惯),就像植物(作为被燃烧的物质)必须被束缚在大地上,正如一切脱氧化物质(光、可燃物质等)在一瞬间内耗尽了可激发性,而带负电的物体仅仅通过保持微弱的可激发性就间接提高了

---

① 因为呼吸一旦不足,生命就会立刻消失,因此那种【否定性的刺激,那种】空气对生命的负面影响其实是不断减缓生命活动的东西,它通过增加**可激发性**【更好的表述是可刺激性】防止激发在某一刻达到最低值(因为每一个刺激都减少可激发性)【因为刺激的效应是持续不断的,如果没有一个永不缺位、永不停止的刺激来阻止可刺激性的消耗,不断下降的可刺激性会加速沉到零点】。氧或者其代表物,即动脉血,始终是生命的电化链条中的否定性环节(它在提升个别器官的可刺激性的链条中是一个带负电的物体)。——谢林原注

  普法夫已经证明了,当例如锌,即正电体,持续放置在神经上,相反的电极放置在肌肉上,器官的可刺激性会更快被破坏,相对于相反的摆放顺序而言。**罗施劳布**先生后来发现,当器官封闭在一个肯定性的链条(为了简洁起见我才使用这个表述)中,就会丧失其可刺激性,相反,当一已经高度不可刺激的器官被置于相反的链条中,它又会变得高度可刺激。由此我得出结论,一个在链条中带负电的物体只有作为否定性刺激发挥作用时,才会提高可刺激性。这样一个链条中带负电的物体所具有的功能,被氧化的血液在有生命的身体中也持续具有 —— 作为生命过程中的延缓剂阻止可刺激性的耗尽。——谢林手稿中的注释

它的活动。①

但是应激性只是可激发性的因素**之一**。可激发性的外部原因（我们已经在上文推演出来了）虽然带来了可激发性的**显现**（即应激性的外化），但只是在一种原初二重性或者说是有机体的**敏感性**（参考上文第155页）的条件之下——两者是同一个东西。

这样一来，我们就被驱使向外部世界中一个更高的原因，它与电的关系和它与敏感性、应激性的关系必然相同。因为我们**至今为止**认识到的、在自然中起效的**最高**原因，正是那个普遍的动态活动，它已经设定了**一种动态的相互关系**为活动条件，也就是预设了一种原初的二重性。因此在这个原因**之上**必须预设一个更高的原因（作为普遍的、动态的活动源泉）。

这样一来②

3) **普遍的磁性**就是与外部世界中的**敏感性**相对应的东西，或者，同一个原因，在普遍自然中就是普遍磁性的原因，在有机自然中就是敏感性的原因；因为

a) 正如敏感性在有机世界中处于显现的边界，普遍自然中与敏感性对应的东西也是如此。它之于普遍自然，正如敏感性之于有机自然，也就是**普遍的、动态的活动源泉**，正如一切有机力量都下属于敏感性，宇宙中的一切动态理论都下属于敏感性的对应物。

b) 在与敏感性对应的东西中必然存在着整个非有机的自然中真

---

① 应激性过程的条件与电过程的条件完全符合，这毫无疑问意味着，电是应激性的对应物，这个命题是真正应当被证明的。——谢林手稿中的注释

② 因为至今为止，磁性在自然中的必然存在还没有像光和电的必然存在一样被推演出来，因此下面的论述暂时只声称自己具有假设性的真理。——谢林原注

正的**二重性**中的**同一性**，和**同一性**中的**二重性**。（**极性**这个表达还有别的什么含义呢？）因为这就是全部有机体的不同之处。但是这种二重性中的同一性和同一性中的二重性不就是整个宇宙的特征吗？因为如果宇宙是一个将一切包含在自身之内的绝对总体，那么在它之外就不存在客体，它是**它自己**的客体，并返回自身。对立双方都是宇宙的**内在之物**，但所有这些对立都只是不同的形式，一个原始的对立在整个自然的无限分化中转变为这些不同的形式 —— 并且宇宙在其绝对同一中其实只是**一个**绝对二重性的产物。

但是我们也必须将自然最原初的状态设想为普遍同一和同质的状态（仿佛是自然的一种普遍睡眠）。—— 因为我们至今为止认识的最初、最高的原因，只在二重性的条件下活动，并且以二重性为前提。重力的活动至少**预设**了一种**机械东西**，普遍的动态活动还预设了一种更高的、**动态的东西**。那个高于下属原因，并且成为活动的真正**源泉**的原因是什么？

无论这个原因是什么，我们都能看到：

所有活动的源泉（因为活动是唯一可以辨认的）本身不再是客观可辨认的（正如敏感性在有机体中是不可辨认的）。它是某种**绝对非客体性的东西**。但是只有一切客体性东西的原因，才能是绝对非客体性的，换言之，自然的原因本身。

但是有机体，除了是浓缩的自然本身，或者**最高收缩状态下的普遍有机体**之外，还能是什么呢？因此必须假设一种**最终原因的同一性**，有机自然和无机自然，也就是普遍自然通过它（像是通过一个共同的自然灵魂）获得了灵魂。那个给自然注入第一缕异质性火花的原因，也给自然带来了生命的最初萌芽，自然中普遍的活动源泉也是自然的**生命源泉**。

同一个原因阻止了自然中的极端向彼此过渡，阻止了宇宙塌缩为同一个同质性，也阻止了有机体的消亡和有机体向同一的状态过渡。正如**一切**都以绝对二重性为条件，**有机**的活动也以有机的二重性（绝对二重性的一个单纯模态）为条件。

因此可以预设普遍二重性和有机二重性的一个共同原因。最普遍的问题包含了整个自然界，也正因如此是**最高的**问题，如果不解决它，迄今为止的所有讨论就什么都没有解释，这个问题是：

自然中普遍的活动源泉是什么？哪一个原因在自然中产生出了最初的动态分离（机械的分离是它的一个单纯后果），或者哪个原因首先在自然的普遍静止中引入了运动的萌芽，在普遍同一性中带来了二重性，在自然的普遍同质性中注入第一缕异质性的火花？

对上一章的补遗

上面一章已经全面解决了前文（第69页）提出的任务，我们曾经预言，这个任务可以轻松地将自然哲学中的所有问题统一在其中。

然而这是通过建立有机力量的阶序，除了这个**对整个有机自然**提出的观点外，还有一个关于有机个体的观点，由于所有过往理论中的个别路径都集合在这个观点中，因此这里必须用补遗的方式进行补救，同时也是为了指出，自然学说中另一个极为重要的部分与自然哲学的普遍原则在哪一点上关联在一起。

正如在整个有机自然中存在着各种功能的阶序，个体之中也是如此，并且个体本身无非是**对有机力量的一个特定比例的可见表达**。个体借以被辨认出来的形式和所有东西，本身只是那种更高的动态关系的一个表达；因为很多例子都已经表明，结构本身是如何适应那种更高的关系，关系的变化又是如何引起结构的变化的。

每个有机体都只**存在**于这个特定的比例，既不比这个比例高，也不比它低。由于这个比例是**特定的**，因此对这个比例的**偏离**是可能的，并且，有机体的整个**存在**都被这个比例所**限制**，这导致比例的偏离和整个产物的存在是不相容的 —— 简言之，这**两方面共同决定**了，有机体是可以患上**疾病**的。

疾病的概念是一个完全相对的概念，因为**首先**它只对有机的自然产物而言是有意义的；疾病的概念中不仅仅包含对某种规则、秩序或比例的偏离，还要考虑这种偏离并不伴随产物自身的存在而存在；后一种规定实际上完善了疾病的概念。但是疾病的概念本身又是相对内在于**这个**范围的【有机物的范围】。某一程度的应激性对例如植物而言是**患病**的，但对珊瑚虫而言可能已经是健康的了。你可能会在某一程度的应激性下感到生病了，但一个较低等的有机体可能觉得很舒服。① —— 每一个特定有机体的持续再生产也只需要一个**特定**的可激发性程度。假如可激发性的程度对每个有机体而言不是相对的，那么人们可以认为它（作为有强度的量）会**无限**减少，通过无限多的中间程度逼近零值。但是一个特定**程度**的可激发性，是为了维持一个特定的有机体，与外部自然抗争，并且低于相反的影响以进行再生产。

这涉及疾病的**概念**。② —— 在对这个概念本身进行原初建构时，必须预设下面这些原则。

1）产生出疾病的**原因**，和产生出生命现象本身的原因是同一些原因。③

---

① 因此没有**绝对的**疾病。每种疾病只对特定的有机体而言才是疾病，它意味着这一有机体功能的比例与之不符。——谢林手稿中的注释
② 这里的整个研究都只是主要研究的一个中间环节，是为了通过疾病的理论去证明，发生在整个有机链条中的阶序，也在每一个有机个体中得到表达。——谢林手稿中的注释
③ 因此，诸如将疾病说成是反自然状态完全是荒谬的，因为疾病和生命一样自然。如果疾病是一种反自然的状态，那么生命也是 —— 但如果疾病真的是这样的，由于生命现实地是一种受自然所困，不受自然青睐，违背自然的意志而延续下来的状态，它只能通过与之抗争来维持这种状态。在这个意义上，我们可以说：生命是一种持续的疾病，死亡只是从中痊愈。——谢林手稿中的注释

2）疾病必须和生命具有同一些因素。①

只不过全部有机体的本质在于，它不是绝对的活动（例如在生命力的概念中我们会设想的那样），而是一种以接受性为中介的【运动】；因为有机体的持存不是一种**存在**，而是一种持续的**再次被生产**。但如果有机活动在其产物中耗尽自身，正如在僵死的客体中，活动在其产物中耗尽自身，那么有机的持存就会是**一种存在**——如果没有一种外在的、相反的影响在产物中阻止有机的活动，并且将有机物规定为持续的自身再生产。

因此这样的有机体只能在外在力量的持续影响下持存，而有机物的本质就在于一种接受性，通过这种接受性才有活动，并且在一种由接受性决定的活动中，这两者必须在**可激发性**这一综合概念中被联合起来。②因此，如果不在有机体中设定一种原初的二重性，这是不可想象的。因为有机体本身是可以被激发的，或者可以被再生产的，与外部的挤压相对立，这意味着：有机体是它自己的客体；但它之所以永不停止地是它自己的**客体**，只有通过有机体中原初二重性的持续重建（这阻止了它又陷入绝对的同质性和死亡之中）才是可能的。这个阻止有机活动迷失在产物中的持续重建，就是外部原因的功能，也就是**刺激**。

因此生命的这些**因素**（内在条件）就包含在激发性的概念中，而**生命的原因**则包含在**外部力量**不间断的影响中。

---

① 由此得出，迄今为止对生命现象的建构已经给我们提供了建构疾病现象所需要的因素。——谢林手稿中的注释
② 自为的外部力量并不会产生出生命现象，除非有机体自身具有一种能力，可以被规定为特定功能。——谢林手稿中的注释

至于有机体如何不被外部刺激所摧毁【毁坏】，而是被规定为自身的再生产，这只能设想为是通过一个更高的外部原因的影响，这种原因必须不是来自直接的外部世界，而是来自一个更高的动态秩序，外部世界隶属于这个动态秩序。因此在对生命现象的构建中，我们区分出了**可激发性的第一原因**和**激发**的种种原因。因为后面这些原因（布朗所说的激发性的潜能阶次）之所以产生出激发的现象，必须以可激发性为条件。①

　　因此必须**假设**一种独立于激发性的潜能阶次的可激发性的原因（它也间接地是激发的原因②），于是必须预设可激发性的原初独立性。

　　但是可激发性只在激发中被辨认出来。因此，它**只有在被激发性的潜能阶次所规定时**才能被**辨认**出来，而不是在它的独立状态中被辨认。因此在其独立状态中或者在它独立于激发性潜能阶次时，它是僵死的，是没有**外化**的。

　　但如果可激发性对显现而言只能通过激发性潜能阶次被确定，那么它（尽管原初独立于后者）也只能被激发性的潜能阶次所改

---

① 这段话在手稿中是这样的：
　　如果有机体活动的最终**源泉**可以**直接**受到外部的影响，那就无法设想，有机体如何不被外部刺激所毁，而是被规定为自身的再生产。因此可激发性的原因必须完全不同于激发（布朗所说的激发性的潜能阶次）的原因，必须属于一个比后者更高的动态秩序，这种秩序只能间接地、永远不能直接被影响。——谢林手稿中的注释

② 手稿中这个括号被删去了，句子是这样的：
　　……假设。可激发性是原初独立的，并且位于我们可以直接影响的范围之外。因此我们只能间接地通过外部影响作用于可激发性。但是外部影响只以刺激性的，而非激发性的方式发挥作用。——谢林手稿中的注释

变。①——如果它与刺激的强度成反比，那么它只有通过刺激的减弱被提升②，并且通过刺激的加强而降低。

但是可激发性既包含生命的因素，也包含**疾病**的因素。因此疾病的**根基**必须是可激发性，疾病的**可能性**必须以可激发性的**可变性**为条件。但可激发性只有通过激发性的潜能阶次才是**可变的**。因此疾病的原因可以位于可激发性中，并不是因为可激发性是独立的③，而是因为可激发性与激发性潜能阶次之间的关系。④

（从这个命题中可以直接得出，只有通过**激发的中间环节**才能作用于**可激发性**，可激发性的**源泉**不能被**直接**影响，只能通过**激发**的种种原因的中介。——目前盛行的理论还是将可激发性视为某种**独立的东西**，但却在实践中取消了这种独立性，相信实践可以直接作用于可应激性，这就是他们采取的舒缓的、强化的或其他特殊工具的真正含义。⑤这种理论将可激发性视作某种仍然在我们的医学手

---

① 我们既不能直接增加也不能直接减少可激发性。如果要增减，就只有通过激发的中间环节才可能。——谢林手稿中的注释

② 这种减弱不是直接通过**剥夺**刺激（匮乏）而发生的，而是通过（在真正意义上的）否定性刺激，例如负电。——谢林手稿中的注释

③ 就可激发性是对立的而言，也就是说，就它是可激发性自身的原因而言，它是一个始终保持一致的原因，如果它的作用方式发生变化，那只能是被否定性条件的变化所决定的。——谢林手稿中的注释

④ 疾病的**根基**是可激发性，但它的**源泉**是与激发性潜能阶次的关系。因为可激发性只有通过与激发性潜能阶次的关系才是可变的。因此疾病也只能通过这种关系而产生。——谢林手稿中的注释

⑤ **鸦片**就是一例，只不过是间接舒缓性的（参考上文第83页）。强化性的工具也是如此，例如，**寒冷**。寒冷**本身**怎么能是增强性的呢？它有一种特殊性质吗？难道它不是单纯的否定吗？因此它只能**通过否定**，也就是只能间接地增强其效果。寒冷的相对概念——即使冰点的温度也还是刺激性的（证明：因为在其中生命是可能的）——一位文学报（这里的文学报指的很可能是耶拿文学报，耶拿大学在这一时期掀起了自然哲学的热潮，[转下页]

段范围之内的东西，某种可以被我们的**这个外部世界直接**改变的东西。**但可激发性的原因位于动态范围之外**，我们所能采取的手段在这个范围之内；它必须被设想为不隶属于地球的亲和性，并且不能被地球的任何潜能阶次直接影响。因此可以使用高等物理学的根据来证明这个命题。）

据称，可激发性本身的源泉不能受到任何外部的影响。因此可变的不是可激发性本身的原因，而是激发的原因。但是更进一步的主张是，**仅仅通过改变这类原因【在这些原因可以被改变的情况下】，也能改变可激发性本身**。

证明如下：

无论可激发性的原因是什么，它都必须被设想为一种**独立的**原因，一种为自身所驱动，只为自身提供**条件【只在条件被满足的程度上是活动的】**的原因：这在上文已经得到了证明。但自然中确实存在着这样的独立原因，只在条件被满足或筹备时，为自身所驱动，因为其**活动程度**取决于条件被满足的程度。这样的原因诸如光、电等，

[接上页]很多师生参与了对布朗及其医学理论主张的讨论。——译者按）上对布朗著作的评论者很清楚地看到了，迄今为止的体系存在什么**问题**，他认为布朗的命题是歪曲性的，即所有外部原因都只能**以刺激的方式**作用于我们，因为布朗没有证明没有任何原因是**直接**作用于可激发性的，可以直接增加或减少它。至于布朗是否歪曲了这一命题，还有待讨论，但是我们必须从这样的表述中得出，他至少缺乏完善的证据来证明这一命题。现在那个重要问题的决断显然取决于这个命题，究竟如何才能对有机体发挥作用，是直接还是间接，是否直接增加和减少，或者，可激发性是否像布朗说的那样是某种**就自身而言**不变的东西，并且只能间接地、**通过激发性的潜能阶次**改变。但这个问题再次取决于医学是否能够追溯到其原则，即是否能够被提升为真正的艺术。只要争议的点得到明确，我们就已经胜利了。——谢林手稿中的注释

我们无法影响它们的源泉，但却能够筹备它们的条件。①因此可激发性的原因必须被设想为与光的原因相同，一种对我们而言，只能通过其条件而可变的原因。和光一样，可激发性的原因的本原并不在地球的动态范围内，而是在一个更高的范围中，正如前文已经证明的，它是一个独立的原因。这两个原因的区别仅仅在于，在**这个**宇宙有机体中，那些普遍的原因至少不会被耗尽。相反，可激发性对每个有机个体而言都是特定的，就其存在的每个时刻而言都是特定的。因此它的源泉并非不可耗尽。**因此，在那些**原因显现为活动的**条件**减少，也就是**激发性的潜能阶次被**减少时，**可激发性也必然被减少，**反之，只有当条件，即**刺激**被减少时，可激发性才能被提高。

这就解释了，可激发性本身如何能够通过激发的中间环节被影响，但无须将其视作可以直接被改变的量，或者假设某种可激发性的载体，我们甚至可以赋予这种载体不可辨认的化学亲和性，甚至可以用化学手段来影响它，但再次【不能按照法则，而】只能通过试错式的经验【也就是只能通过盲目的经验根据】来认识这些手段的作用方式。在不损害这个命题的前提下，现在甚至可能的事情是，可激发性的原因本身永远不被认识，因为我们认识的是它的显现**条件**，这可以通过经验和实验的道路来加以研究，并且是我们力所能及的。并且通过这些条件的变化，可激发性本身也被改变了，因此通过作为中间环节的可激发性，生命的最终源泉本身也可以被影响，并不是以一种麻木的或试错的方式，而是按照已知的、确定的法则进行的。

迄今为止我们已经假设可激发性是一个**简单的**概念。在假设

---

① 当我在黑暗的房间里通过摩擦坚硬的物质来产生光，我并没有产生出先前不存在的光，我只是筹备了光得以自行活动的条件。——谢林手稿中的注释

中,它会通过激发的中间环节被改变,即可以通过刺激的提高而下降,通过刺激的下降而提高。但是这样一来就会得出,可激发性始终与刺激处于相反关系中,因此从效应的强度来看,刺激与可激发性本身处于反相关关系中【换言之,**可激发性越高,刺激的强度就越低,反之亦然**】;因为刺激只能通过激发的中间环节来**减少**可激发性,因此,可激发性**越高**,它【刺激】就必须(在**同样的绝对强度上**)激发得越多。① 因此同一个刺激在更高的可激发性上产生的效果会远甚于较低的可激发性,所以刺激的**相对强度**② 与可激发性处于正相关关系中,反过来说,当可激发性降低时,刺激在正相关关系中的相对强度也下降了。③ 但是可激发性只能通过激发性的潜能阶次被规定;它只是刺激从中造就的。因此只有当刺激**被撤走**,它才能

---

① 如果我们假设两个个体的绝对刺激强度为30°,其中A的可激发性=40,B的可激发性=50,那么这个刺激在个体B上的效果会更强烈,因为B的可激发性更高。—— 如果这里涉及的是**相对的**刺激强度,那么事情就会完全不同。——谢林手稿中的注释

② 绝对强度和相对强度之间的区分是非常重要的。我们并不认识绝对强度;如果要确定它,那么它将会和可激发性处于反相关关系中。那种**相对的**,即通过可激发性的程度被规定的强度,必须因此与绝对强度**相反**。刺激的相对强度会随着可激发性的增加而增加,并随着后者的减少而减少。——谢林手稿中的注释

③ 有人【埃申迈耶尔在它的自然形而上学命题中】反对了**布朗**,他用刺激和可激发性来建构生命,按照他的建构,任何偏离中等激发程度的程度都是不可能的【因此也没有任何疾病是可能的】,这是因为只有一个因素下降,另一个因素才能上升,反之亦然。这种被**如此普遍地**表达的最终根据,是完全错误的。因为如果假设可激发性是一种可变的因素,那么这个命题就是错误的,因为按照前文,相对刺激强度的提高与可激发性的提高是**平行的**。(到这里的为止是原文的注释。)但是很显然,可激发性不是一个**就自身而言**可变的因素,反而,因为它只能通过激发性的潜能阶次是可变的,因此后者必须被假设为可变的因素。—— 在这个反驳中毫无疑问存在着某种真相,只不过其根据没有被正确地表达出来。如果这样来表达,假设1)刺激的**相对强度**与可激发性正相关,随着后者的升降而一同升降,假设2)可激发性**自在地**是不可变的,只能通过激发性的潜能阶次被改变,因此后者是生命现象中唯一可变的因素,那么我可以得出结论:可激发性只能通过刺激被改变;只有撤走对它的刺激,可激发性才能被提高。——谢林手稿中的注释

被提高。但是在同一关系中，当对它的刺激被撤走，剩余【刺激】的相对强度就增加了【因为当刺激被撤走，同一关系中的可激发性**提高** —— 并且在可激发性提高时，刺激的相对强度也提高了】，**因此产物仍然是同一个，未被改变**。同样地，除了增加刺激，可激发性无法被降低。**但是在同一关系中【当刺激被消耗或增加时】剩余的刺激的相对强度降低**【因为在同一关系中，刺激一旦被增加，可激发性就降低，而刺激的相对强度在同一关系中随着可激发性下降而下降】，**因此产物再一次未被改变**。①

很显然，可激发性被假设为简单概念，激发的产物中不能设想

---

① **举例**。假设可激发性=40，刺激=40。现在的问题是，可激发性应当如何被改变，例如，如何被提高？按照理论而言，只能通过**减少刺激**。问题是，这是可能的吗？假设：刺激从40被减少到20，那么可激发性也增加了这么多，即可激发性现在=60。但是一个20的刺激作用于60°可激发性的强度，与40的刺激作用于40°可激发性的强度是一样的。因此二者得出产物，即激发，是一样的。其根据是，刺激在**绝对**强度上失去的东西，又在相对强度上赢了回来，因为后者与可激发性是平行发生增减的。—— 这才是证明的真正关键，仅仅从**刺激**和**可激发性**中并不能建构出激发的变化，举例来说，就是不能建构出疾病。—— 现在我们做出相反的假设，可激发性要**下降**20°，这只有通过一种方式是可能的，即我们将刺激提升同样的20°。现在我们就有了可刺激性=20，刺激=60。但是刺激=60作用在20°的可激发性上，其强度与40：40是一样的。刺激的相对**强度**降低了，在同一关系中正如可激发性的降低，换言之，刺激在相对强度上失去的正是它在绝对强度上获得的 —— 因此产物，即激发，始终保持为同一个，因此不会发生任何对激发的中间程度的真正偏离 —— 因此也不可能发生疾病。很显然，我们从迄今为止的前提中并不能解决这一困难，我们与我们的原则一起停滞不前。如果困难是可以解决的，那么前面的论述中一定隐藏着一个错误 —— **或者**某种东西只是被默许了。因为如果这些原则是**真的**，并且它们已经被证明了，那么从中不可能得出错误的结论；因此一定是在推理过程中犯了错。

整个推论基于以下命题：可激发性只能通过刺激的提高被减少，反之亦然。这个命题对可激发性做出了什么样的假设？可激发性被假设为一个**简单的**因素；被假设的是，**整个**可激发性通过刺激的提高而下降。因此在这个关于简单因素的假设中必定存在着错误。——谢林手稿中的注释

任何可变性，但可变性必须存在，因为只有通过这个中间环节的可变性，可激发性本身才是可变的。

因此可激发性不能是简单因素。

如果它【可激发性】被假定为**简单的**，那么可激发性和刺激之间就只能存在比例的失调，但这是不可能的。因为如果不从刺激中拿走一些，就不能从可激发性中拿走什么，而且如果不给予可激发性一些，就不能给予刺激任何东西。因此在可激发性的概念中必然还隐藏着两个因素，这两个因素必然会使**激发**中的比例失调得以可能。必须确定这些因素和它们的关系。

a）我们的整个研究证明了，在可激发性的综合概念中必须统一设想**敏感性**和**应激性**这两个因素。—— 必须再次注意到，**敏感性**无非意味着**有机的接受性**，因为它是有机活动的中介者。而应激性在这里，正如在整本书中，并不意味单纯**能够被刺激**（这当然是这个词的原初含义），而是如旧时的语言用法所允许的那样，意味着**有机活动自身，就其被设想为经过接受性的中介而言**（有机的反应能力）。

b）**这两个因素是彼此对立的。**—— 通过对有机自然中的动态阶序所做的普遍归纳，证明了**一个因素下降，另一个因素就上升**，反之亦然（III.）。

但是适用于总体有机自然的，也适用于有机个体（见上文）。**因此在个体中也可以发生这两个因素之间交替的上升与下降。**

c）但是对有机自然的观察指出，如果要保留一定程度的应激性，**敏感性**不应当**无限下降**。我们看到例如在植物界，只有少数个体还保留敏感性的微弱痕迹，**应激性**也同时随之减弱。

III, 231

因此存在一个特定的界限，下面这条法则只适用于这个界限之内，即应激性上升，敏感性下降。如果这个界限被超越，敏感性降到了一个特定的点以下，那么对立的因素也不再上升，而是与敏感性一同下降。

　　这条法则可以这样来解释。按照全部有机自然学说的第一原理，一切有机活动都通过了接受性的中介。但现在接受性与活动相对立，一方是另一方的否定。因此接受性越高，活动就越低，反之亦然。但是由于所有有机活动本身都不是**绝对的**，而只是以接受性为条件的，**因此必须保留特定程度的接受性，这样才能保留一定程度的活动。在一个特定界限之内**，活动的提高当然伴随着接受性的降低，但在这个界限之下双方就会共同下降。

　　（这就是对立因素之间的神奇关系，有机生命在两者之间保持平衡，但却不被允许走出这个关系；**约翰·布朗**首先对这样的关系做出过猜测，虽然从来没有完整地发展过它。值得注意的是，他的整个思想体系如何通过在经验中对这种关系的观察而获得其独特的方向。"他说，我看到强度和激发的增加在到达一个特定的点之前保持着同样的步调，但最终在一个时刻，它们不再保持统一步调，强度过渡为间接的弱势。"对这种关系的发现是对有机自然最深刻的洞见之一。因为不仅仅是个体，整个有机自然都在那些界限之间摇摆不定。—— 在最高阶段，敏感性具有决定性的优势，但在这个阶段应激性的外化也更容易发生，但是相较于敏感性逐渐减弱的阶段而言能量更少，在这样的阶段，向外的力量展现出优势，例如在强壮的狮子及其同类的强大动物中。有机世界中，接受性越来越向下走，应激性的优势只有在其连续的显现中才得以辨认。最终对现象而言，敏感性彻底消失了，接受性接近于零点，但就是在这里出现了那种虚弱的天性，也就是**植物**，在这里界限已经被跨越，接受性的下降与活动的提高在界限之内保持同样的步调。植物处于一种间接—虚弱的状态中，之所以**虚弱**是因为它们的存在仅与最低程度的应激性相容，之所以**间接**—虚弱是因为它这里的接受性已经低于界线，在界线之上，接受性的下降仍然平行于有机活动的提高。）

在刚刚建立的三个命题中包含了可能建构出可激发性的条件，由此也包含激发，后者是一个**可变量**。

如果**整个**可激发性都通过刺激的增加而减少（按照布朗的说法），那么产物（激发）在可激发性上又输掉了它在刺激上赢得的东西，于是它就会保持一成不变。如果通过刺激的提高只有**敏感性**（接受性）被减少了，那么应激性（或者能量），也就是强壮（die Sthenie）的真正因素（至少在我们已经给出的界线之内）赢得的，正是与之对立的虚弱所失去的。

反过来说，如果**整个**可激发性通过刺激的减少而**被提高**，产物在刺激上丢失的，在可激发性上又增长了回来。如果通过刺激的降低只有**敏感性被提高**了，那么按照有机自然的一般法则，应激性就会相应的下降，换言之，就会产生出**虚弱**。

因此一般而言：可激发性与刺激呈反相关关系这一法则，并不适用于整个可激发性，而只适用于它的一个因素，即敏感性。

通过对可激发性的划分，激发中产生了可变性。**激发的整体产物**（作为整体被看待的激发）**却是不可变的，并且必须如此，这样一来其个别的对立因素才能是不变的**。假设刺激突然从40°增加到60°，那么接受性（=40°）就必须下降20°。但接受性是有机能量的反面，

III, 233

因此当接受性下降20°，能量也必须提高这么多（这样直至每个个体的界线被确定下来）。因此现在就有了接受性=20°，能量或向外的活动=60（因此可激发性**整体**=80）；如果人们称对接受性的作用为**感官**（在上文解释过的意义上），对能量的作用为**应激**，两者合在**一起**就是**激发**，那么就有了感官=20，应激=60，激发的整体=80。因此这里的激发作为**整体产物**是不可变的，而且必须如此，这样个别因素才能升高或降低。因此**部分地设定**激发是必要的；向内的激发（刺激）越多，向外的激发就越少，反之亦然。因此**整体**总是保持自身等同，但在这个整体**之中**却可能发生比例失调。

我们已经将可激发性和激发建构为可变的量，由此也给出了将**疾病**建构为自然现象的所有条件。这个建构可以追溯到下面几个命题。

1）在缺乏外部影响的状态下（如果可以设想这样一个状态），敏感性和应激性是完全不能区分开的。**它们二者在每个影响中分化开来**。但是由于**疾病**作为一种生命现象本身只能或快或慢地由外部影响所带来，**因此这两个因素在每个疾病中都是分开的**。

2）通过每一次外部影响，也就是刺激的增加，敏感性都随之降低，因此在相同的关系中（直至一个特定的界限），应激性，也就是**能量**也必然随之提升。

因此有一种说法是，应激性的量（反应能力）不能按照其外化的**容易**程度来衡量，而是应该按照外化的**强度**来衡量。因为运动的**容易**程度与**敏感性**处于正相关关系中，正如经验的无数例子指出的那样；相反，**强度**（至少在已知的界限之内）始终与敏感性负相关。由于敏感性程度过高，例如儿童很容易因为很微弱的刺激而运动,但也只会无力地运动。有机的活动力量日渐失控,但是运动也会 —— 与下降的敏感性处于同一关系中 —— 变得更有力、更活跃。—— 或者我们也可以考虑一下性别差异,不同民族之间的气候差异,或者最后考虑一下自然中向外的力量增加,这也发生在敏感性的一种特定(相反)关系中。

3)所有疾病的建构原则必须被表述为以下命题:**可激发性的两个因素是彼此对立的,因此在一个特定的界限之内**,对每个有机个体而言都有一个特定的界限,并且必须通过经验来进行研究,当**应激性或能量提高,敏感性或接受性就下降,反之亦然,所有疾病都以可激发性的两个因素之间交替的提高和下降为条件**。

按照**布朗**的说法,疾病以刺激和可激发性之间比例的失调为条件(但事实证明,这是不可想象的)—— 按照我们的观点,则是以**可激发性自身的因素之间的比例失调**为条件,失调是通过刺激的持续或偶发作用产生的。按照**布朗**的说法,刺激本身就是疾病的因素,但按我们的说法刺激仅仅是**原因**。

4)只有可激发性的两个因素被设定为运动的,并且处于相反关系中,有机体中才会有比例失调的可能性 —— 这指出了以下可能性,当**接受性**或虚弱的因素下降时,**能量**或者**强壮**的因素如何被提高,反之亦然。但是这样还没有解释,**疾病的一个因素的提高如何导致另一个因素的下降**。假设**布朗**真的建构了虚弱和强壮,虚弱和强壮难道就是**疾病**吗?始终还有一个问题,这二者如何成为**疾病**。

只有当有机体作为**客体**被改变时,**疾病**才会存在。只要有机体没有作为客体对**另一个**有机体显现,它就不是**患病**的。因此问题就是:可激发性因素的比例失调如何在作为**客体**的有机体中引发变化。

作为客体的有机体只位于可激发性因素的特定比例中，因为有机体的整个循环通过接受性和活动被封闭了起来。因为就结构而言，有机自然本身的多样性取决于较高的生命因素的提高和下降，因此就可以理解，按照同样的机制，整个有机体以及个体的结构本身如何能够被改变。**每个有机体为了自身的存在**（无非是持续地被再生产出来）**都需要特定程度的接受性，以及与其处于相反关系中的能量程度。**显然这里必须添加一定的**开放度**，其中两个因素的交织不会导致有机体客体的变化。一旦其中一个因素的程度越过了界限，它就不再能与整个*产物*的存在相容了，**这种与整个产物的不相容就是被感受为*疾病*的东西。**

5) **疾病必须被分为两种，一种是敏感性**（接受性）**被提高的疾病和应激性**（作用能力）**被降低的疾病，另一种是敏感性被降低和应激性被提高的疾病。**第三类疾病是应激性的提高不再平行于敏感性的下降，也就是间接的反应能力弱化的疾病。因为全部有机功能都下属于敏感性，并且疾病只有通过来自生命最终源泉本身的（间接的）影响才是可能的，因此，**所有疾病的根基都是敏感性**（这是在这个词通常确定的意义上，因为它意味的无非是全部有机活动的中介者）。

但是因为敏感性完全不能直接地，只能间接地在其产物（应激性的外化）中被认识，并且敏感性的下降只有在应激性的提高中被认识，反之亦然，**因此疾病在其显现的最初阶段都是应激性的疾病。**

但是所有**再生产现象**都取决于生命和疾病的更高因素。**因此同一关系中的变化必须持续延伸直至再生产力。**只有当疾病从敏感性的原初根基,经过应激性,延伸到再生产力,它才呈现出一种**看似特殊**的特性,并且——疾病形式的所有多样性都**来源**于两个原初的基本疾病。应激性在经过了有机体的所有系统后不再是**同一个**应激性(就**程度**而言,它们的同一性仅仅意味着,它们只能被**均匀地**提高或下降)。但是应激性在它按程度下降的关系中,过渡为再生产力(例如分泌的力)(参考第260页),因此,在对刺激性没有任何**具体**影响(**神经病理学家**梦寐以求的)的情况下,即使仅仅是刺激性的**逐渐**变化,也会产生诸如再生产和分泌现象的改变等。

实践中的医生是常见的糊涂蛋,他们只在最底层的现象中看到疾病,例如在腐败的体液中(**体液病理学**),但这本身已经预设了疾病。①

6)必须建立以下命题作为**全部医学的原则**,要对再生产力发挥作用必须凭借更高的因素,但对敏感性(最终的生命源泉)发挥作用只需要通过应激性的中间环节,**因此应激性是能够作用于有机体所凭借的唯一的中介环节**,因此所有外部力量都必须作用于它。但是**如何**能够通过应激性作用于所有运动的终极源泉,这只能通过应激性与敏感性所处的相反关系来把握。

但是应激性过程的条件是已知的,并且可以用经验的方法来加以研究(尽管它本身不是化学性的,但它的条件与化学过程的条件是同一的,正如与电过程的条件是同一的);因此如果我们假设这一基本命题:只能通过激发的中间环节作用于生命源泉,那么可以预

---

① 在每一次感染中(这个概念只对有机的自然产物而言有意义)都会发生比普通的体液病理学所预想的更高的东西。产物是同质的,因此构形本能的影响与更高的进程是一样的。——谢林原注

期的是，一旦关于激发的理论回到物理学的基本命题，医学也会回到坚实的原则，而医学的实践会回到正确无误的规则中。

一般性说明

疾病的概念和生命的概念一样，都必然驱使我们假设一个物理的原因，它在有机体之外，包含了有机体的可激发性的根据，并且通过可激发性间接地包含了发生在有机体中的变化。我们如何能够相信，有机体在自身之中具有其生命和延续的充足理由呢？因为我们看到它的所有变化，尤其是病态的变化，都依赖于一个在外部均匀地发挥作用，并且只能通过其条件被改变的力量，这个力量必须持续不断地作用于有机物体最初的生命源泉①，它似乎维持着一般自然的生命（正如生命通过普遍的变化所呈现出来的那样），正如它维持着每一个有机的、个体性生命一样。

现在让我们回顾前文，在普遍自然中，究竟哪些力量被建立为与有机力量相对应，我们会发现这些力量按照普遍的共识必须被视为自然变化的原因。力量与生命现象的关联被有些自然学者所假定，而有些自然学者则明确主张这种关联。

但是所有这些主张以及建立于其上的、关于生命的物理性原因的理论（这些理论的创作者根本上比那些将生命设定在可激发性上的人看得更远，那些人认为，进一步解释可激发性是不可能或不必要的）表达出，除了还没有人真的用这些理论建构出生命之外，这些

---

① 谢费尔论敏感性作为有机自然中的生命本原。——谢林原注

理论还有一个缺陷,它们缺乏所有理论的主要特征,即内在必然性。要弥补这一缺陷,就必须从一般自然的可能性出发证明,自然中必然存在那些原因,从一般有机体的可能性出发证明,有机体中必然存在让那些原因发挥作用的条件,我相信我们在前面的工作中已经全部做到了。因为我们不仅证明了,那些原因得以活动的条件**必然**存在于有机体中,凭借的是有机体之所以是有机体所具有的本质和本性,而且我们还建立了那些原因本身的定在,它们在一般自然中的持续作用取决于宇宙的定在,并且 —— 这样一来,即使是最不起眼的植物,其有机体和生命也通过其终极原因与自然本身的永恒秩序联系在了一起。

第四章
化学过程的普遍理论

有机体的最高功能（敏感性）驱使我们追问普遍异质性的最初起源（上文第220页）。并且，有机世界中的**构形本能**，在无机世界中就是**化学过程**。

但**化学**过程的条件也是一种**普遍的异质性**，因此它与再生产力拥有同样的条件。因此对那个问题的解答可以是一个关于化学过程的理论，反过来看，一个关于化学过程的理论也可以被视作对那个问题的解答。

化学过程的普遍理论

A.
化学过程的概念

§.1.

我们在前文中认识到，有一些原因在应激性和再生产力中起作用。它们的特点在于，以二重性为条件显现为活动的。但是一个以二重性为活动条件的原因，只能是一种向嵌套发展的原因，因为如果没有两个个别物体过渡为一个同一的主体，这个原因是不可设想的。因此那些原因的倾向是嵌套，由于嵌套只存在于化学过程中，它们必须是**一切化学过程的原因**。

§.2.

因此在有机自然和无机自然之间存在一种同样的阶梯，正如在有机自然中也存在着较高的力量和较低的力量。在有机自然中是应激性的东西，已经在无机自然中迷失于电之中，而无机自然中是再生产力的东西，则已经迷失于化学过程中。

§.3.

化学过程的原因倾向于取消一切二元性。因此在化学过程中必然存在绝对的嵌套，换言之，两个异质的物体必须过渡为同一个空间充实。①但如果一个物体只通过另一个物体展开，这种同一的空间充实就不会产生，因为这样的展开总是会留下两个物体，只有当每个物体的个体性被绝对取消，只有一个新的物体作为共同产物被构造出来时，才会发生那样的空间充实。

§.4.

嵌套完全不可能以**机械性**的形式发生，就像原子论者设想的解决方案所呈现的那样。按照他们的概念，嵌套始终只是部分的，换言之，嵌套只延伸到固体物最小的部分，这些固体物分布在溶剂中，彼此无限接近。这个理论的基础是，将物质的概念视为各部分的单纯集合，而任何物理的力都无法战胜它们的关联。（否则溶剂的

---

① 化学分离始终只是化学结合的共存者。——谢林原注

力量怎么会有界限呢？）——不考虑这一点，也不考虑机械论解决方案导向的那种非自然的观点，这样一种机械的嵌套根本不能称为嵌套，因为它只涉及**表面**，如果要更进一步，它就不能再被设想为机械的。

§.5.

毋宁说，由于物质的不可入性只能被设想为扩张和收缩的静止状态，因此任何可入性都不能仅仅被设想为那种交替的重建（即物质的扩张力和收缩力的平衡被打破）。因为如果两个物质不成为**一个**物质，它们就不能穿透彼此，因此，每个个别物质都必须不再是**物质**，不再是一种均匀的空间充实，物质必须被重置为原初**变化**的状态。

§.6.

但是假设化学过程只存在于异质的物体绝对过渡为彼此的情况之中，就会产生一个问题，这种绝对的彼此过渡如何能够在数学上被建构出来。——不过这个问题属于自然哲学的**形式**部分或者经典力学，答案可以在那里找到。

§.7.

从这个化学过程的概念中可以得出以下结论，由于化学过程中发生了完美的穿透，因此化学过程的原因不再是一个下属于化学过程本身（至少是地球的化学过程）的原因，并且由于同一范围中的个体物必然机械地外在于彼此，因此必须有一个来自更高范围的原因，使得较低范围的物质不再是以往那样不可入的，而是可以穿透的。①

---

① 巴德尔论毕达哥拉斯方阵，或自然中的四个世界方位，1798年。——后面会进一步讨论这本著作。——谢林原注

B.
化学过程的物质性条件

§.8.

从已经推演出的基本原理中得出的第一个结论是，化学过程只在**异质的**物体（因为有异质性的地方才有二重性）之间才是可能的，如果两个**同质的**物体之间存在嵌套，这样的嵌套不可能是化学性的。一个关于化学过程的理论的首要任务是，在自然中推演出异质性，异质性是化学过程的条件。

§.9.

首先很明显的事情是，每个异质性都必然是确定的，但这个概念只是一个单纯的关系概念，必须给出将所有质关联起来的固定点，因此化学过程必然是一个受限的过程，也就是说，必然有一个不可跨越的界限。因为如果化学过程没有一个限制住它的界限，它也不会有得以开端的点。但是只有当化学过程可以在任何地方开端时，**特定的**化学产物才是可能的。如果它不在任何一处开始，也不在任何一处停止，就会发生所有质的普遍融合，换言之，没有任何特定的质会出现在自然中。

§.10.

我们关于世界构形的理论首先解释了，化学进程如何成为一个受限的进程，因为按照我们的理论，万有引力系统中的有机体同时也是宇宙的一个动态（因此也是化学的）有机体，通过普遍重力确定了普遍演化的一个特定界限。

§.11.

但是个别天体(例如地球)的化学过程是如何被限制的,必须通过解释地球的所有演化都在其中停止的那个阻碍点来说明。

§.12.

由于受阻仅仅是某种否定性的东西,因此这些阻碍点必须有可能得到纯粹否定性的呈现。这些阻碍点可以被描述为,它们的成分不会受制于这个特定范围内的任何化学潜能阶次,也就是说,它们可以被描述为不可分解的东西。只不过按照前文的论述(第37页),自然中不可分解的东西只有在以下情况中是可能的,即它们同时也是最可以组合的东西,否则物质就会迷失在极端中。但是对于最可以组合的东西,我们只知道它们不能独立地呈现自身,只能在与他者的结合之中呈现自身。因此那种否定性东西的真正概念就是**不可呈现性**的概念,这恰恰正是**质素**的概念。

§.13.

不能在质素的概念中设想一种**简单物**的概念。对化学而言,质素就是物质,只不过质素是一种在很大程度上可组合的,也正因如此不能独立地被呈现的物质。—— 这同时也表明了,简单物的概念在自然中完全是一个伪概念。由于一个机械的简单物(正如机械物理学家所说的单子)是不可设想的,因此只能设想一个动态的简单物,它不再是产物,而只是**生产性的**。上文(第22页)通过简单活动描述了这种动态的简单物,并且由于自然中有一个无限的产物在自身演化,因此当演化真的被设想为完成状态时,自然的元素只能被设想为简单活动的无限多样性。但是自然并不会**达到**绝对演化,因此这个假设是**错误的**,从中也可以推出,自然中不存在简单的东西,因为一切都是无限的**产物**，也不是动态的简单物或纯粹的**生产性东西**。自然中的原初阻碍点并不是通过简单活动，而是通过真实的产物来标志的，它们（至少在自然的这个位置）不能再进一步演化，而简单活动只是物质的观念性因素。

§.14.

质素的概念被理解为**最可以组合的东西**（§.12.）。但是每个组合都要求**两个因素**。因此在自然中必须存在**一种与之对立的可组合的东西**。问题在于这是如何可能的？

§.15.

绝对可组合的东西（正因如此，它同时是**不可分解的**）应当为地球的进程划定界限。地球必须在相反方向上被限制。

§.16.

我们暂时只能设想一种界限，也就是地球演化的界限。这是对地球的质的规定性的绝对阻碍。这个**阻碍**是唯一真正不可分割的，在化学上是不可逾越的。使这个界限上的个别物质不可分解的并不是它们的**简单性**，而是地球的**否定性原则**，这是所有物质共同分有的。如果遵循这个原初概念的发现者，它可以被称为**燃素**（地球的原则，因为地球只是不可分割物的象征，它首先是不可分割物）。

§.17.

因为这种否定性东西作为质的**规定者**，也必须被视为物体的**化学活动**的原因，因此当这个否定性原则占据优势时，纯粹不可分解的东西就出现了（比如在金属中）。

但是因为不可分解的东西只能作为不可分解的东西存在于自然

中，因此必须有一个与之对立的本原对自然发挥作用。由于它的**形态**被那个否定性本原固定了下来，因此它会将自己呈现为一种与形态相敌对的（正因如此，在与地球的否定性力量的冲突中有利于**构形**的）本原（热）。但这个本原会是一个通过异在的（肯定性的）影响（光）被唤醒的本原。

注释：前面的讨论解释了，为什么这个肯定性本原最强烈地作用于那些部分，即地球的否定性本原占据最大优势的部分。为什么热容量最小的东西，例如金属，它的热容量随着氧化程度的增加而增加？为什么这类物体的聚合力最终通过化学过程被摧毁了，并且在其绝对重量增加的同时，其相对重量却减少了。以及，一个物体的化学功能反而通过聚合的增加被改变了（例如，为什么冰变成了带**正电**的，而且光在冰中的折射比水**弱**等）。

§.18.

但是依据上文提出的根据（§.14.），这种不可分解物与另一种不可分解物（或者说，可组合物）是对立的。这种不可分解物究竟是什么，我们会在接下来的考察中进一步明确。

§.19.

如果那个化学的产物是从异质的因素中产生的**共同产物**，那么这个产物的因素必须就产物而言是**对立的**。但地球的所有物质实际上都是一个更高产物的因素**之一**，按照前文提出的推论，这个更高的产物是普遍世界构形的必然后果。因为如果宇宙通过对一个原初产物的无限分解不断构造出新的因素，那么每个**个别**因素都只等同于那一个，所有属于它的东西（比如地球上的所有物质）都必须是彼此**同质的**。但化学过程的条件是**异质性**。—— 因此如果地球上的所有物质都等同于一个物质（它们的差别只是种类上的差别），那么它们之间就不可能有实在的对立，也不可能有化学过程。

§.20.

如果化学过程是可能的，那么它的因素之一必须是与地球上的**所有**物质共同对立的物质，并且相对于它而言，地球上的所有物质都只相当于**一个**因素。如果只有这个与地球上**所有**物质相对立的因素，才能使所有化学过程得以可能，那么地球的物质之间发生化学过程的唯一可能性就是，只有一个因素经过了那个持续存在的因素的中介，换言之，地球的亲和范围中的任意物体都是那个本原的**代表物**。

§.21.

因此那个本原必须是一切化学亲和力和一切化学过程的中间环节，因此也是所有质的规定性的观念性连接点。

§.22.

因为那个因素与地球上所有的物质共同对立，因此尽管它间接或直接地参与了地球的每个动态进程，但它因此不能再是地球的亲和性范围的产物，它必须是更高的亲和性范围的产物，换言之，它必须是**太阳**的产物，因此**太阳**（或者说是地球与太阳的关系）是地球上所有化学进程的最终原因。

§.23.

这就说明，由于这个本原不是地球的产物，而且不可**还原**为任何地球的物质，因此它是绝对**不可分割的**，因此必须同时是绝对**可组合的**。

§.24.

从前文提出的关于太阳的化学性影响的命题来看，已经认识到地球的**哪种**物质是这个本原。这样一种本原的必然存在，作为所有化学进程的条件在这里被先天地推演出来，而且它在经验中呈现为我们在化学中称为**氧**的东西。但是在动态过程中，这个本原的**功能**是什么，这会在下文中被说明。

§.25.

在地球的动态过程中，它要么是间接规定者，要么是直接规定者。在一种情况下，一定会出现一个物体凭借与它的关系成为它的**代表物**；上文已经推出了，这种情况会发生在**电**的过程中。在另一种情况下，氧会**介入**过程本身，要么间接地通过一个与氧融为一体的物体，要么直接介入。在后一种情况下，由于氧只是将地球和太阳这两个对立的亲和性范围分开的中间环节，因此一旦中间环节消失，氧在与地球的对立中所代表的那个更高的亲和范围本身，就必然会（作为太阳）出现在它的现象中，也就是出现在光中，换言之，必然会发生一个**燃烧过程**。—— 只有一种方式能够让我们把握，一个地球物体如何能够成为光自身的源泉（就像太阳一样），那就是通过取消或开启一个中间环节，将两个亲和性范围分开。

§.26.

因此氧是电过程的原因，因为电只有在对立的亲和范围被分开的条件下才是可能的，而**氧**只是那个使它们分开的东西。它是燃烧过程的条件，因为后者预设了双方向彼此过渡。但是没有分化就没有过渡。这两个过程都以同一个对立为根据，只不过这个对立在分化过程中是经过中介的，在过渡过程中是未经过中介的。

§.27.

然而，由于氧在与地球的对立中仅仅代表着更高的亲和性范围，因此在根本的层面上，氧在燃烧过程中的功能和**肯定性**物体在电过程中的功能是同一个。因为这个物体只是氧的代表物，正如氧只是更高亲和力的代表物（地球对太阳的亲和力）。而且，正如电过程中的规定者只有氧，燃烧过程中的规定者也只有属于太阳的更高的亲和力。

§.28.

由于这个更高的亲和力在燃烧过程中显露为光，正如它在电的过程中（在它能够过渡为燃烧过程之前）必须先作为氧而出现一样，因此可以说，氧本身也只是一个更高的本原的代表物，即**光**的代表物。

§.29.

氧和地球上所有的物质共同对立，换言之，所有物质都与它一起燃烧，但它不与任何其他物质一起被燃烧。这只在一种情况下是可能的，在地球的亲和范围之内没有更高的东西可以点燃氧。**绝对**不可燃的物质相对于一个更高的体系而言，要么是被点燃的，要么是下属体系的高度可燃物。因此地球的所有物质都与氧结合而燃烧，间接地通过氧化与更高的本原相结合。

§.30.

这样一来，燃烧过程促使我们走向一个回到无限的异质性；那么最终在宇宙中，什么才是绝对不可燃的，一切都被它点燃，没有任何东西能够点燃它？—— 不难看出，这个链条通过持续的中介回到无限性中，并且由于所有化学过程都可以还原为燃烧过程，每个化学过程都以宇宙的终极因素为条件,这些因素的相互过渡会带来绝对的同质性。

磁性和敏感性

这样看来,化学现象和有机现象一样,都促使我们追问一切二重性的终极起源。①化学过程的因素之一总是位于个别产物之外(例如地球),它位于另一个更高的产物之中;但是对这个更高范围的化学过程而言,它的因素之一,也就是那个不可变的因素又在一个更高的秩序中,如此以至于无穷。②

因此有**一个**普遍的二元性遍及整个自然,而我们在宇宙中看到的个别对立只是这一原初对立的后裔,宇宙本身就位于这个原初对立之间。③

但是,究竟是什么从自然的普遍同一性中唤起了那个对立?因为如果将自然设想为绝对总体,那么就没有什么能够与之对立,因为一切都在它的范围内,在它之外什么都没有。这个(从外)不受限

---

① 有机产物中可以区分出来的三个阶段,在普遍自然,比如无机自然中也必须能够区分出来——因此将会得出一种**普遍的**动态阶序。这个阶序现在应当被建立起来。

我们从普遍自然和无机自然中与敏感性相对应的东西出发。

敏感性对我们而言无非是**有机的二重性**,即建构产物的首要条件。正如敏感性是一切有机活动的源泉,二重性**一般而言**是自然中所有活动的源泉。——例如,化学现象以一种回归无限的对立为基础,正如关于化学过程的理论所证明的那样。——谢林手稿中的注释

② 同一个对立,既决定了化学的自然现象,也决定了电的自然现象。更进一步来看,重力的现象至少以某种机械的东西为前提,而后者又以一个更高的对立为前提。——谢林手稿中的注释

③ 假如这个对立的两个极端可以彼此过渡,那么所有动态现象都会消失,自然会陷入普遍的无为(Unthätigkeit)中。——谢林手稿中的注释

的东西，不可能为了直观转变为一个有限的东西，唯一可能的是它成为**它自己的客体**，换言之，在它的无限性中成为有限的【转而对抗自身——被二分】。

必须假设这种对立是来源于普遍同一性的。这样一来，我们发现自己【因此】被驱往一个原因，它不再**预设**异质性【二重性】，而是自行**产生出**二重性。

但**产生出**二重性意味着：在同一性中创造二重性。但二重性也只有在同一性中能够被辨认。因此同一性必须从二重性中再次生产出自身。①

但只有异质性东西相互吸引时，才会有二分之中的统一性，只有当同质性东西相互排斥时，统一性中才会有二分。双方必然共存，只有当异质的东西寻求自身时，同质的东西才会逃离自身，并且只有当同质的东西逃离自身时，异质的东西才会寻求自身。但我们最初是在**磁性**的现象中看到，异质的东西从同质的东西中产生，同质的东西则从异质的东西中产生。因此**普遍磁性的原因**也是**同质性中的普遍异质性和异质性中的同质性**的原因。②

---

① 如果对立中没有再产生同一性，再产生交互的关系，对立也就无法**作为**对立延续下去。因此没有同一性的地方就没有二重性。——谢林手稿中的注释
② 当我们知道了，**磁性**的原因就是同一性中的普遍二重性的原因，我们就会认识到，不能**进一步认识原因本身**（这是不可能的，因为它是所有客观东西的条件，因此回到了自然的最深处），但是我们还是可以证明它在自然中是**起作用的**，我们可以证明自然在那些阶段上**自行区分开来**。

  我想再重复一次对这个命题的证明。这个命题是这样的："仅仅在磁性的现象中，我们也能在**最初起源**那里区分出普遍二重性。"

  那个证明可以归结为以下几个主要命题：

  1）自然是绝对的自身同一性——绝对与自身相同——而且在这个同一性中再次与自身对立，成为自己的客体。——因此对自然的普遍表述是：二重性中的同一性（转下页）

由于异质性是活动和运动的源泉,因此普遍磁性的原因也是自然中一切活动的最终原因,因此**原初**的磁性对普遍自然而言,就相当于敏感性对有机自然而言——**动态的**活动源泉;因为在机械论的领域中,人们看到的是活动从活动中产生出来。但是**一切**运动的最初**源泉**究竟是什么呢?它不可能**又**是一个运动。它必须与运动相对立。运动必须是从静止中喷涌而出的。正如在化学过程中,并不是运动着的物体在推动静止或运动的物体,而是静止的物体在推动静止的物体。有机体中也是如此,并非运动直接又产生出运动,而是每个运动都经过了**静止**的中介(通过敏感性)。①

如果对比上文(第30页)提出的在普遍自然中与敏感性对应之物的特征,就会发现下述一致性。

a)正如敏感性位于有机自然现象的界限,磁性也位于普遍自然现象的界限。也就是说,每个人都会承认,不能从任何自然现象中推演出磁性。因为人们唯一可以尝试从中推演出磁性的现象就是电的

(接上页)和同一性中的二重性。

2)自然中的所有对立都还原为**一个**原初的对立。如果这个对立中不再有**统一**,那么自然就不是在自身之中持存的整体了。反过来,如果在这个**统一**中不再有二重性,自然就会是绝对的静止、绝对的无为。——因此自然中既不能设想没有二分的统一,也不能设想没有统一的二分。一方必须持续从另一方中产生出来。

3)如果异质的东西不寻求自身,同质的东西不逃离自身,我们如何能够设想从统一中产生的二分,以及从二分中产生的统一呢?因此这是统治整个自然的法则,在这种**内在的矛盾**中存在着一切活动的根据。

4)但这个内在的矛盾不能原初地被辨认出来,只能在**磁性的现象**中被辨认;我们只在这个现象中区分出普遍二重性的**最初**起源。——谢林手稿中的注释

① 正如敏感性是有机活动的源泉,磁性则是**普遍**活动的源泉。因此那个在普遍和无机自然中与敏感性相对应的东西,就是磁性。——但人们还能通过另一条路径获得同样的结果。——谢林手稿中的注释

现象，但是除了分布效应之外，电与磁没有任何共同之处，磁恰恰是电过程中那个更高的因素 —— 除此之外，**虽然我们可以对每个磁现象提出一个电现象，但不能对每个电现象提出一个磁现象**。也就是说，尽管每个磁性物体都是带电的，但并不是每个带电物体都具有磁性，这证明了，磁性在**延展性**上是一种非常受限的力量，正因如此，磁不下属于电，电也不下属于磁。

b）在磁性中，无论普遍物质还是具体的个别物质（它们似乎是从普遍物质中出现的），二重性中有原初的同一性，反之亦然（这是整个自然的特征）。这是显而易见的，无须更进一步的证明。①

就它们的原因而言预设了**敏感性**和**磁性**的这种同一，**因此磁性正如敏感性一样必须是一切有机力量的规定者，一切动态力量的规定者。**

为了让这个命题完全是明证的，只需要证明，在普遍自然中不仅存在与有机体自然相同的层级（因为这已经是确定的），而且这种层级在普遍自然和有机自然中遵循相同的**比例**和**法则**。

对有机自然中力量的层级，我们可以发现（前文第三章）下述的比例。

在有机世界中，自然最慷慨的馈赠是再生产力。相对拮据，但仍然相当丰富的馈赠是应激性，而最为吝啬的馈赠是最高的敏感性。

但在无机世界中，有什么比**磁**更为稀缺呢？我们还在少数物质

---

① 我们在磁性中看到只存在于整个**非有机的**自然中的东西，它构成了整个自然的特征，即二重性中的同一性和同一性中的二重性（换一种说法的话就是对极性的表达）。可以这么说，每块磁铁都是整个自然的象征。——谢林手稿中的注释

上知觉到磁力。①高度**带电**物体的数量已经增加了非常多,不存在绝对不带电的物体,正如没有绝对不应激的有机体。然而所有物体都具有化学属性(也许在某种尚未被发现的、与电相反的关系中)。

更进一步来看,每个磁体也同时是带电的和化学性的,就像没有任何有机体在部分地是敏感性的同时,缺乏应激性或再生产力。但并不是每个带电的物体都是磁性的,就像不是每个具有应激性痕迹的有机体,也都具有敏感性一样。

但再生产力也是应激性,应激性也是敏感性【就像我们已经明确表述的那样】。例如在植物中,只**对显现而言**,再生产力中已经失去了动物的应激性,而在高等动物中还能区分出来敏感性,在较低的动物中,**对显现而言**已经只有应激性了。同样,在电过程中还是电的东西,在化学物体中**对显现而言**已经迷失在化学过程中了;而在磁的现象中还是磁性的东西,在电现象中已经迷失在电的过程里了。但磁在普遍自然中是如此普遍,正如敏感性在有机自然中也十分普遍,这同样适用于植物。磁在个别物质中**被取消**,只是**对显现而言**;在非磁性的物质中,它(在摩擦中)直接消失于电中,但在磁性物质那里它还是可以作为磁性被区分出来的②,正如感官在植物那里直接消失于收缩之中,但在动物那里还是可以作为感官被区分出来。

---

① 虽然远比我们认为的要多。很多晶体,例如厄尔巴岛上的铁和磁性晶体,也显示出极性的现象。——谢林手稿中的注释

② 值得注意的是,对化学过程或电有利的东西,会削弱磁力,例如热。但被氧化的铁不再被磁铁吸引并不是真的。【然而,铁的 —— 被动 —— 吸引力会随着铁的氧化而成比例地减弱;盖勒在第94页说的就是这件事:"完全纯净的铁矿石不会再被吸引。"】即使只是表面氧化(生锈)的磁铁也会失去磁力。—— 电火花可能会剥夺它的磁力(但是否会颠倒磁的极性还不确定)。——谢林原注

因此缺乏的只是在所谓的非磁性物质中辨认出磁性①,并且阻止那种在更高的阶段显现为磁的东西消失在电或化学过程中的**手段**。

如果进一步考察那个阶序的**机制**,比如它对有机自然而言是如何被规定的,我们就会得到以下结论:

逐渐从一个功能消失在另一个功能中的是同一个原因。敏感性过渡为应激性,但如果双方不具有至少**一个**共同的因素,这种过渡就是不可能的。但事情难道不是这样吗?——显现中的敏感性器官和应激性器官共同具有神经系统。当敏感性的高等因素(大脑)逐渐消失,低等因素逐渐占据优势,敏感性就开始迷失在应激性中(于是就有了**泽默林**的法则,敏感性遵循与大脑神经相反的关系)。

但这样看来,应激性和再生产也必须至少具有一个共同因素,否则一方如何过渡为另一方呢?而事情确实如此。应激性的因素之一,即扩张和收缩的交替,也是再生产力的条件,并且正是在应激性过渡为再生产力之处,人们看到应激性的一个因素,也就是那个高等因素,消失了。——按照普遍法则,个别部分的再生产力与其对神经的依赖程度是反相关的。因此,如果应激性要成为再生产力,它的高等因素必须消失,而应激性中剩余的低等因素(例如细胞组织的收缩性)反而会成为再生产力。

因此,关于这个阶序,我们可以建立一条普遍法则:**较高的功能迷失在下属的功能中,因为高等因素消失了,而低等因素则在下属**

---

① 虽然只有少数人需要,但我们要让他们回忆起,这里谈的不是那种具体的(个别可辨认的)磁性,而是原初的磁性,具体的磁性仅仅通过无限多的中间环节与原初的磁性联系在一起。——谢林原注

的力中成了高等因素。

这条法则也适用于普遍自然中的动态阶序，那么磁性就是异质性的**生产者**，它通过分布来发挥作用（或许大脑就是这样），并且在应激性现象中的那个收缩与扩张的交替，在电的现象中就是吸引和排斥的交替。吸引是凭借电这一更高等因素而发生的（这个因素通过分布来发挥作用），而排斥则凭借低等因素发生，也就是同质电的交流。（谁又知道，凭借大脑是否会产生类似的连续分布，并且同质电的交流是否会通过神经产生出器官的收缩和扩张现象？）**但扩张和收缩的那种交替恰恰也是一切化学过程的可能性条件**。因为只有凭借扩张力和收缩力的交替，两个不同的物体才能过渡为一个同一的空间充实。但假设那个高等因素（延展和收缩的**交替**）消失了，运动就会停滞在收缩（构成**固体物**、晶体化等）或扩张（构成**液体物**）中，而剩下的残渣就是一种均匀的空间充实＝僵死的物质。

我们在物体的化学运动中瞥见的是有机力量的最后一搏，同一个力量在最复杂的动物身体中引发的收缩，正如化学的收缩。

现在，如果普遍的类比具有任何证明力，那么对于普遍自然而言，必须赋予磁性和敏感性的未知原因对普遍自然而言一样的功能。所有二元性都是通过磁性才来到自然中的。但现在，普遍二元性像回到最狭窄的范围内一样退回到有机体中（因此具有强大而集中的效应），因此所有二元性的最终原因对有机体而言，和对普遍自然而言是一样的。

由于普遍有机体在世界体系中只显现出极为扩张的状态，因此磁性【仿佛】是内在于宇宙之中的，这就导致【例如】每个效应像在个别有机体中一样，从部分延伸到整体。宇宙在普遍交替作用中不断受到的影响消失在（尽管天体向某个中心点不断下落，可能是一种通过普遍敏感性中介的运动）运动中，运动只能在做出反应的物质中被辨认出来。——但是，为什么磁针对每个显著的自然变化，在两极闪烁的电光，或者北半球的一次火山爆发，都如此敏感呢？——在一个巨大的动态有机体中，当一个环节受到干扰时，整体都会做出**反应**；据**利希滕贝格**所言，现在在太阳上升起的一次光暴现象，可以在八分钟内袭击我们；但是所谓的点燃火源难道不就是一次来自太阳光暴现象的袭击吗？——

到现在为止确定无疑的是，磁性对普遍自然的功能，正如敏感性对有机自然的功能一样。至于磁性是普遍异质性的原因，因此是所有以异质性为条件的活动的规定者，这已经得到了证明，但并没有说明磁**如何**是这样的。这一点必须得到说明。

我们已经了解，一种原初的对立是如何通过磁性出现在自然之中的。但问题是：**自然中的所有个别对立是如何从这个原初的对立发展而来的？**

我们的主张实际上是这样的——这里应当先天地推演出，**从磁的极性出发，通过电的现象，最终迷失在化学异质性中的是同一个普遍二元性，并且它最终重新出现在有机自然中**，这在别处[①]是通过嵌套来证明的。——因此问题在于：那个对立**如何**扩散为如此多样化的对立。

当磁性将最初的对立带入自然之中，宇宙中由此埋下了无限演化的萌芽，无限分解为新的产物的萌芽。假设这个上文预设过的演化

---

① 《论世界灵魂》。——谢林原注

是完整的，或者也是不断发生着的，那么那个原初的对立也因此被设定为持续前进的，在对立中分化开来的因素被设定为无限分化，并且自身重新不断分化的。这样一个并不预设**异质性**，而是产生异质性的原因，应当如何在自然中辨认出它的持续效应呢？我们只有一种方法来认识异质性的**产生**，那就是所谓的**分布**。因此，如果宇宙是进行演化的，异质性的原因就会从一个产物蔓延到另一个产物上，这种**分布**会维持住普遍的异质性。这种相互影响的分布不仅是每个体系中的层级的条件，而且是动态过程的普遍规定者。

III, 259

对立的力量被这种分布效应唤醒了。由于对立的力量维持着平衡，因此就产生了一种无差别状态，地球上的所有物质在受到（特殊）磁性的影响，或被卷入电或化学冲突之前，实际上都处于这种无差别的状态。这个无差别的状态会显现为一种同质性的状态。但这样一种同质的状态也存在于每个动态范围中，就这些范围的质而言（因为，正如地球上的物质那样，每一个其他范围内的物质也必须被设定为彼此同质的）。但这种同质状态并不是**绝对**同质性的状态，它只是一种无差别的状态。但是，外部的持续影响通过分布（因为分布维持了质的无差别状态）让取消无差别状态得以可能，也就是让动态过程，尤其是化学过程得以可能。因为每一个隶属于化学过程的物体都必须**在自身之中分化**；没有同质之中的二分，就不可能有溶解，没有扩张和收缩的交替，就不可能有化学过程，也根本无法设想。为了能够构建化学过程，上文预设的质的同质性本身必须分解为二重性。它只是一种磁的**无差别**。这就是为什么磁性必须被设定为**普遍的**，并且只能为了**显现**被取消。假如那种外来的影响停止了，地球的物质就会在动态过程中变成完全不动的，正如铁在被磁铁影响前（有磁性的）是不动的，这样一来就没有任何质的差异是**可以被辨认出来的**。—— 但这种普遍的分布效应，只能与我们看到的磁铁所产生的效果相类比。因为磁铁总是唤醒同样的极，并且延伸至无限；因为磁铁本身以及受它影响的物质，都包含在地磁学的普遍范围内。前者不能传播后者不接受的极性，也就是与地球的普遍极性并不同质的极性。相反的情况是，例如地球**外在于**太阳，那么太阳的磁性必须唤醒一种不同于自身的极性。

太阳通过分布产生的影响虽然给地球的动态领域带来了极性【即同一性之中的二重性】，但这种极性的产物【普遍二重性】是一种普遍的无差别状态（普遍的无差别**点**将自己呈现为**重力**的中点）。虽然**宇宙**中存在一种普遍的异质性，但每个**个别**产物本身都是同质的。如果要存在一个动态过程（其条件是差异），就必须从无差别点中设定出物质。问题在于如何设定？—— 较高的产物会不会只能通过**分布**作用于下属的产物？—— 还有另一种作用方式是可能的，通过**传播**。如果太阳和地球之间真的发生一种传播（至少有光作为这种传播的**现象**），那么太阳会向地球传播某种**同质的东西**，正如带电的物体向不带电的物体传播同质的电。—— **异质性**通过这种传播进入下属的产物中，与它一同出现的还有电和化学过程的条件。

III, 260

每个动态过程都仅仅开始于原初异质性东西之间的冲突。**当同质性的东西接触到异质的东西，它就会脱离无差别状态**（同质性东西内部的动态活动受到了干扰）。**同质性在整个自然中都只是对无差别状态的一个表达**，因为同质性只能来源于异质性。动态过程也因此得到了奠基，在异质东西的**绝对嵌套**之前，也就是在绝对取消异质东西的条件【或者重建无差别】之前，这个过程是无法静止的。

因此在自然中引入原初对立的是一个原因，我们可以通过原初磁性的（未知的）原因来刻画它。

这个原因通过分布决定了一种在宇宙中无限延伸的效应，分布则决定了每个个别产物的无差别状态，这种无差别状态决定了同质性东西之间的差异的可能性，由此，一种动态过程（生命过程也隶属于它）的可能性，特别是化学过程的可能性也被决定下来，化学过程就是异质性东西溶解在异质性东西中。

对每个个别产物而言，动态过程的现实性取决于分布，分布在宇宙中无限地发生，对我们已知的宇宙部分而言，其普遍媒介就是光。

迄今为止提出的命题中不仅包含了构建每个动态过程的条件，而且也推演出了，所有其他对立，甚至是那些在化学的异质性中出现的对立，是如何被**一个**原初的对立所规定的。

※※※※※※

被推演出来的是宇宙的动态有机体，而不是它的框架。这个有机体以宇宙的演化为前提，这个演化始于一个原初产物，这一原初产物不断分解为新的产物。无限的分解应当在自然中以一个原初的二元性为根据，而这种二分必须被视为产生自一个原初同一的东西，但这是不可设想的，除非那个同一的东西被设定为**绝对的内演**，即一种动态的无限者①，否则在产物中就会通过冲突产生出一种无限

---

① 动态的无限性在这里与机械的无限者相对立，也就是与无限的**彼此外在**相对立。——在另一个意义上，动态的无限性可以用来表述有机产物，或许还有艺术品，因为，如果这样的产物是通过（机械的）组合而产生的，是无法找到这种组合的**开端**的，因为每一个个别都预设了无限的其他，而所有的其他又预设了那个个别。——谢林原注

的发展倾向。① —— 对直观而言，这个无限的倾向会是一种有无限**速度**的演化倾向。那么在这个演化中任何东西都不能被区分出来，换言之，**时间**中的任意时刻都不会以特定的方式被实现，除非在这个序列中出现一个**延缓物**，能够挽留那个倾向的速度。【当】自然的演化以有限速度【发生时】，它预设了一种加速和延缓的力量作为最终因素。这两个力量本身是无限的，它们只是交替被对方所限制。力量之间的这种交替限制，使得它在任何一个给定的**时刻**（时间的）都不会达到绝对演化。

如果达到绝对的演化，自然就会呈现为一种**绝对的彼此外在**。但由于**绝对的**彼此外在只是绝对的空间，**加速**的力量就会处于其无限性而导向一个无限空间的理念【无限延展的理念；因此它必须显现为**扩张的**力】。

相反，假如**延缓的**力量是不受限的，那么对直观而言就只有一个绝对内在于彼此的状态，换言之，会产生这么一个**点**，它作为空间的**界限**，象征着**时间**对空间的独立性。

自然不能是上述任何一种情况；它是内在于彼此中的外在于彼此，以及外在于彼此中的内在于彼此 —— 因此是暂时只在演化中**被把握的东西** —— 它摇摆在绝对演化和绝对内演之间。

由于演化的倾向【扩张力】是一种就前提而言原初无限的倾向，

---

① 尚待解答的问题是，站在分析的立场上，会在产物中发现何种原初的对立。现在我们要将自己完全下降到经验的立场上，去看一看通过**分析**可以在自然中找到什么，自然对我们仅仅是**产物**。作为单纯产物的自然会显现为**一个原初综合**的发展。但普遍的对立会显现为**演化**的**条件**。如果自然是一个绝对综合，那么一种绝对发展的倾向就会被**一个二元性**所奠定。——谢林手稿中的注释

因此它必须被设想为一种在无限短的时间内填充无限大空间的力量。现在如果让空间无限增大，或者让时间无限减小，那么前者会得到，后者会得到，换言之【在两种情况下的】**无限大**。【因此扩张力会按其本性走向无限大，因此在任何地方都代表肯定性因素。】

因此延缓的力作为与之对立的力必须被设想为，通过**有限**的时间将扩张的力维持在有限空间中的力。

这两种力中的任意一种都不能自为地导致真实的空间充实。如果扩张力可以在无限短的时间内遍历无限大的空间，它就不会在空间的任何一个部分逗留，于是就不能充实任何空间。延缓力的比重越大，扩张的倾向就会在空间的那个点中逗留越久，因此会更大程度地充实空间。——**不同的密度**就是这样得以可能的。

物质既不是被充实的空间，也不是**对空间的充实**，而是以**特定速度**发生的充实。这是因为，其中一个力量的尺度是被充实的空间，另一个力量的尺度则是被充实的时间，因此它们的关系 $=\frac{S}{T}=C$，而不同的密度只是充实空间的不同速度。

绝对弹性以无限的速度充实空间，绝对密度以无限的滞后充实空间；任意一种都不在自然中实存。

通过上述两个被推演出来的力，总的来说，我们推演出了演化的有限速度。也就是说，我们解释了，自然如何对每个时间点而言，而非对**空间**的每个环节而言是一个特定的产物。但演化不仅要以有限的速度发生，它还必须绝对受阻，也就是在特定的**点**上受阻，否则演化只会（以有限的速度）在无限的时间内被完成，但演化仍在继续，自然会是一个无限变化的东西，它会在每一个**时刻**被固定为特定产物，但不会在**所有时间**中是一个固定的、特定的产物。

带来演化的绝对**界限**给自然**空间**的每个环节带来产物的规定性，这样的力必须区别于、独立于下面这种力，即只规定每一时刻的演化**速度**和产物规定性的力。

但只有普遍的**重力**才会在空间中设定一个**原初的**界限。因此这个力相对于那两个力而言是第三个力，只有通过这个力才在自然中引入了一个永恒的、对所有时间来说都固定的产物。

只有从这个立场出发自然才能被视为**产物**，这就是**康德**在他的《自然科学的形而上学初始根据》中采取的立场。

我们命名为加速力的力，对应着康德所说的**排斥力**或**扩张力**，我们命名为**延缓**力的力，则对应着他的**吸引力**，差别在于，康德的吸引力中还包含着重力，并且他相信可以用两个力来完成对物质的建构。①——之所以说是完成，是

1）因为他似乎认为所有质的差别都可以还原为那两个力之间的可变关系②，仅仅将物质认作空间充实的机械论会承认这一点，但更高的动力学并不会（按照后者，至少需要两个力的原初关系发生一种动态的，例如化学的变化，一种物质才能转变为另一种物

III, 265

---

① 因此，扩张和延缓的力在这里显现为对特定程度的空间充实来说必要的因素。—— 但由于物质从纯粹经验性的立场上看来无非是空间充实，因此从分析的立场上来看，对立仅仅显现为排斥力和吸引力之间的对立。这也是康德开启动力学哲学的起点，而我们的理论则停止在这个点。

如果康德的扩张力和吸引力（他用吸引力来命名我们迄今为止称为延缓力的那个力）代表的无非是那个原初对立，那么他不可能**仅仅从这两个力**中完成对物质的建构。因为他始终需要第三个力来固定这组对立，这就是我们在对无差别的追求中，以及在**重力**中寻找的东西。——谢林手稿中的注释

② 因为并不是两个因素之间的**关系**造就了物体的质，而是一方对另一方的相对优势。因为在动态过程之中，物体不能施加一种内在的、作用于其建构的力，只能施加一种超出产物之外的力。——谢林手稿中的注释

质。但是所有的质都取决于一个远远高于单纯密度等级的东西，见上文）；

2）因为康德假设他称为吸引力的东西，以及在他的物质建构中决定密度的东西，与重力是同一的。但这种同一性是不可能的，因为每个物体的吸引力在它的单纯建构中已经被使用过了（见上文第103页）。①

（这个理由也适用于反驳用那两个力来建构化学效应的方案。在化学冲突中，物质也只能凭借一种向外的力来发挥作用，但那两个力都只是内在于产物的建构的力。）

重力和延缓的力是**彼此独立**的力，对此的先验证明可以简短地总结如下：

对每个有限者而言都必须存在一个世界直观的界限；对理智世界而言，这个原初的受限状态，对物理世界而言就是**重力**，它将个体束缚在一个特定的物的体系上，并且给个体分配一个在宇宙中的位置。受限状态由此进入了受限状态。但是对个别的客体而言，由于它在宇宙中的位置已经通过重力被确定了，因此它只能在**程度**上被进一步规定，它以这种程度来充实空间。然而它充实空间的**程度**只能通过时间形式被规定，以一种与充实空间所需时间相反的关系，来充实空间。因此，客体对时间而言的实存受到一个力的限制，这个力与重力毫不相同，正如时间与空间毫不相同。但是，通过这个力（延缓的力）会被减少的只有空间充实的速度，演化本身并不受阻；后者

---

① 我们在上文已经提到了**巴德尔**先生那篇对整个动力学哲学而言极其重要的文章，在这篇文章中可以找到反对两个力量同一性的其他更深层的根据。这篇文章对作者而言来得太晚，以至于不能更早利用它。——谢林原注

必须通过一种不同于它的力来实现。

但现在由于这两个力都是否定性的，换言之，都是限制性的力，因此可以想见，它们两个处于某种关系之中，一方会规定另一方。下面的内容是不言自明的：

延缓力的优势越大，演化就越缓慢。演化前进得越远，延缓的力就必须逐渐减少更多。但是一个自然产物如果要成为特定的产物，就必须在演化的一个特定的点上受阻。假设产物在某一个点上受阻，延缓的力在这个点上还占据较大优势，那么扩张的力就必须在这个点上发挥更强的作用（因为它与它扩张的空间呈反相关关系）。当延缓的力在自然的一个部分上还占据最大优势，为了维持这个部分的平衡，重力必须在这个部分上施加最强的作用。

质量更大的物体相对于质量较小的物体，距离动态的中心**本身**更近。因此质量取决于重力，并不像人们通常所说的那样，重力与质量是成比例的。——那么质量**本身**是一种已知的量吗？是通过其部分的数量而已知的吗？但这个数量是无限的。因此通过部分的数量来确定质量是不可能的，因此在重力的影响之外不存在质量的决定根据。产物在每一时刻都是一个特定的产物，但它不在自身**之外**发挥作用，它只**充实自身的**领域，只有重力才按照产物的空间充实程度给予它成比例的、向外的倾向，空间充实的这个程度也只有这样才成为一个固定的、可以如此这般被认识的程度。

物质只通过重力表现自身，一种不可测量的物质可能是存在的，但它并不表现自身。因此物质的**统一体**只能通过重力的统一体被认识，一定数量的物质通过具有一个共同的重力点组织成一个统一体。——康德将刚性的本质设定为，各部分一旦相对移动，就会立

III, 267

刻分开，换句话说，部分的运动完全依赖于整体。但在液体中，部分**仅仅通过重量**就与整体区分开，这种差别的根据在于，液体不具有共同的重心，每一个部分都可以任意构建自己的中心（因此在形成液滴时可以自由地采取球状）。—— 重心的**统一性**将物质组织为一个，它就是一切造型的构造者、连接者和规定者。①

扩展力和延缓力都是演化本身的力，演化已经以重力为前提，因此重力可以有**条件**，比如，它可以在普遍演化的某个程度才到场；如果它是有条件的，它会取决于宇宙中最原初的交替关系，也就是被（磁的）分布所决定的普遍的、交替施加的效应。并且，尽管它原初地是**一个**，它会随着宇宙的自身演化而在那个关系中分裂为射线一般的、杂多的重力。因此这个力就像是将那些力结合起来的中间环节，它将自然维持为一个**框架**，并且将它维持为一个**动态的有机体**。

只有在高等的、动态的力确保了活动场域之后，单纯的、机械性的力才能占据场地，对这些力及其法则的考察不再位于自然哲学的界限之内，自然哲学无非是更高等的动力学，其精神表达在这样一条原则中，将动态的东西视为唯一肯定性的和原初的东西，机械性的东西只能被视为否定性的、从动态东西中推演而来的东西。

我们曾经预设，自然是从一个原初内演发展而来的。但按照上面的讨论，这个内演不可能是实在的；它只能被表象为**活动**，被表象为**绝对的综合**，后者仅仅是观念性的，它可以说是先验哲学和自然哲学的转折点。

---

① **巴德尔**在上述文章中的说法。——谢林原注

谢林著作集

自然哲学体系初稿导论
或
论思辨物理学的概念以及这门科学之体系的内在有机体

1799

F. W. J. Schelling, *Einleiung zu dem Entwurf eines Systems der Naturphilosophie oder über den Begriff der speculativen Physik und die innere Organisation eines Systems dieser Wissenschaft*, in ders. *Sämtliche Werke*, Band III, S. 269-326. Stuttgart und Augsburg 1856-1861.

§ 1.
我们称之为自然哲学的是一门在知识体系中必要的科学

理智有两种,要么盲目地、无意识地进行生产,要么自由地、有意识地进行生产。理智在一种世界直观之中进行无意识的生产,在创造一个观念世界的过程中进行有意识的生产。

通过将无意识的活动与有意识的活动视为同样原初,并且发源于同样的根系,哲学取消了上述的对立:哲学在一种明确的、既有意识又无意识的活动中**直接**证明了这个同一性,这种活动体现在**天才**的作品之中;哲学也**间接地**在意识**之外**、在**自然**产物之中证实了这个同一性。因为仅仅在自然产物之中,就可以知觉到观念东西与实在东西最为完满的融合。

因为哲学将无意识的活动(也被称为实在的活动)与有意识的活动(或观念活动)设定为同一的,所以哲学原初地具有将实在东西回溯到观念东西的倾向,人们所说的先验哲学也就此产生了。自然中所有运动的合规律性,例如几何学(被运用在天体物体的运动上),并不是在谈自然是最完满的几何学(的生产者),反倒是,最完满的几何学是自然的生产者。通过这种解释方式,实在东西本身被置于观念的世界之中,运动被转化为直观,直观只在我们自身之中发生,并且不与外在于我们的任何东西相符。或者也可以解释为,自然丧失了对自己的掌控,在从流体状态到固体状态的过渡中,自动地并且合规律地产生诸多形态，这种合规律性似乎变成了更高形式的结晶、有机物，甚至变成合目的性。或者，我们在动物界这一自然力量的盲目产物中看到了同样合规律的、有意识的行为。又或者，它自身在形式上完满的艺术品中显现出来 —— 所有这些可以这样来解释，存在着一个与有意识的生产力原初相似的无意识的生产力，我们在自然中看到的是这种生产力的单纯反射（Reflex）。在一种自然的立场看来，两种生产力必然显现为同一个盲目的本能。从结晶化一直到有机构造的顶点，这个欲望只是在不同的阶段实现自己（另一方面，这个本能凭借艺术本能再次回到单纯的结晶过程）。

按照这种观点，由于自然只是我们的知性的可见的有机体，自然**只能生产**合规律的、合目的的东西，并且自然**不得不**去生产它们。但如果自然**只能**生产，并且必然要去生产合规律的东西，那就必须要证明，这种合规律的、合目的的产物必然起源于独立且真实的自然及其力量关系。也就是说，**观念东西也必须从实在东西中产生，并且被实在东西所解释**。

如果先验哲学的任务是让实在东西从属于观念东西，那么与之相反，自然哲学的任务就是通过实在东西去解释观念东西：两门科学实际上是同一个，只是在对立的方向上具有两个不同的任务；进一步看，因为这两个方向不仅同样是可能的，而且同样是必然的，因此这两个知识的体系具有同样的必然性。

§ 2.
自然哲学的科学性特征

作为先验哲学的对立物，自然哲学主要是通过以下这点与先验哲学区分开来——自然哲学将自然（不是作为产品的自然，而既是生产性的，也是产物的自然）设定为自立的东西，因此简单说来，自然哲学可以被称为**物理学的斯宾诺莎主义**。从中可以得出，这门科学中没有先验哲学可能提供的那种观念性的解释方式，因为先验哲学仅仅将自然视为自我意识的器官，自然中的一切只在一个意义上是必要的，即自我意识只能被这样的自然所中介。对于物理学，以及我们这门与物理学站在同一起点的科学而言，这种解释方式毫无意义，就和古老的目的论解释方式，或者用原因的普遍目的性来引导自然科学没什么两样。因为将观念性解释方式从它固有的领域扯到解释自然的领域中，会酿成最荒诞的妄言，这方面的例子已经众所周知了。因此所有真正的自然科学的第一准则，就是从自然力出发解释一切，这一准则被最广泛意义上的科学所接受，并一直延伸到所有自然解释至今停滞不前的领域，例如有机现象的领域，这种现象似乎预设了一种理性的类似物。如果在动物的行动中确实存在某种预设了这一理性类似物的东西，那么，（遵循实在论的原则）只能得出，我们称为理性的东西纯粹只是我们必然不可知的某些更高的自然力的游戏。由于所有思维最终都会回到生产和再生产，因此完全可以设想，在思维中，自然每时每刻进行自我更新的那种行动，只有通过机体这一中间环节才是再生产性的（类似于，独立于光而存在的大自然，通过光的作用和游戏，现实地变成**非物质的**，就像第二次被创造了出来)。这样看来,为我们的直观能力划定界限的东西,本身显然不能再位于我们直观的范围之内。

§3.
自然哲学是思辨物理学

按照上文所论,我们的科学完全是实在的,它无非就是物理学,只不过是**思辨的**物理学;就倾向而言,完全就是古老的物理学家的体系,以及近代那位伊壁鸠鲁哲学的重建者的体系——**勒·萨奇**的机械物理学,这种物理学首次唤醒了物理学中长久沉睡的思辨精神。这里我们可以很容易地证明(因为在我们科学的内部就能找到证据),勒·萨奇和他的那些出色的先驱们采取的机械论的或者原子论的路径,并没有要实现思辨物理学的理念。因为这门科学的首要问题就是研究运动的**绝对**原因(如果没有绝对原因,自然就不是一个在自身之中封闭的整体),这个问题完全不能用机械性的方式去解决,因为那种机械的、无限进展的运动只能从运动中诞生出来。因此,要真正建立一门思辨物理学只有一种方法,就是动力学的方法,前提是,运动不仅从运动中来,而且自行从静止中诞生出来;也就是说,在自然的静止中也有运动,所有机械的运动都只是从那一个原始的、原初的运动中派生的次级的运动,前者在普遍自然建构的最初要素(基本力量)中就涌现出来了。

我们已经清晰地展示了,我们的事业与至今为止所有类似事业的差别,因此我们也已经指明了思辨物理学和所谓经验物理学的差别。后面这种差别主要可以归结为:思辨物理学只与自然中原初的运动原因,也就是说只与动力学的现象打交道;而经验物理学,由于无法触及自然终极的运动源泉,因此只能与次级的运动打交道,只能将原初的运动处理为机械的运动(也就是能够在数学中被建构起来的运动)。一般而言,思辨物理学关注**内在的驱动机制**(innere Triebwerk)以及自然的**非客观**东西。而经验物理学仅仅关注自然的**表面**,以及自然的**客观**东西,类似自然的**外表**(Außenseite)。

§4.
论一门思辨物理学的可能性

我们的研究并不同时关注自然现象和它的最终根据;我们的事业既不是从前者推出后者,也不是从后者推出前者。因此,我们的任务其实是这样的:建立一种最严格意义上的**科学**,为了得知一门思辨物理学是否可能,我们必须认识到,一门作为科学的自然学说究竟包含什么可能性。

a)在这里我们使用的是知识这个概念最严格的意义。很显然,就知识的这个意义而言,只有当人看清对象的可能性原则时,人才对这类对象有**知识**。否则我关于对象的全部知识只是单纯的观察。比方说,我对一台机器的构造并不了解,只是对它的实存深信不疑。相反,这台机器的发明者对它有最完善的知识,因为他仿佛就是这件造物的灵魂,因为在他把这台机器造出来以前,它就在他的头脑中预先存在了。

如果没有一种对自然的自由的介入(Eingriff),要看到自然的内在构造是完全不可能的。虽说自然敞开并自由地行动着,但它并不是孤立地行动，而是在大量原因的汇流下行动，只有在试图获得一个纯粹的结果时，这些原因才必须被排除在外。因此自然必须被迫在特定的条件下行动，这种特定条件要么根本不会存在，要么只有通过别的条件的限制才存在。——这样一种对自然的介入就叫作实验。每一个实验都是对自然的一个追问，自然被迫去回答这个问题。但是每一个追问都隐含着一个先天的判断；每一个实验，就其作为实验而言，都是预言（Prophezeiung）；实验行为本身是对现象的创造。—— 因此，至少在物理学中，走向科学的第一步开始于自行创造出这个科学的对象。

b) 我们只**认识**自行创造出来的东西，因此知识在**最严格**的意义上是一种**纯粹**先天的知识。借由实验发生的建构始终不是对现象绝对的自行创造。这里说的不是在自然科学中有很多东西能以一种较为先天的方式被察觉到，例如在关于电现象、磁现象甚至光现象的理论中，存在一条在每种现象中都重复出现的简单法则，以至于每一次实验的结果都能被预测；这样的话，我的知识就直接来自那条未知的法则，没有被特殊经验所中介。但是这条法则是怎么呈现给我的呢？这里说的是，所有现象都在一条绝对**必然**的法则中联系在一起，从这条法则出发可以推导出所有现象。简单说来就是，人们仿佛绝对先天地认识人们在自然科学中认识到的所有东西。现在我们清楚了，实验永远不会导向这样一种知识，因为实验将自然力量作为工具，所以实验永远不能超出自然力量。

因为自然现象的最终**原因**自身不再显现，所以人们要么必须放弃洞悉它们，要么必须直接在自然中设定它们，将它们置入自然之中。既然这样，我们在自然中置入的就只具有前提（假设）的价值，建立在这一前提上的科学也就只能是假设性的，正如原则本身是假设性的。这只能在一种情况下加以避免，那个假设和自然本身一样是非任意的、必然的。如果我们必须假设，所有现象的总和不只是一个单纯的世界，而必然是一个自然，这意味着，这样一个整体不仅是产物，而且也是生产性的，从中可以得出，在这个整体之中永远不会得到绝对同一性，否则同一性就会带来从生产性的自然到作为产物的自然（也就是绝对静止）的绝对过渡。自然在生产力和产物之间的摇摆必然会显现为一个普遍的二重性原则，由此，自然保持为持续的活动，又在它的产物中受阻并耗尽自身，作为所有自然解释的原则，普遍的二元性同自然概念本身一样重要。

这一绝对前提必须就自身而言具有其必然性，此外，它还必须受到经验的检验。因为**如果从这一前提中无法推出全部自然现象，如果在自然的全部关联中有那么一个现象就原则而言不是必然的，甚至与原则相矛盾，那么这个前提就被阐明是错误的**，并且从这一刻开始不配再做原则。

通过从那个绝对前提中推演出全部自然现象，我们的科学就变成了对自然本身的建构，也就是一门先天的关于自然的科学。如果通过行动本身可以证明，那种推演本身是可能的，那么自然学说作为自然科学也是可能的，我们先前要证明的那种纯粹思辨的物理学就是可能的了。

III, 278

注释：关于那些自身很清楚的概念总是还有误解盛行，以至于我们必须再做解释，否则是不需要这个附注的。

命题：自然科学必须能够先天地推导出它的全部命题。它被有些人理解为：自然科学必须完全摒弃经验，并且能在没有经验中介之下从自身之中编造出所有命题。这一命题是如此荒谬，以至于没有招致反对，反而赢得了同情。——**如果没有经验，或者不借助经验，我们不仅认识不到这个或那个，我们根本什么都认识不到**，因此，我们的全部知识都由经验命题组成。这些经验命题要成为先天命题只有一个途径，那就是人们将它们意识为必然的；无论内容是什么，每个命题都能获得这种荣耀，因为先天命题与后天命题的差别并不如某些人想象的那样，是命题本身本来就具有的差别，而仅仅是**就我们的认识**以及我们认识的**方式而言**在命题上制造的差别。因此，如果一个命题对我而言仅仅是历史性的，那么它就是一个经验命题，一旦我直接或间接地洞察到这一命题的内在必然性，它就成了一个先天命题。既然如此，每一个原初的自然现象都有可能被人视为绝对必然的；因为如果自然中完全没有偶然，那么自然的原初现象也不可能是偶然性的，不如说，因为自然是一个体系，所以在自然中发生的、产生的所有东西，都被某个联系整体自然的本原必然地联系起来。——一旦人们想到，一个体系但凡是真正的体系，就同时也是一个有机的整体，我们对全部自然现象的内在必然性就获得了更完整的认识。正因为有机整体中的所有部分都承受并支持着彼此，所以作为整体的有机体先于部分而存在，并不是整体能从部分中产生，而是部分必须从整体中产生。**不是我们去认识自然，而是自然就是先天的**。换言之，自然中所有的个别物都事先被整体或一个自然的理念普遍地规定了。既然自然**是先天的**，那么它一定也可以**被认识**为某种先天的东西，这才是我们真正的主张。

这样一门科学不同于那种假设性的、猜想性的科学，这门科学处理的是显明的、确定的东西。现在我们想要确定，每一个自然现象虽然要通过许多中间环节，但仍然与自然的终极条件联系在一起；那些中间环节我们可能还不清楚，还掩藏在自然的深处。而找到这些中间环节是实验性自然研究的工作。思辨物理学并不是要指出中间环节的缺失①；但因为每一个新发现都将我们扔回一种新的无知之中，一个谜团的解开意味着一个新的谜团出现，我们认识到，完全发现自然的所有中间环节，正如我们的科学一样是一个无限的任务。——但是没有比随意的虚构更能阻挡这门科学走向无限的进程，长久以来，随意的虚构都被用来掩藏缺乏根据的洞见。只有当人们将单纯假设性的东西从科学的纯粹收获中区分出来，我们知识中的片段化东西才变得明晰；由此出发，我们才能将整体自然的那些碎片再次收拢在一个体系中。可见，**思辨物理学**（实验的真正灵魂）向来都是自然中所有伟大发现的始作俑者。

§5.
论一般思辨物理学的体系

我们已经推演并发展了思辨物理学的理念；另一项工作是要指出，这个理念必须怎样被实现和真正实施。

作者本可以在这里直接开始自然哲学体系的初稿，但他没有理由预料到，有很多认为这份初稿有价值的人，事先带着某些作者本人并没有预设，也并不想预设的观念。

---

① 因此我们的整个研究将会说明，为了让宇宙的动态有机体在它的所有部分中显明，我们还缺少一个**核心现象**；**培根**说过，自然一定存在着这样的现象，只不过还没有通过实验将它从自然中提取出来。——谢林原注

（除了呈现方式上的缺陷之外）使那份初稿难以理解的原因有以下几点：

可能是受"自然哲学"这个词语的影响，一些人希望找到对自然现象的先验推演，正如在其他残篇中显示的那样。自然哲学普遍被视为先验哲学的一个部分，但它实际上建立了一门与其他科学完全不同的、自身独立的科学。

至今被广泛传播的动力物理学的概念，与作者建立的概念是非常不同，甚至部分相矛盾的。我讨论的不是很多仅以实验为业的人对自然哲学的设想；例如，如果要否认加瓦尼电流，而预设金属中有某种推动力的话，就应该用动力学的方式加以解释；当他们发现自己对事情一无所知时，就会主动回到他们先前的理解方式中去。我所说的是那种被康德带入哲学中的理解方式，它们主要可以归结为，我们在物质中看到的无非特定程度的空间充实，在物质的差异中看到的也只是空间充实（也就是密度）的单纯差异，在所有动力学的（质的）变化中看到的也不过是排斥力与吸引力的关系变化。但通过这种理解方式，我们只在最低层次上看到了自然的全部现象，这位哲学家的动力学物理学恰恰开端于它本该停止的地方。很显然，每一个动力学进程的最终结果都是一个在程度上发生变化的空间充实，也就是一个变化了的密度；但由于自然的那个动态过程和那些个别的动力学过程只是同一个基本过程不同的解体（Zerfällungen），因此从这个立场来看，磁现象和电现象本身也不是特定物质的效果，而是**物质的持存本身**发生的种种变化。因为物质的持存依赖于基本力量的交互作用，变化最终说来就是基本力量本身关系的变化。我们当然不是在否认，这些现象就其最外在的阶段而言就是原理层面的变化；我们否认的只是，这些现象**除此之外就什么都不是**；更确切地说，我们相信这个所谓的动力学原则作为所有自然现象的解释根据是过于肤浅和贫乏的。为了达到自然现象真正的深度和多样性，凭借这个原则实际上无法建构出任何物质本身在质上的变化（因为密度的变化只是一个更高的变化的外在现象）。要证明这一论断，我们必须先从事物的反面通过行动本身来辩护，那个解释原理确实穷尽了自然，而且要填平这种动力学哲学与物理学经验知识之间的巨大鸿沟，例如在基本物质的截然不同的作用方式方面，但直截了当地说，我们认为这是不可能的。

III, 282

因此，请允许我们对至今为止的动力学理解方式不再多说什么，而是直接用我们的理解方式来取代它。毫无疑问我们已经说明了，这两种理解方式是如何彼此区分的，通过其中哪一种，自然学说才最有可能被提升为自然科学。

§6.
思辨物理学体系的内在有机体

I.

对思辨物理学与经验物理学的差别的研究，必须先于对思辨物理学**原则**的研究。这里最主要的观点是，在经验和理论之间有一个完全的对立，双方不可能统一在任何第三者那里，因此**经验科学**的概念就是一个混乱的概念，就这个概念而言，没有任何与之相关的东西，或者说根本没有东西可以被思考。凡是纯粹经验，就不是科学，反之亦然，凡是科学就不是经验。说这些并不是要贬低经验，而是要呈现经验真正的、独特的含义。无论纯粹经验的客体是什么,它都是历史(理论的绝对对立物),反之亦然,只有历史才是经验。①

III, 283　　作为经验的物理学无非是事实的集合,即对观察对象所作描述的集合,观察对象是在自然环境或被安排的环境下发生的事情。在人们称之为物理学的东西里,经验与科学彼此交织,正因为此,物理学既不是经验也不是科学。

我们的目标是就这个客体而言,把科学和经验像灵魂和身体一样区分开来。由于我们在科学中不接受任何不能先天地被建构起来的东西,因此我们要从所有理论中剥除经验,让理论回到它最初的赤裸状态。

但经验和科学的差别恰恰在于,前者将它的客体的**存在**视为某种现成的、已完成的东西,而科学则在**变化**之中将客体视为有待被完成的东西。因为科学不能从产物,也就是物出发,因此必须从无条件者出发;思辨物理学的首要研究就是对自然科学中的无条件者的研究。

II.

初稿中的研究是从那些最高的本原出发的,因此接下来的内容只是对那个研究的一种阐释。

所有可以用**存在**来谓述的东西就是有条件的,只有**存在本身**可

---

① 只有那些热衷于讴歌经验、以牺牲科学为代价来抬高经验的人,才应该忠实于经验主义的概念,而不是为了经验而向我们兜售他们自己的判断,以及被封闭在自然中和强加在客体上的东西;因为无论那些人如何相信他们能够谈论经验,要想纯粹地看到自然中发生的事情,并忠实地再现它们,所需要的远比他们想象的要多。——谢林手稿中的注释

以是无条件者。但由于个别存在作为有条件者只能被思考为生产性活动（全部实在性唯一的、最终的载体）的特定限制，因此**存在本身**其实是同一个生产性活动，只不过**被设想为不受限的**。因此对自然科学而言自然原初地只是生产力，科学必须以生产力为其本原，并从它出发。

如果我们只把客体的整体认作存在的总和，那么这个整体对我们而言就仅仅是一个**世界**；换言之，一个纯粹的产物。那么当然不可能在自然科学中将它提升为一个比存在概念更高的概念，所有看似持存的东西（被思维为存在的概念），实际上是一个持续不断的、均匀的新生。 III, 284

如果我们把客体的整体不仅仅设定为产物，而且也必然地设定为生产性的，那么这个整体就会提升为**自然**。在一般的语言用法中，通过自然这一概念指示的不是别的，正是**产物与生产力的这个同一性**。

我们将仅仅作为**产物的自然**（natura naturata）称为**作为客体的自然**（全部经验都指向这个自然）。我们将作为**生产力的自然**（natura naturans）称为**作为主体的自然**（全部理论都指向这个自然）。

但客体永远不会是无条件的，因此自然中必须设定某个绝对非客体性的东西，这个绝对非客体性的东西就是自然中的那个原初生产力。在普通人看来，生产力消失在产物之中；但哲学地来看，反倒是产物消失在生产力中。

按照对自然的惯常看法，自然的**原初**概念中的生产力与产物的同一性，被表达为一个整体，这个整体既是原因，也是结果，并且在它的(贯穿全部现象的)二重性中再一次成为同一的。进一步来看，观念东西与实在东西的同一也符合这个自然概念，这种同一会在每个自然产物的概念中被思维，只就这种同一性关系而言，自然就可以和艺术对立起来。因为在艺术中，概念走在行动和实施之前。在自然中，概念和行动是同时的、一体的，概念直接过渡为产物，两者不可分离。

III, 285　　这种同一性会在经验性的观点中被取消，后者在自然中只看到**结果**(尽管经验在科学的领地内持续作乱，我们还是能在纯粹经验的物理学中听到这样一些准则，它们预设了主体自然的概念。例如，自然选择最短的道路；自然吝啬原因，挥霍结果)；思辨会将这种经验性的观点取消，思辨在自然中只看到**原因**。

III.

只有对作为客体的自然，人们才能说它**存在**，对作为主体的自然，人们不能这么说，因为这个自然是存在或生产力本身。

绝对生产力应当过渡为一个经验性的自然。在绝对生产力的概念中可以设想一个**观念性**的无限性概念。这个观念性的无限性应当成为经验性的。

但是经验性的无限性是一个无限的变化。—— 每个无限的序列无非是对一个理智的或观念性的无限性的呈现。那个原初无限的序列(所有无限序列的理型)就是**时间**，我们理智的无限性在其中展开。维持这个序列的活动也维持着我们的意识；但我们的意识却是稳定的。作为这一活动的演化(Evolution)，时间不是简单地组合而成的。但由于所有其他无限序列都是对那个原初无限序列，即时间的模仿，因此所有无限序列都只能是稳定的。在原初演化中充当阻碍的无非就是**原初反思**（如果没有这个阻碍，演化必定会以无限的速度发生）；在每一个时刻对我们行为的必然反思（同一性中持续的二重性）是一个隐秘的手段，通过这个手段我们的存在才获得了绵延（Dauer）。——因此绝对的连续性只对直观而言存在，对**反思**而言并不存在。直观与反思是彼此对立的。对于生产性**直观**而言无限序列是稳定的，对反思而言则是被打断的、被组合的。直观和反思之间的这种**矛盾**酝酿了一种诡辩，一切运动的可能性被这种诡辩否定，这一诡辩在每一刻都被生产性的直观所击败。比如说，重力的作用对直观呈现为完满连续的，对反思则呈现为间歇性的。因此，所有机械论的法则实际上只是反思的法则。通过这种法则，实际上属于生产性直观的对象变成了反思的对象。——因此就产生了机械论编造出来的那些概念；时间微粒（重力在这种微粒中起作用）；有法则声称发挥影响的瞬间是无限小的，否则在有限的时间内就会产生一个无限的速度。最后可以看到，任何无限序列都不能在机械论中被表象为稳定的序列，只能被表象为间歇性前后推移的。

III, 286

  这整个关于反思与直观的生产力之间的对立的研究，目的在于推演出一个普遍命题，即在**所有生产力**，也只有在生产力之中，才有绝对的**连续性**。这个命题对于整个自然研究而言都是重要的，因为例如"自然中没有跳跃""自然中有形式的连续性"这些规律受限于自然的原初生产力，在这种生产力中必然存在连续性。但从反思的立场来看，自然中的所有东西都必然显现为**分离的**、**没有连续性的**，似乎是彼此并立的；因此我们必须同时承认这两种立场，无论它是主张自然中（例如有机自然中）的连续性，还是拒绝这种连续性。从这两种立场的不同中还可以推演出动力学物理学和原子论物理学的对立，因为这两种物理学的差别仅仅在于前者站在**直观**的立场上，后者站在**反思**的立场上，正如我们已经指出的那样。

IV.

一旦预设了这些普遍命题，我们就更有可能达到我们的目标，去解释我们这个体系的内在有机体。

a）变化的概念中包含着渐进的概念。但是绝对的生产力经验性地将自己呈现为具有无限速度的变化，这样一来，对直观而言就不会产生任何实在东西。

（由于作为无限生产力的自然必须被设想为一个无限的演化，因此诸如有机产物一类的自然产物的持存和静止不应该被表象为绝对的静止，而是应该被表象为一种速度无限小或无限延缓的演化。但是到现在为止还没能建构出任何一个速度有限的进展，更别提一个速度无限小的了。）

b）如果没有生产力的原初受阻，就无法设想一个速度有限的自然演化会发生并成为直观的对象。

c）但自然是绝对的生产力，因此这一受阻的根据不可能在自然**之外**。自然原初地**只是**生产力，因此在这个生产力中不存在任何有规定者（因为所有规定都是否定），因此也不会出现产物。—— 如果要有产物，那么生产力就必须从无规定的变成有规定的，也就是说，**纯粹**生产力必须被取消。但如果生产力的规定根据位于自然之外，那么自然就不是原初绝对的生产力了。—— 在自然中应当有规定性，也就是否定性，但从更高的立场看来，这种否定性必须又是一种肯定性。

d）但是如果受阻的根据**在自然自身之中**，那么自然就不再是**纯粹同一性**了。如果自然**仅仅**是生产力，那么它就是纯粹的同一性，在自然之中不能有任何区分。如果在自然之中有某种东西被区分出来，那么自然的同一性就必须被取消，自然就必须不再是同一性，而是二重性。

自然必然会原初地成为自己的客体，如果没有自然自身之中的原初二分，从**纯粹主体**向**自身的客体**的转变就是不可设想的。

这种二重性不能用物理学的方式推导出来，因为二重性作为全部自然的条件是所有物理学解释的原则。所有物理学的解释其实只是将所有自然中显现的对立回溯到自然内核中的那个原初对立，**自然的内核自身不再显现**。——如果自然中的所有东西没有在主体与客体之间进行无限的交替，如果自然不是原初地就同时是产物和生产性的，为什么没有二元性就没有原初自然现象？——

e）如果自然是原初的二重性，那么在自然的原初生产力中必然已经存在着彼此对立的倾向。（必然有另一个倾向与积极倾向相对立，它好像是反生产性的、阻碍生产的；它不是进行否定的，而是否定性的，与第一个倾向处于实在的对立中。）只有进行限制者也是主动的，并且自然的原初二重性是两个真实对立的倾向之间的斗争，自然中的受限制者才无论如何都不是被动的。

f）当达到产物时，这两个对立的倾向必然会相遇。但是由于这两个倾向被设定为**等同的**（因为没有任何理由把它们设定为不同的），因此，它们在相遇的地方彼此否定，因此产物就等于0，也就是仍然没有得到产物。

III, 288

虽然这个矛盾（即产物只能在对立倾向的竞争中产生，但是对立的倾向却把彼此否定掉了）至今没有受到重视，但却是无法避免的，它只有通过以下方式才能被解决：

如果没有持续地被生产，任何产物的**持存**都是不可设想的。产物必须被设想为，**在每一个时刻被否定掉，又在每一个时刻重新被生产出来**。我们看到的其实不是产物的持存，而是持续的再次被生产。

很显然，1−1+1……这个**无限的**序列既不能被设想为等于1，也不能被设想为等于0。至于为什么这个序列不能被无限地设想为等于1/2，其中的原因有待进一步挖掘。在这个序列中，绝对的量（=1）不断被否定，又不断返回，通过这种返回生产出来的不再是绝对的量本身，而是绝对的量和无之间的第三者。——作为客体的自然是在这个无限序列中产生的，并且等同于原初统一体的一次断裂，永远无法被取消的二重性充当了这个统一体的分母。

g）如果产物的持存是持续再次被生产，那么所有的**固持**（Beharren）也只在作为**客体**的自然中存在，在作为**主体**的自然中只存在着无限的**活动**。

产物本来无非是一个点，一个单纯的界限，只有当自然与这个点斗争时，它才好像成了被充实的空间，被提升为产物。可以将**纯粹同一性**设想为一个流，遭遇阻碍后形成了一个旋涡，这个旋涡不是固定的，而是瞬息万变的，每时每刻都在重新生成。——自然中原初地并不能区分出任何东西；所有产物仿佛都溶解在普遍的生产力中，是不可见的。只有当阻碍点被给出后，它们才被逐渐区分出来，从普遍同一性中脱颖而出。——流在每一个这样的点上断裂（生产力被否定），但每一刻都会出现一个新的浪来填充这个范围。

自然哲学不必解释自然中的生产性东西，因为如果自然哲学最初并没有在自然中设定生产性东西，就永远不会将它带入自然之中。自然哲学要解释的是永恒。但是，我们只能从自然**对一切永恒的抗争**来解释自然中存在某种永恒。如果自然不通过挤压为产物赋予范围和深度，产物就会显现为单纯的点；如果自然没有在每时每刻挤压产物，产物本身只会绵延一个瞬间。

h）那个在每一刻被再生产的伪产物，不可能是一个真正无限的产物，否则生产力就会在其中穷尽自身；它也同样不可能是一个有限的产物，因为整个自然的力量倾注于其中。因此它必须同时是有限和无限的，它只能看上去是有限的，但处于无限的**发展**之中。

这个产物原初的落脚点是自然的普遍阻碍点，自然的一切演化都从这个点开始。就像自然的演化一样，这个点既不在这里也不在那里，而是在自然中所有存在产物的地方。

那个产物是有限的，但是由于自然的无限生产力浓缩在这个产物中，它必定具有无限发展的倾向。—— 并且，我们通过迄今为止的所有中间环节逐渐构建出了无限的变化，构建出对一种观念性无限的经验性呈现。

我们在被称为自然的东西（即个别客体的集合）中看到的并不是原初产物自身，而是它的演化（因为阻碍点不能保持为同一个）。—— **这个**演化是如何再次绝对受阻的，还没有被解释，但如果要产生一个固定的产物，受阻是必须发生的。

但是原初的无限性凭借产物而演化，这个无限性永远不会减少。在无限序列中自行演化的量，在线的每一点上都还是无限的，因此自然在演化的每一点上都仍是无限的。

生产力只存在一个原初的阻碍点,却可以设想**演化**具有无数个受阻点。每一个这样的点对我们显现为一个产物,但在演化的每个点上自然都仍是无限的,因此自然在每个产物中仍是无限的,每个产物中都蕴含着一个宇宙的萌芽。①

(产物中的无限本能是如何受阻的,这个问题还没有被回答。自然的**生产力**受到的原初阻碍仅仅解释了,为什么演化的速度是有限的,但并没有解释演化为什么以无限小的速度发生。)

i) 产物自身演化直至无限。因此在这个演化中不会出现任何不是产物(综合)的东西,也不会出现不能分解成新的因素的东西,新的因素又会有它自己的因素。

因此通过一种无限进展的分析,我们得不到任何绝对简单的东西。

j) 但是,如果人们将演化**设想**为完成了的(尽管它**永远**不可能完成),那么演化不会止于某种仍然是产物的东西,只会止于纯粹的**生产性东西**。

这样就产生了一个问题:后面这种东西不再是载体,而是所有载体的原因,它不再是产物,而是绝对生产性的,即便纯粹的生产性东西不能在经验中发生(这是无法设想的),是否至少能够得到证实?

---

① 一个前往意大利的旅行者这样表达过,在罗马的大方尖碑上可以展示整个世界历史——每一个自然产物也是如此。每一颗矿物都是地球史书的一个片段。但地球是什么呢?地球的历史与整个自然的历史交织在一起,从化石到整个无机和有机的自然,直至宇宙的历史——这构成了一个链条。——谢林原注

k）由于它具有无条件者的特征，因此它必须将自己呈现为空间充实的原则，虽然它本身不在空间之中。（参考《初稿》第15页【上文第20页】）

并不是物质**充实**了空间，因为物质是被充实了的空间本身。因此充实空间的东西并不是物质。空间中只有存在的东西，没有**存在本身**。

有一点是很清楚的，凡不**存在**于空间中的东西也不可能有肯定性的外直观。因此它必然至少可以**否定性地**被呈现。这是通过以下方式发生的。

存在于空间中的东西本身是可以用机械和化学的方式被破坏的。凡是既不能以机械方式，也不能以化学方式被破坏的，必然位于空间的**彼岸**。但这样的东西只能是所有**质**的最终根据；因为，即便一种质可以被其他的质消灭，但这只能发生在一个第三产物C中，为了构造并维持它，A和B（C的对立因素）必须持续发挥作用。

但是这个不可摧毁的东西，只能被设想为**纯粹同一性**，它作为一切载体的原因同时也是无限可分性的本原。（无限分割的物体，即便被分割为最小的部分，也仍然以同样的程度充实空间。）

因此纯粹生产性的、不是**产物**的东西，只能是**质**的最终根据。但每个质都是特定的，而生产力则是原初无规定的。因此生产力在质中已经显现为受阻的，并且由于生产力在质中显现为最原初的，它显示为**最原初的受阻的**。

在这一点上，我们的解释方式与通常所说的动力物理学的解释方式区分开来了。

我们的观点简单来说是这样的：如果自然的无限演化是**完全的**

（这是不可能的），那么它就会分解为原初的、简单的**活动**，或者分解为简单的生产力，如果这种表达方式是被允许的。所以我们的观点并不是自然中**存在**着这样的简单**活动**，而是简单活动是质的**观念性**解释根据；这些隐德来希不能被现实地指出，它们并不**实存**。因此这里只需要证明以下观点，即这种原初的生产力必须被**设想**为所有质的解释根据。证明如下：

凡在空间中**存在**的东西都不是机械论意义上的简单东西，这是无须证明的。因此真正简单的东西不能被设想在空间之中，而必须被设想在空间的彼岸。但是空间的彼岸只能被设想为**纯粹强度**。这个纯粹强度的概念必须通过活动的概念来表达。这个活动的产物并不是简单的，**活动本身**是从产物中抽象出来的，这样的活动必须是简单的，产物才能是无限可分的。因为，即便部分即将消失，强度必须保留。这样的纯粹强度在无限的划分中维持为载体。

如果原子论主张某种简单的东西是质的观念性的解释根据，那么我们的哲学就是原子论。但原子论将简单东西设定在单纯生产性的东西中，因此它就是**动态原子论**。①

已经清楚明了的是，如果人们假设自然绝对分解为诸因素，那么最终剩余下来绝对抵抗所有分解过程的东西就必然是简单的东西。但是这个简单东西只能被思维为动态的，它就自身而言**根本不在空间之中**【它描述的仅仅是在一切空间充实的**彼岸**被设想的东西】，因此只能通过其**产物**对其进行直观。除了产物也没有其他衡量简单东西的尺度。它只是纯粹被设想为产物的**起点**（正如点只是线的

---

① 参考上文第23页，注释1。

起点），简言之，它是纯粹的隐德来希。但凡是不能就自身而言被认识，只能在其产物中被认识的东西，都绝对**经验性地**被认识。如果每个原初的质必须**作为质**（不是作为某种质所单纯固有的载体）被设想为纯粹的强度，即纯粹的**活动**，那么质其实只是我们的自然认识中的绝对经验性东西，不可能对其进行任何建构，这样一来自然哲学就只剩下证明质是建构的绝对界限这一任务。①

对质的根据的追问预设了自然的演化是完全的，换言之，预设了某种单纯被设想的东西，因此只能通过观念性的解释根据来回答。这个问题采取了反思的**立场**（针对产物的），因为真正的动力学始终停留在**直观**的立场上。

但这里必须立即指出，如果质的解释根据被理解为**观念性的**，这里讨论的对质的解释，是就质**绝对**被设想而言的，并不是就质在动态过程中的自身显现而言。但是对相对的质而言，存在一种【不仅仅是观念性的，而且是实在的】解释和规定根据；于是质受到与其在冲突中对立之物的规定，这一对立本身又受到一个更高的对立的规定，如此便回到了无限；那么假使那个普遍的有机体能够解体，所有物质都会陷入动态的无为，也就是质的绝对缺失（质是物质的更高潜能阶次，物质交替提升为质）。接下来将会证明，动态过程对每一个别范围而言都是有限的，只有这样才会在质的规定性之间产生出固定的关联点。动态过程的界限，也就是真正的对质的**规定**，并不是通过任何别的力发生的，只能通过自然的演化进行绝对限制，这种否定性东西是物之中唯一不可毁灭、不可战胜的东西。——所有

---

① 参考上文第24页，注释1。

质的、绝对的相对性只能用物体之间电的关系来证明，因为同一个物体在与那个物体的关系中是肯定性的，在与这个物体的关系中是否定性的，反之亦然。但下面这个命题将来仍然会被坚持（初稿中已经出现了这个命题）：**所有的质都是电**，反过来说，**一个物体的电性也是它的质**（因为所有质的差异也都是电的差异，而且所有【化学的】质都能够还原为电）。—— 所有对我们而言感官性的东西（这是在这个词的狭义上来说的，例如颜色、味道等）无疑都只是**通过**电对我们是感官性的，唯一**直接**的感官性东西可能就是电[①]，并且指向每一种感官的普遍二元性（《初稿》第185页【参考上文第170页】），因为在自然中实际上只存在一种二元性。在电化过程中，敏感性还原为身体中一切质的试剂，它作为试剂所应对的东西都还原为原初的差异。所有在链条中对味觉或视觉产生影响的物体，无论它们的差异有多大，无论它们是碱性或酸性的，激发起否定或肯定的闪光，它们总是显现为在一个高于**单纯化学**的潜能阶次中活动。

质一旦被设想为**绝对的**，就是不可建构的，因为质完全不是绝对的东西，所有的质都是物体在交互关系中显示出来的质，并且所有的质都是物体借以**被提升到自身之上**的东西。

至今为止已经实施的质的建构可以归结为以下两个尝试：用**形象**来表达质，也就是假设每一个原初的质都在自然之中具有一个特殊的形象，或者就是通过**分析的公式**（其中吸引力和排斥力充当了正量和负量）来表述质。由于这种尝试也是无效的，我们可以非常

[①] **伏特**在讨论电化过程的感官影响时已经这样发问过："电流难道不是每一种味道的直接原因吗？难道不是所有其他感官的感觉活动的原因吗？"——谢林原注

直接地发现与之相应的解释其实是空泛的。因此我们在这里集中到一点说明上：虽然通过用两个基本力来建构所有物质只是建构出了不同的密度，但从没有将质**作为**质建构出来。这是因为，所有动态的（质上的）改变在最深层次的阶段上显现为基本力的改变，因此我们即使在那个阶段上也只看到过程的产物，而不是**过程本身**，并且那个改变就是**有待被解释的东西**，因此解释根据无疑要在某种更高的东西中去寻找。①

只有一个质的解释根据是可能的，因为这个解释根据本身预设了某个单纯观念性的东西。一个人如果追问质的最终根据，他就回到了自然的初始点。但这个初始点在哪儿呢？所有的质之所以存在，不就是因为物质被普遍的联系所阻碍，才没有回到原初状态中吗？

从反思与直观分离的那个点出发（但这种分离本身只在完全演化的前提下是可能的），物理分化成两个彼此对立的方向，原子论和动力学这两个体系就在这两个方向上分化。

动力学体系拒斥自然的绝对演化，从作为综合的自然（作为主体的自然）走向作为演化的自然（作为客体的自然），原子论体系则从最原初的演化走向作为综合的自然；前者是从直观的立场走向反思的立场，后者则是从反思的立场走向直观的立场。

这两个方向同样都是可能的。如果只有分析是正确的，那么就必然能够通过分析再次找到综合，正如通过综合再次找到分析。但是至于分析是否正确，只有一种确认方式，即通过分析再次找到综合。综合始终是绝对被预设的。

---

① 参考上文第28页，注释1。

一个体系的任务与另一个体系的任务是完全相反的：在原子论物理学中将自然**组合**起来的原因，在动力物理学中就是**演化的阻碍**。前者通过聚合力来解释自然的联系，但它从未带来真正的连续性；后者则反过来通过演化的连续性来解释聚合（所有连续性原初只存在于生产力中）。

两个体系都从某种单纯观念性的东西出发。绝对综合和绝对分析一样都是单纯**观念性**的。实在东西在自然中首先作为**产物**，但自然既不被设想为绝对内演，也不被设想为绝对演化，自然也是**产物**；产物是在这两个极端之间被把握的。

这两个体系的首要任务就是构建产物，对立双方在这个产物中成为实在的。只要产物没有被构建出来，双方就只是**观念性的量**；只有它们前往的**方向**是彼此对立的。这两个体系仅就观念性因素而言具有同样的价值，一个体系构成对另一个体系的检验。——掩藏在生产性自然深处的东西，必然在作为自然的自然中反映为产物，原子论体系必然是对动力学体系的持续反思。《初稿》特意在两个方向中选取了原子论物理学的方向。在《初稿》中呈现在**产物**中的东西，在这里被呈现在**生产力**中，这对理解我们的科学而言是很有助益的。

1) 在二分的彼岸，在自然的纯粹生产力中没有任何东西是可以被区分出来的；只有在自身之中二分的生产力才会得出产物。

由于绝对生产力只会导向对自身的生产，不会导向对某种特定东西的生产，因此自然的倾向是生产力的**否定者**，生产力凭借这种倾向才在自然中得出产物。

在实在的自然中，生产力不能脱离产物而存在，产物也不能脱离生产力而存在。自然只能使二者靠近彼此，并且必须指出两者确实彼此靠近了。

αα) 纯粹的生产力原初地指向无形态性。

当自然在无形态性中迷失自身时，生产力就在其中耗尽了自身。（这就是人们用潜在这个词想表达的意思）。—— 反之，当形态被战胜，于是生产力**被限制**时，生产力就会出现；它并不显现为某种（可以呈现出来的）产物，而是显现为生产力，虽然是向着产物过渡的，正如在热的现象中显现出来的那样（不可测量的物质的概念只是一个**符号化**的概念）。

ββ) 生产力指向无形态性，因此客观地来看，它就是绝对无形态的东西。

人们对原子论系统的大胆之处知之甚少。—— 这个体系中主导的理念是绝对无形式、绝不能被呈现为特定物质的东西，无非是自然靠近生产力的象征。—— 离生产力越近，离无形态性就越近。

γγ) 只有当界限被设定时，生产力才显现为生产力。

当某物无处不在时，它因此不在任何地方存在。—— 生产力只有通过限制才被固定下来。—— 只有当界限被给出时**电才实存**，在电的现象中寻找除了（受限的）生产力的现象之外的任何东西，都是一种不可取的理解方式。—— **光**的条件是电过程、电化过程和化学过程之间的对立，不需要我们有所作为就照射着我们的光（太阳向四周施加生产力的现象）以这种对立为前提。①

---

① 按照目前的**实验**来看，将光的现象和电的现象视为一体并不是不可能的，因为在棱镜的图像中，颜色可以被视为彼此对立的；通常来说落在中间的白色光，至少可以被视为无差别点：按照**类比**，人们试图将**这种**对光的现象的建构视为真实的。——谢林原注

δδ）**只有受限的生产力才构成产物的开端**（对产物的解释必须从确立固定点开始，这就是产物的开端。—— **一切塑形的条件是二元性**（这是康德用对立的力来构建物质的深层含义）。

电的现象是物质建构的普遍图示。

εε）**自然中既没有纯粹的生产力，也没有纯粹的产物。**

前者是一切产物的绝对否定，后者是一切生产力的绝对否定。

（靠近前者的是绝对可分解的东西，靠近后者的是原子论所说的绝对不可分解的东西。前者只能同时被设想为绝对不可组合的东西，后者只能同时被设想为绝对可组合的东西。）

因此自然原初地是它们的中间者，于是我们就得到了**被把握为向着产物过渡的生产力**的概念，**或者具有无限生产性的产物**的概念。—— 我们遵循的是后面这个规定。

（固定的）产物的概念和（自由的）生产性东西的概念是彼此对立的。—— 由于我们预设的东西已经是产物了，因此如果它具有生产性，它只能具有**特定类型**的生产性。但特定的生产力是（活动的）**塑形**。因此那个第三者必然**处于塑形的状态中**。

但产物应当是无限生产性的（过渡永远不会完全发生）；因此，虽然产物在每一刻都以特定方式是生产性的，但留下的是生产力而不是产物。

（可能会产生的问题是，如果**没有任何被固定下来的形态**，从形态到形态的过渡是如何成为可能的。产物可以**暂时**成为形态，仅仅这一点就使演化有可能不以无限的速度发生，这样一来每个瞬间的形态至少是特定的。）

产物会显现为在**无限的变态**中被把握的。

（从反思的立场来看，产物持续处于从液体到固体的跳跃中，但从未得到它所求的形态。——并不生存在粗糙元素之中的有机体，也至少生存在大气之海的深层根据中——很多有机体通过变态从一个元素过渡到其他元素；动物的生命功能几乎全部在于收缩，除了这样的跳跃之外，它还是什么呢？）

变态不可能显现为**无规律的**。因为它必须停留在原初的对立之内，并由此被封闭在界限之内。①

（这种规律性恰恰是通过形态的内在亲和性表达自身的，如果没有一种**基本类型**作为所有形态的基础，这种亲和性是不可设想的——尽管存在多种多样的偏差，但它们都表达了这一基本类型。）

但是，即便有了这样的产物，我们仍然没有找到那种具有无限生产性的、保持为**同一个**的产物。产物保持为同一个这件事似乎是不可设想的，因为如果没有绝对的阻碍，取消生产力是不可设想的。——产物必然受阻，正如生产力受阻一样；因为产物始终仍然是生产性的；它因为二分以及二分导致的限制而受阻。但同时必须解释的是，生产性的产物如何能够在个别的构形阶段受阻，而不停止是生产性的，或者说，**生产力的绵延是如何被二分所保证的**。

我们已经将读者带领到初稿第四章的任务中，现在要让读者自己来寻找这个任务的解决办法和它带来的推论。——我们先前暗示过，推演而得的产物如何必然地显现在**反思**的立场上。

产物是一个综合，相对立的极端在其中接触彼此，一个极端可

III, 301

---

① 因此当对立被取消或改动时，变态就会变成无规律的。——那么，变态不就是疾病吗？——谢林原注

以被描述为绝对可分解之物，另一个极端可以被描述为绝对不可分解之物。—— 至于产物预设的绝对不连续性是如何成为连续性的，原子论者试图通过聚合力、塑形力等来解释。但这只是徒劳，因为**连续性**仅仅是生产力本身。

产物在变态过程中获得了形态的多样性，这可以解释为发展阶段的差异性，每个发展阶段都有一个特有的形态与之并行。—— 原子论者在自然中设定了一些基本形态，由于其中所有的东西都向着形态努力，并且所有自身塑形的东西都具有**特有的**形态，因此必须承认这些基本形态的存在，但它们只是**暗含**在自然中，并不是现实存在的。

在反思的立场上，产物的变化必须显现为一种持续的努力，即原初活动努力产生特定形态，以及形态之间的持续否定。

III, 302　　产物不会是简单倾向的产物 —— 它只是一种内在比例的可见表达，即一种内在的原初活动之间的平衡，它们既不能交替还原为绝对的无形态，也不能出于普遍的冲突而生产出特定的、固定的形态。

到现在为止（只要我们处理的还只是观念性的因素）研究的两个对立方向都是可能的；从现在开始，由于我们只追随一个实在的产物的发展，因此只有一个方向。

m）生产力在每个个别的发展阶段不可避免地分化为对立的方向，产物本身经此分化为**个别的产物**，但正因如此，个别的产物仅仅标志出了不同的发展阶段。

一种可能性是，如果人们从构形方面比较各个产物，并且寻找一种构形的连续性，那么产物本身就可以指明上述情况，但由于连续性从来不能在**产物**中（对反思而言）被实现，往往只能在**生产力**中被实现，因此连续性的理念本身不能被完全实现出来。

为了找到生产力的连续性，**生产力向产物过渡**的阶序必须比现在更准确地被建立起来。—— 当生产力**被限制**时（见上文），便只有产物的开端和生产力的固定点被给定下来了。—— 必须指出，生产力是**如何逐渐物质化并转变为始终固定的产物**，这会带来**自然中的一个动态阶序**，这正是整个体系中的基本任务的真正对象。

下面的内容可以作为初步的解释。—— 首先要求的是生产力的二分，导致这一二分的原因暂时处于这一研究之外。—— 这个二分导致了收缩和扩张的交替。这种交替不是存在于物质中的某物，而是**物质本身**，是生产力向产物过渡的第一阶段。—— 只有当交替静止时**产物**才会产生，也就是要凭借一个将交替固定下来的**第三者**，这样一来物质就会在最低的阶段（**第一潜能阶次**）被直观到，交替被直观为静止或平衡，反过来看，第三者被取消时，物质就能够被提升到一个更高的潜能阶次中。—— 这样一来就可能发生下面的情况，刚刚被推演得出的产物处于物质性或者**过渡**的**完全不同的阶段**，某一过渡中的不同阶段比其他过渡中的阶段更容易**区分**开来，于是**产物之间的动态阶序**就被现实地指明了。

III, 303

n）我们还不清楚这个任务的**解决**会把我们引向何方，因此我们暂时还停留在至今选定的方向上。

自然中存在个别的（个体性的）产物；但在这些产物中，生产力**作为生产力**应当始终可以被区分出来。生产力应当还没有完全过渡为产物。产物的持存应当是一种持续的自身再生产。

这样就产生了一个任务，那种绝对的过渡（生产力耗尽在产物中)受到什么的阻碍,或者说,产物的持存是如何变成持续的自身再生产的。

除非当过渡被**外部影响**所阻止,否则完全不可设想,如何阻止那个到处都倾向于产物的活动**完全**进入产物,而产物如果要持存,就必须在每一刻**重新**生产出自身。

III, 304

但现在还没有发现任何与(有机自然的)产物相对立的原因的踪迹,因此暂时只能预设这样一个原因。(我们相信在那个产物中看到了整个自然耗尽自身,并且在这里才注意到,为了把握那个产物已经预设了**某种别的东西**,并且自然中必须出现一个新的对立面。

对我们而言,自然至今为止是二重性之中的**同一性** —— 我们在这里发现,那个同一性**内部**应当再次出现一个对立面。—— 如果应当推演出这个对立面,就必须能够在推演出的产物本身中指明它。)

被推演出来的产物是一个**向外的**活动,如果这个产物中没有一个从**外向内的**(指向自身的)活动,那么向外的活动就自身而言是无法被区分出来的,如果从外向内的活动没有从外部**被挤压回来**(被反射),那么它也不可设想。

在从对立中产生的对立方向中,蕴藏着一切生命现象的收缩原则 —— 如果取消了对立的方向,生命要么就剩下**绝对的活动**,要么剩下**绝对的接受性**,因为生命原初只作为接受性和活动之间完美无缺的**交互规定**而是可能的。

因此我们请读者参考《初稿》本身,请他注意我们在这里已经到达了建构的较高阶段。

我们在前文(g)中已经用自然与原初阻碍点的对抗解释了**产物**

的产生，阻碍点由此提升为被充实的空间，并且具有了永久性。——此处，由于我们推演的并非**外部**自然与**仅仅**一个点的对抗，而是与一个**产物**的对抗，于是最初的建构对我们而言仿佛提升到了**第二个潜能阶次**，我们得到了一个双重的产物（接下来将会指出，有机自然一般而言只是无机自然的更高的潜能阶次，有机自然中已经是产物的东西，**再次**成为产物，有机自然就是这样提升到无机自然之上的）。

由于我们推演出的最原初的产物，驱使我们走向一个与之对立的自然，很显然我们对产物的生成的构建根本是**不完全的**，我们还远远没有完成我们的任务（整个科学的任务是：建构出一个固定产物的生成）。

一个生产性的产物本身只能在外部力量的影响之下持存，因为只有生产力被打断时，它才受阻并消散于产物之中。—— 为了这样的外部力量，必须再次给出一个特殊的范围；那些力量必须存在于一个**不具有生产性的**世界之中。但正因如此，这个世界必须是一个在每个方面都固定不变的世界。因此，自然中如何产生产物，这个任务至今为止只得到了片面的解决。"产物在每一个别的发展阶段，都受到生产力二分的阻碍。"但这只适用于**生产性的**产物，我们这里谈的是一个**非生产性的**产物。

我们在这里所遭遇到的矛盾只能通过以下方法来解决，为**一般而言的产物**的构建（无论它是不是生产性的，或不再是生产性的）找到一种**普遍的**表达。

由于一个**非生产性**（非有机）的世界的实存暂时只是被预设的，为的是解释生产性的世界，因此非生产性世界的条件也只是被假设

III, 305

提出的，并且由于我们暂时只从与生产性世界的对立中认识这些条件，因此这些条件也只能从这个对立中推演。——《初稿》中对下面这件不言自明的事情也有所提及，即第二章和第一章一样仅仅是假设性的真理，因为如果没有给有机自然和无机自然建构出一种共同的表达，那么有机自然和无机自然就都得不到解释，但这种表达只有通过综合的部分才是可能的。—— 这个部分必然会导向一种一般**自然**的构建中最高的、最为普遍的原则，对于想要对我们的体系有所了解的读者而言，必须让他们注意这些原则。—— 对无机世界及其条件的假设性演绎我们这里可以略过，因为《初稿》中已经对它们做了充分阐述，我们要尽快进入我们这门科学中最普遍、最高的任务。

III, 306

现在可以将思辨物理学的最普遍的任务表述为：**将有机产物和无机产物的建构带入一种共同的表述中。**

我们只能强调解决任务的主要命题，并且从中强调初稿本身（第三章）没有完全表达出来的东西。

思辨物理学的普遍任务

A.

我们在一开端处就建立以下原则，即**由于有机的产物是处于第二潜能阶次的产物，产物的有机建构至少应当是一切产物的原初建构的象征**（Sinnbild）。

a）既然生产力只被固定在一个点上，**就必须给定界限**。由于**界限是最初显现的**条件，因此界限得以产生的**原因**不能**再显现**了，它深入**自然的内核**或者回到了每一次的产物中。

在有机自然中，生产力的界限是通过我们称为**敏感性**的东西被给定的，它必须被设想为建构有机产物的最初条件（《初稿》第169页【上文第155页】）。

b）受限的生产力的直接影响是，在现有的、仿佛第二次被构造出来的物质中，存在**收缩和扩张的交替**。

c）当这个交替停止时，生产力过渡为产物，当交替再次被建立起来，产物就过渡为生产力。——由于产物应当无限地保持为生产性的，因此产物中必须能够**区分出生产力的三个阶段**；生产力向产物的绝对过渡就是产物本身的消逝。

d）这三个阶段在**个体**中是可以区分开的，同样地，它们**在整个有机自然中**也必须是可以区分开的，有机体的阶序无非是**生产力本身**的阶序。（生产力在产物A中消耗至程度c，并且只有在产物A停止的地方，产物B才开始，换言之，以程度d开始，直至所有生产力的**消失**。——如果人们认识到生产力的绝对**程度**，例如**地球**的绝对程度［取决于地球与太阳的关系］，那么根据这一点就能更准确地规定有机体的界限，相比于根据不完整的经验而言——经验必然是不完整的，因为自然的灾难毫无疑问已经吞噬了链条最外层的环节。——不是以**产物**，而是以**自然本身**为对象的真正的自然历史，追寻的是**一种仿佛抵制自由的生产力**，它经过一切曲折直至最终被迫消亡于产物之中。）

一切有机现象的构建都建基于个体中的这个动态阶序，正如整个有机自然中的动态阶序一样（《初稿》，第220—279页【上文第195页及以下】）。

III, 307

B.①

将这些命题扩展到普遍性,就会导向一门关于自然的普遍理论的下述基本命题。

a)生产力应当**原初地**受限。由于受限的生产力的**彼岸**(仅仅)是**纯粹的同一性**,因此限制只能通过一种业已存在的差异被给出,也就是通过一种**在生产力**本身中产生的**对立**,我们在这里回到这一对立作为第一公设。②

b)就**纯粹**思维而言,这种差异是一切【自然】活动的第一条件,生产力在对立双方之间(在原初界限之间)被吸引和排斥③,在这种扩张和收缩的交替中必然会产生一种共同的东西,但它只**在交替之中**持存。—— 如果它要在交替之外持存,**交替本身**就必须被固定下来。—— 在交替之中**活动着的东西**是自身分化的生产力。

c)问题在于:

αα)那种交替究竟能够如何被固定下来。—— 它不能被任何在交替中作为环节被把握的东西所固定,也就只能通过一个第三者被固定下来。

ββ)但这个第三者必须能够**介入**那个原初的对立;但那个对立

---

① 从这里往下出现的注释和《初稿》中一样(至今为止在正文中显示为【】内的内容),摘自作者的一份手稿。——原编者注。
② 自然科学的第一公设就是自然的纯粹同一性之中的对立。这一对立必须被设想为完全纯粹的,并不具有活动以外的别的载体;因为它实际上是一切载体的条件。如果一个人不能思维一种没有载体的活动和对立,他就根本不能进行哲学思考。因为一切哲学思考都始于对一个载体的演绎。——谢林手稿中的注释
③ 电的现象是在生产力与产物之间摇摆的自然之图示。这种摇摆的状态,这种在吸引力和排斥力之间的交替是真正的构形状态。——谢林手稿中的注释

之外并没有任何东西① —— 因此它【那个第三者】必然已经原初地被把握在对立之中，它经过了对立的中介，对立也反过来经过了它的中介。否则就没有理由解释为什么它应当原初地被把握在那个对立之中。

对立是对同一性的取消。但自然**原初地**就是同一性。—— 因此在那个对立**中**仍然必须存在一种向着同一性的努力。这种努力【直接】以对立为条件；因为如果没有对立，同一性就会是绝对的静止，也就没有朝向同一性的**努力**了。② —— 假如对立之中反而没有同一性，对立本身也就无法延续。

从差异之中得来的同一性是无差别性，因此那个第三者是一种**向着无差别性的努力**，无差别性取决于差异性本身，而差异性也反过来取决于此。（只有通过差异性中包含的一个第三者，差异性才能作为差异性被理解，才能对直观而言存在，交替本身就依附于这个第三者。）

那个第三者是原初交替中唯一的载体。—— 但载体以交替为前提，正如交替也以载体为前提 —— 并且这里没有第一和第二的差别，差异和向着无差别的努力在时间上完全是同时且同一的。

主要命题：自然中没有任何同一性是绝对的，一切都只是无差别。③

---

① 因为这个对立是我们被给予的唯一东西，一切都得以从中产生出来。——谢林手稿中的注释

② 因此那个第三者必须1）直接以对立为条件；2）对立也反过来以第三者为条件。但对立以什么为条件？它只有通过朝向同一性的**努力**才是对立。因为如果没有向着同一性的努力，就没有对立。——谢林手稿中的注释

③ 自然是一个持续向着同一性**努力**的活动，为了**作为**活动本身延续下去，它必须持续以对立为前提。——谢林手稿中的注释

由于那个第三者本身**预设**了原初的对立，因此对立本身并不能由此被**绝对**地取消，第三者延续的条件【第三者活动或自然的条件】是对立的不断延续，反之亦然，对立的延续以第三者的延续为**条件**。

但是对立应当如何被设想为延续的呢？

我们有一组原初的对立，整个自然都应当位于它们的界限之间；假设对立的因素真的能彼此过渡，或者能在任意一个第三者【一个个别的产物】中绝对地相遇，那么对立就被取消了，与之一同被取消的还有那种**努力**，以及自然的全部活动。—— 只有当对立是**无限**的时，对立的延续才是可以被设想的 —— 最外层的界限被无限分隔，**总是只有中介性的环节被生产出来，最终的、绝对的综合本身永远不能被生产出来**，也就是永远不能出现绝对的无差别点，始终只能出现**相对的无差别点**，每一个产生出来的无差别都仍然余留对立而尚未取消，后者再一次过渡为无差别，这个无差别再次**部分地**取消原初对立。产物是通过原初对立和向着无差别的努力而产生的，但产物只是**部分地**取消了对立；**通过**对这一部分的取消，也就是通过产物本身的产生，出现了一个与被取消的对立不同的新的对立，由此产生了与最初的产物不同的产物，但它也使得那个**绝对**的对立未被取消，因此它再次成为二元性，借此又产生了一个产物，如此以至于无穷。

假设c和d两个对立项通过产物A被统一在一起，但在这个统一之外还存在b和e的对立。这组对立在产物B中取消自身，但也是这个产物使得a和f的对立未被取消 —— 假设a和f标志了最外层的界限，那么它们的统一就是那个永远无法抵达的产物。

在最外层的a和f之间还存在着c和d的对立、b和e的对立，但这种中间环节的序列是无限的，**所有**这些中间对立都被把握在那个唯一的绝对对立之中。—— 在产物A中，a只取消了c，a中余留下来的称之为b，f只取消了d，f中余留下来的称之为e，这样一来，尽管它们凭借向着无差别的绝对努力再次被统一起来，但却使一个新的对立未被取消 —— 因此在a和f之间留下了中间对立的无限序列，对立在其中被绝对取消的产物永远不存在，只是**将要**存在。

这个无限进展的构形可以这样来表述。—— 原初对立必须在原初产物A中取消自身。产物必须位于无差别点a和f之间，但由于对立是绝对的，它只能在一个无限进展的（永远不现实存在的）综合中被取消，因此，A必须被设想为无限圆周的中点（其直径是无限的线af）。由于在产物中，只有c和d被a和f统一了起来，因此产物中产生了新的二分，即b和e，因此产物自身向着对立的方向分离，当朝向无差别的努力占据优势时，b和c会在这一点上汇合为一个新的、与最初的产物不同的产物 —— 但在a和f之间还存在着无限多的对立；因此无差别点B是一个圆周的中点，这个圆周包含在最初的圆周之中，但本身又是无限的，如此等等。

b和e的对立在B中是由A来**维持**的，因为它【A】使对立成为**未被统一的**；C之中的对立也【正是】这样由B来**维持**的，因为B再次取消了a和f的**仅仅一个部分**。但只有当A维持B之中的对立时[①]，C之中的对立才由B来维持。因此对立在C和B中导致的后果【假设例如后

[①] A未能取消的对立被转移到B中。但它在B中也仍然不能被完全取消，因此转移到C中。只有当A维持作为B之条件的对立时，C中的对立才由B来维持。

果之一是普遍的万有引力】会经过A的共同影响被**造就**，因此B和C，以及作为中间环节位于a和f之间的无限多的产物，相对于A而言都仅仅是**一个**产物。—— 在c和d统一在一起之后，A中剩余下来的**差异**仅仅是**一个**差异，B、C等再次分有的就是这个差异。

III, 312　　但对立的延续对每个产物而言就是朝向无差别而努力的条件，因此A维持了B中朝向无差别的努力，B则维持了C中的努力。—— 但是A没有取消的对立，只是那一个对立，因此B、C以及无限多产物中的倾向都由A来维持。

如此被规定的有机体无非是万有引力系统中的宇宙有机体。—— **重力**是简单的，但其**条件**是二重性。—— 无差别只是从差异中来的。—— 被取消的二元性就是物质，这是就物质仅仅是**团块**而言的。

绝对的无差别点不存在于任何地方，而是仿佛分布在很多**个别物**上。—— 从中心出发构形圆周的宇宙**寻找**着一个点，自然最外层的对立在这个点上取消自身；这种取消是不可能的，这保证了宇宙的无限性。

产物A没有取消的对立被转移到一个新的产物B上；它对B而言会成为二元性和万有引力的原因（这种**转移**就是人们称之为分布效应的东西，这一理论从这一点出发才能被理解）。[①] —— 例如，由于太阳在它的作用范围内只是**相对的**无差别，因此它维持了下属天体

[①] 分布始终只存在于一个情况下，即一个产物中对立没有被绝对取消，只是**相对被取消**。——谢林手稿中的注释

具有重力的条件,即对立。①

无差别性在每一刻被取消,又在每一刻被重建。因此重力不仅在静止的物体中发挥作用,也在运动物体中发挥作用。——【因为】每一刻,二元性的普遍重建和再次取消只能显现为对一个第三者的倾向(nisus);这个第三者【它是一个单纯的零】是抽象掉了倾向的,它是无【= 0】,因此仅仅是**观念性的**(仅仅表明了方向)一个**点**。②对每一个整全的产物而言,重力【重心】只有**一个**【因为对立只有一个】,因此相对的无差别点也只有**一个**。个别物体的无差别点仅仅标志了它倾向于普遍无差别点的线性方向;因此这个点可以被视为重力发挥作用的唯一的点;对我们而言,物体的存在也是如此,只不过倾向是朝外的。③

向这一点的垂直下降不是一个简单的运动,而是一个**复合**运动,令人惊讶的是,这一点没有被更早地认识到。④

重力与质量是不成比例的(质量不就是特殊重力的抽象物吗?

---

① 分布效应作用于物体,在距离这个物体或远或近的地方,朝向无差别的努力取得了相对于对立的优势(正如分布效应在一定距离上显现为被取消,例如磁性物体或带电物体施加在另一物体上的作用)。这种距离上的差异是同一系统中不同天体的差异的根据,因为物质的一个部分比其余部分更容易隶属于无差别性。这样一来,由于一切产物的条件都是差异,差异必须作为一切实存的源泉在每一个时刻重新产生出来,但是也必须被设想为再次被取消的。通过这种持续的再生和复兴,创造在每一刻焕然一新。——谢林手稿中的注释

② 如果对立被取消的话,自然想要并持续努力返回的恰恰是这个零。让我们设想自然的原初状态= 0(实在性的缺乏)。那么零自然只能被设想为自行分化为1-1(因为这=0);但如果我们假设,这个分化不是无限的(如同在1-1+1-1……的无限序列中一样),那么自然就会持续在零和一之间摇摆,这恰恰就是自然的状态。——谢林手稿中的注释

③ **巴德尔**论毕达哥拉斯方阵,1798。——谢林原注

④ 唯一的例外是一名富有思想的作者在维尔茨堡学术杂志上针对我的《论世界灵魂》所作的评论,我到现在才读到这篇评论。——谢林原注

它对特殊的重力而言仅仅是被预设的），一个物体的质量反而只是一个时刻的表达，这一刻，对立在物体之中取消自身。

d）目前为止，普遍的物质建构就完成了，但对物质的特殊差异的建构还没有完成。

B、C等物质相对于A而言**共同**具有的，是没有通过A被取消的差异，它在B和C之中再次仅仅**部分地**取消了自身 —— 因此经过那个差异中介而来的重力也是如此。

将B和C与A**区分开**的是没有被A所取消的差异，它对B和C而言成了重力的条件。—— 同样如此，将C和B区分开的（当C是下属于B的一个产物时）是没有被B所取消的差异，这个差异又再次转移到了C上。因此，重力对高级和次级的天体而言并不是同一个重力，并且吸引的向心力中所具有的多样性与其条件的多样性是一样多的（参考《初稿》第119页【上文第112页】）。

产物A、B、C**彼此**对立，却呈现为绝对**同质**的产物【因为对**产物整体**而言，对立是同一个】，这些产物中之所以可能存在个别产物的差异，是因为在**取消**对立时各因素之间可能存在不同的关系，例如在X中，肯定性因素占据优势，在Y中，否定性因素则占据优势（这使得一个物体是带正电的，另一个则是带负电的。—— 所有差异都只是电性的差异）。①

e）物质的同一性不是**绝对的**同一性，而仅仅是**无差别性**，只有同一性的一再被取消和伴随着这种取消的现象可以证明这一

---

① 这里预设的是，我们称为物体的质的东西，以及被我们习惯性视为同质性东西和一切异质性的根据的东西，实际上只是对一种被取消了的差异的表述。——谢林手稿中的注释

点。① —— 为了简洁起见，我们可以将那种一再取消及其导致的现象用**动态过程**这个表述来把握，但可以理解的是，这种过程是否真的普遍存在还未可知。

动态过程有多少阶段，从差别到无差别的过渡就有多少阶段。

αα）第一个阶段通过客体来表现，**其中对立的再现和再次取消在每一刻都还是知觉的客体。**

整个产物在每一刻都重新被再生产出来②，换言之，在产物中取消自身的对立，在每一个瞬间都产生新的对立，但这种差异的再生直接迷失在**普遍重力中**③；因此只能在**个别**的客体上知觉到这种再生，这些客体之间显现出引力，因为当对立的一个因素遭遇其对立面（另一个因素），**这两个因素就会彼此成为有重力的**，因此在这种情况下，普遍重力并没有被取消，而是在普遍重力的**内部**发生了一个特殊的重力。——这样两个产物彼此就像是地球和磁针，其中无差别性的不断取消与两极之间的万有引力彼此区分开来④，不断回到同一性中⑤与普遍差别点上的万有引力彼此区分开来。——因此**客体并不是客体，客体本身的再次被生产才是客体。**⑥

---

① 这个命题的最后一部分在手稿中是这样的：质的建构在经验中只能通过下面这一点被证明，即一再取消同一性以及与之相伴随的现象。——谢林手稿中的注释
② 每个物体都必须被设想为在每一刻被再生产的，因此也是每一个整全的产物。——谢林手稿中的注释
③ 正因为**普遍者**是普遍的，它永远不会被知觉到。——谢林手稿中的注释
④ 这也证实了上文已经谈及的内容，即中心点的降落是一个复合的运动。——谢林手稿中的注释
⑤ 对立的活动彼此取消。——谢林手稿中的注释
⑥ 或者，客体会在变化的第一阶段或者从差别到无差别的过渡中被观察到。磁性的现象恰恰作为一种阻碍，将我们置于产物的彼岸，这对于构建产物而言是必要的。——谢林手稿中的注释

ββ）在最初的阶段，产物的同一性中再次显现出其双重性，在第二阶段上，对立自行产生分化并且分布在不同的物体（A和B）上。对立的一个因素在A中占据**相对**优势，另一个因素则在B中占据**相对优势**，那么按照αα）中同样的规则，诸因素**彼此之间**产生**万有引力**，并由此产生出一种新的无差别，当每个因素中重建起相对平衡时，引力会返回到**斥力**①（引力和斥力的交互是物质被观察到的**第二个阶段，即电**）。

γγ）产物的因素之一在第二阶段上仅仅具有**相对的优势**②，它会在**第三个阶段**获得**绝对的优势** —— 原初的对立会通过物体A和B再次被完全表现出来 —— 物质将会回到变化的**第一阶段**。

第一阶段上存在的还是没有载体的**纯粹差异**【因为从差异中才第一次产生出载体】，第二阶段上存在的是两个彼此对立的**产物**的**简单因素**，在第三阶段上存在的是**产物本身**，这些产物是彼此对立的；这就是**第三潜能阶次上的差异**。

如果两个**产物**彼此绝对对立③，那么每个个别产物中**重力**的无差别性（产物通过重力才**存在**）都必须**被取消**，而且它们必须**彼此**

---

① 这会带来一种对立的效应 —— 一种**否定性**的吸引，换言之，排斥。—— 排斥和吸引之间就像肯定性的量和否定性的量之间的关系。排斥不过是否定性的吸引，吸引只是否定性的排斥：因此，当吸引达到最大值时，它就过渡为自己的对立面，即排斥。——谢林手稿中的注释

② 这些因素被表示为正电和负电，因此在第二阶段上，正电对负电具有相对优势。——谢林手稿中的注释

③ 不再是两个产物的个别因素彼此对立，而是整个产物彼此之间绝对对立。——谢林手稿中的注释

吸引。①在第二个极端上只存在着**诸因素**彼此之间的交互吸引 ——
这就是产物之间的吸引。②—— 因此这个过程也首先针对**产物的无
差别物**,换言之,产物消解自身。

有差别的地方,同样也有无差别,因此**产物**之间的差别也只能
以**产物**之间的**无差别**告终(所有至今为止被推演出来的无差别性,
只是无载体的因素,或者至少是简单因素的无差别性。—— 这里讨
论的是产物的无差别性)。在获得一个共同产物之前,那种努力是不
会停歇的。那个自身构形的产物从两个方面遍历了两个产物之间的
所有中间环节【例如,特殊重力的所有中间阶段】,直到它处于无差
别状态,并且产物被固定下来。

一般说明

通过【在】最初的建构【中】把产物建立为同一的;这个同
一性再次分解为一组对立,但这不再是附加在**产物**上的对立,
而是**生产力**本身的对立。—— 因此,产物作为产物是【曾经是】
同一性。但即使在产物的领域内也会再次出现第二阶段的二重
性,只有到了第三阶段,**产物**的二重性才会再次成为产物的**同一**

---

① 因为对立在产物中取消自身,但它只能通过重力的无差别性取消自身。因此,如果两个产
物是彼此对立的,因此每个**个别的**产物中,无差别性都被绝对地取消了,整个产物都必
须彼此吸引。——谢林手稿中的注释
② 在电过程中活动的**不是整**个产物,仅仅是产物的一个因素,这个因素相对于其他因素
而言占据优势。在化学过程中,当**整个产物**活动时,整个产物的无差别性也必须被取
消。——谢林手稿中的注释

性。① —— 因此这里存在着从正题到反题再到综合的一个发展进程。—— 物质最终的综合 —— 以化学过程告终,如果要进一步组合,那么这个进程的圆圈就必须再次开启。

必须让我们的读者自行判断,这里所介绍的原则会得出怎样的结论,自然现象中会出现怎样的普遍联系。—— 然而举例来说,当重力的纽带在化学进程中自行解开时,光的最完全状态(作为燃烧过程)伴随着化学过程,**光**的现象是一种特殊的现象,它进一步证实了初稿第146页所说的:"光的活动必然与重力的活动处于隐秘的关联中,重力的活动是由中心物体施加的。"—— 既然重力始终被预设为对无差别性的不断取消,那么重力的无差别性难道不会在每一刻自行消解吗? —— 因此,太阳通过对地球施加的分布效应,使物质普遍地分离为原初的对立(并由此产生重力)。那种普遍的、**对无差别性的取消**,对(活生生的)我们而言显现为**光**;因此,**只要无差别性自行消解(在化学过程中),就必然有光向我们显现**。—— 按照前面的论述,**那一个**对立从磁开始,经过电,最终迷失在化学现象中。② 在化学过程中**整个产物**要么带正电,要么带负电(带正电的

---

① 由此我们便得出了动态过程的下述图示:
　　第一阶段:产物的统一体 —— 磁性。
　　第二阶段:产物的二重性 —— 电。
　　第三阶段:**产物**的统一体 —— 化学过程。——谢林手稿中的注释
② 上文已经部分地预见到了从动态现象的建构中可以得出的结论。下面的内容将做出进一步解释。
　　例如,最完全状态的化学过程就是燃烧过程。但我已经在别处指出过,燃烧物的发光状态无非就是其正电状态下的最大值。因为带正电的物体,一般也是可燃烧的物体。光的现象与最完全状态的化学过程共存,这难道不能说明自然中**一切**发光现象的根据吗?(转下页)

物体在绝对**不被点燃**的情况下往往是**更易燃的**①，相反，**绝对不可燃物**则是一切**负**电性质的原因），事情一旦可以反转过来，那么物体除了是凝练的（受阻的）电之外还能是什么呢？—— 在化学过程中，整个物体消解为正电或负电。在原初的对立中，光无处不是**肯定性**因素的显现；因此，在对立被建立起来的地方，对我们而言就呈现为**光**，因为一般而言只有肯定性的因素被直观，否定性的因素只是被感受到。—— 磁针的日偏差和年偏差之间的关系可以通过光来把握吗？—— 并且，对立在每个化学过程中消解自身。—— 光可以被把握为一切化学过程的开端吗？②

（接上页）那么在化学过程中究竟发生了什么？两个完整的产物彼此产生引力。因此**个别物**的**无差别性**被**绝对**取消。这种对无差别性的绝对取消将整个物体置于发光状态中，正如部分的物体在电过程中处于部分的发光状态中。因此，那似乎是从太阳流向我们的光，无非是无差别性每一刻被取消的现象。由于重力永远不会停止发挥作用，因此它的条件，即对立，必须被视为时时刻刻重新产生出来的。我们将光视为持续不断的重力的可见现象，这解释了，为什么宇宙中的物体作为重力的主要来源同时也是光的主要源泉，也解释了，光的活动与重力的活动处于**何种**关联之中。

光具有多种效应，令磁针偏转、对大气电场和有机自然的效应，这些都可以解释为光是无差别性不断被取消的现象，是不断被再次激发起来的动态过程的现象。

因此，弥漫在所有动态现象中，包括磁、电和光的现象中的是同一个对立，比如，作为电现象的条件的对立，必须已经包含在物质最初的建构中。因为所有物体都是带电的。——谢林手稿中的注释

① 或者反过来说，更易燃的物体往往也是带正电的；这就说明了，被点燃的物体只是达到了正电量的最大值。——谢林手稿中的注释
② 事情正是如此。那么什么是绝对不可燃物呢？毫无疑问，就是所有其他东西借以被燃烧的 —— 氧。但这个绝对不可燃物，即氧，恰恰也是负电的原则，因此证实了我在《一种自然哲学的理念》（第一卷，第130页）中所说的，氧是一种否定性的原则，同时也是吸引力的代表，而燃素或燃素一类的东西带正电，是肯定性东西的代表或者是排斥力。长久以来我们都认为，磁、电、化学现象，乃至最终的有机现象，都交织在一个巨大的关联中。这个关联必须被建立起来。—— 电和燃烧过程的关联当然可以通过很多实验来呈现。我在这里介绍我所知晓的一个最新实验。见于**舍雷尔**（Scherer）的化学期刊中。（转下页）

III, 320   **f）动态过程无非是物质的第二次建构，动态过程有多少阶段，物质的原初建构就有多少阶段。**

III, 321   这个命题与命题e）是相反的。①动态过程中在产物上被知觉到的东西，发生在产物的**彼岸**，连同二元性的简单因素。

原初生产过程的开端是生产力受到原初对立的限制，原初对立**作为**对立（并且作为一切建构的条件）只有在**磁**中能够被区分出来；生产活动的第二阶段是扩张与收缩的**交替**，这个交替本身在**电**中仍然是可见的；最终的第三阶段是从交替向无差别性的过渡，这个过渡本身在**化学**现象中仍然是可以辨认的。

磁、电和化学过程是自然【物质】的原初建构的**范畴** —— 原初

（接上页）当一个装有铁屑的莱顿瓶被反复充电和放电，并且在一段时间后取出那些铁并放在绝缘体上，比如纸上时，它会开始加热，变得红热，并转化为一种铁的氧化物。—— 这个实验值得重复和更详细地研究 —— 它很可能导致新的发现。

这种巨大的关联是物理学科学必须建立起来的，它延伸到整个自然中。因此，它一旦被建立起来，就会给整个自然的**历史**带来新的视角。例如，一切地质学都必须从地球磁场出发。而通过地球磁场，地球的电场也必须被确定下来。甚至可以通过磁针的不规则运动来显示南北与磁性之间的关系。——重力以及磁性具有无差别点，普遍的电也是如此，它与普遍的燃烧过程联系在一起，火山的现象也与之相关。

因此可以明确的是，从普遍的磁性到火山现象之间存在着一个链条。其中的一切都只是个别的尝试。

为了**彻底**证明这种联系，我们还需要一个核心现象或者一个核心实验，正如培根所预言过的那样 —— 我指的是一个将物质的那些功能、磁性、电等全部汇聚在一个现象中的实验，它们都是可以**个别地**区分开来的 —— 一个不会直接迷失在另一个中，而是每一个都能被单独呈现出来。这样的实验一旦被发现，它对**整个**自然而言，必然相当于电化实验对有机自然而言。——谢林手稿中的注释

（请参考法拉第[Faraday]最新的发现[1832]。全集最后一卷，第一部分，第15页。——原编者注）

① 证明：所有动态现象都是从差别向无差别过渡的现象。但物质恰恰是在这种过渡中被原初地建构起来的。——谢林手稿中的注释

建构对我们而言是不可直观的,但这些范畴则是遗留下来的固定东西,是物质建构的普遍图示。①

并且 —— 我们将这个圆圈终止于它的起点,比如有机自然中,每个有机体的敏感性、应激性和构型本能的阶序中包含着**整个有机自然**的生产过程的秘密,在磁、电和化学过程的阶序中也包含着**自然从自身出发的【整个自然的】**生产过程的秘密②,这些阶序在个别物体上也是可以区分出来的。

C.

III, 322

现在我们更加靠近任务的解决了,也就是要为有机的、无机的自然找到一个共同的表达。

无机自然是**第一个潜能阶次的产物**,有机自然则是**第二个潜能阶次的产物**③(上文已经确立了这一点;我们马上就要指出,有机自然还是一个更高的潜能阶次的产物) —— 因此有机自然对无机自然而言显现为偶然的,无机自然对有机自然而言则显现为必然的。无机自然可以以**简单**因素为开端,有机自然只能以**产物**为开端,产物再次

---

① 在上文提到法拉第的最新发现时,作者引用了此处文本(原版的第75页),也包括《动态过程的普遍呈现》(《思辨物理学杂志》,第一卷,第2册;全集的第4卷)中第56页及以下的内容(还是在伏特发明电池**之前**写就的),为的是证明他**预先提出的观点**,即新近的研究证实了电的对立和化学的对立,磁现象和化学现象之间存在**统一体**(余下的请参考第319页的注释2)。——原编者注

② 每个个体都是对整个自然的表达。**个别的**有机个体的实存取决于阶序,整个有机自然也是如此。有机自然获得其产物多样性的唯一途径,就是无限地改变物质中那三个功能之间的关系;因为磁、电和化学过程是普遍的物质功能,并且因此才是构建所有物质的范畴。它们三者不是个别物质的显现,而是**普遍的物质功能**,这是动态物理学真正的、内在的意义,并且使得动态物理学远超其他物理学。——谢林手稿中的注释

③ 因为有机产物只能在与一个外部自然的抗争中被思考为持存的。——谢林手稿中的注释

成为元素。因此，无机自然一般会显现为自古以来就有的，有机自然则会显现为**产生出来的**。

无差别性出现在有机自然中的方式，不会和它出现在无机自然中一样，因为生命恰恰在于**阻挠其达到无差别性**【阻挠从生产力向产物的绝对过渡】，这样一来就只会产生出一个自然仿佛受迫的状态。

物质通过化学过程已经被第二次组合起来了，它通过有机化再次回到了构形的起点（上文描述的源泉再次被打开）；一再被掷回构形之中的物质最终回到最完整的产物，这并不是什么奇事。

自然的生产过程最初经历过的阶段，有机产物的生产过程也经历了一遍，只不过后者在最初的阶段就已经至少是开端于**简单的**潜能阶次的产物了。—— 有机产物也开始于对**产物的生产力**的限制，而不是对**原初**生产力的限制，有机的构形也和原初的构形一样通过扩张和收缩的交替而发生，但这个交替并不发生在简单的生产力中，而是在组合的生产力中。

但在化学过程中也存在着一切①，并且它们确实在化学过程中达到了无差别。因此生命过程必须是比化学过程更高的潜能阶次，如果化学过程的基础图示是二重性，那么生命过程的图示就必须是**三重性**【生命是第三个潜能阶次的过程】。但三重性的图示【实际上】是电化过程的【基础图示】（里特尔的证明等，第172页），因此电化过程（或者激发的过程）处于一个比化学过程更高的潜能阶次，化学过程所缺乏，但电化过程则具有的第三者，阻碍了有机产物中

---

① 化学过程也没有无载体的或简单的因素，它以**产物**为因素。——谢林手稿中的注释

出现无差别性。①

但由于个别产物中的激发过程不能达到无差别性，对立却就在那里（因为那个原初的对立始终跟随着我们）②，因此对于自然来说，只剩下诸因素分化在**不同的**产物中。③—— 正因如此，个别产物的构形不可能是完全构形，产物也永远不能停止生产。④—— 自然之中的矛盾在于，产物是**生产性的**（换言之，是第三潜能阶次的产物），而产物作为第三潜能阶次的产物应当向无差别性过渡。⑤

自然试图通过用**生产力**中介**无差别性**本身来解决这个矛盾，但这并不成功，因为生产力的活动只是一个新的激发过程的火花；生产力的产物是一个**新的生产力**。—— **个体**的生产力当然就过渡为这个新的生产力，因此个体或快或慢不再是生产性的，但也因此不再

---

① 同样的推演也见于《初稿》第177页【上文第163页】。——按照《初稿》中所言，动态的活动也是可激发性的原因，这已经足够清楚了。**普遍的活动**处处以无差别性的取消为条件，它最终趋向于嵌套（产物的无差别状态），与应激过程不同的是，它不再持续受阻。——谢林原注

② 我们在此俯视着力量的深渊，它通过这个问题敞开自身：新个体的生成只有以地球上对立的潜能阶次为条件才是可能的，我们对地球的**最初**建构中是否有此的根据呢？参考康德在他的人类学中关于这个话题的说法。——谢林原注

③ 两个因素永远不可能是**统一体**，而是必须分化在不同的**产物**中——这样一来差异才能是永恒的。——谢林手稿中的注释

④ 第一甚至第二潜能阶次的无差别性出现在产物中，例如，通过激发活动本身会产生一个**团块**的开端【换言之，产生第一种秩序的无差别性】，并且产生出**化学的产物**【换言之，产生第二种秩序的无差别性】，但并不会产生第三个潜能阶次的无差别性，因为第三阶次的无差别性本身就是一个矛盾的概念。——谢林原注

⑤ 产物只有作为第三潜能阶次的产物才是生产性的。但生产性产物的概念本身就是一个矛盾。凡是生产力的就不是产物，凡是产物的就不是生产力。因此第三潜能阶次的产物本身就是一个矛盾的概念。由此可见，生命是一种高度人工性的、挤压着自然、与自然的意志相悖的状态。——谢林手稿中的注释

是第三潜能阶次的产物,在它下降为第二潜能阶次的一个产物后①,自然才凭借它达到无差别点。

III, 325　　那么所有一切得出了什么结论呢？——有机(包括无机)产物的条件是二元性。但有机的**生产性产物**是其所是的唯一条件是,**差别永远不会成为无差别**。

【因此】将有机产物和无机产物的建构带入一个**共同的**表达中是**不可能的**,任务不正确,因此答案也是不可能的。任务的前提是有机产物和无机产物彼此**对立**,因为有机产物仅仅是无机产物的**更高的潜能阶次**,并且只能通过更高潜能阶次的力量被产生出来,后者也是通过这种力量被产生出来的。——敏感性只是磁的更高潜能阶次,应激性只是电的更高潜能阶次,构型本能只是化学过程的更高潜能阶次。——但敏感性、应激性和构型本能都仅仅被把握在**一个**激发过程中(电化现象影响了它们全部)。②但它们仅仅是磁、电等
III, 326　的更高的功能,因此对它们而言,自然中必须存在这样一个更高的

---

① 生命来自何种矛盾,生命一般而言仅仅是**普通**自然力量的一个升级状态,这无非意味着自然通过**性别**想要达到,却未能达到的矛盾。——大自然**憎恨**性别,性别产生之处,皆是对自然的意志的违背。性别的分化是一种不可避免的命运,一旦自然成为有机的,就必须服从这种分化,永远不能克服它。——通过对这种分化的憎恨,自然发现自己陷入了一个矛盾之中,即它必须费尽心力地塑造反对它的东西,并将其引向实存的巅峰,仿佛这就是它所关心的事情,因为它总是希望回到种的同一性中,但这与(永远无法取消的)性别的二重性是绑定在一起的,后者是其不可避免的条件。——自然是为了种而被迫塑造个体,这只能解释为,当它**似乎**想要更长久地保存一个物种时(虽然事情从来不是这个情况),物种却变得更加不安全,因为它必然将性别分得更远,仿佛要逃离彼此。在自然的这个领域中,相比性别更加靠近的领域而言,个体的衰败很快变得不那么可见了,它们在诞生之初就被盛放在一个圣杯之中,如同在一张婚床上,但**物种**也正因如此才得到了**保障**。——谢林手稿中的注释

② 它对在生产力的效应(正如这个力量的特殊状态反过来对电化现象产生的效应)没有得到必要的、有益的关注。参考《初稿》第193页【上文第177页】。——谢林原注

综合①，它毫无疑问只能在自然中被找到，因为自然作为整体来看是**绝对**有机的。

这也是所有真正的自然科学必然会导向的结论，即有机自然和无机自然的差异仅仅在自然中才是客体，自然作为原初**生产性**的自然在有机和无机之间摇摆。②

我们还能做出一点补充，但并不是为了这个补充本身，而是为了辩护上文中关于我们的体系与至今为止所谓动力学体系之间的关系的说法。—— 如果有人问，那个原初的、在产物中被取消的，或者至少被固定下来的对立在反思的立场上体现为什么，那么通过对产物的分析，可以得出最恰当的描述莫过于，通过**扩张力**和**吸引力**（或者延缓的力），在这两种力之外还必须有**重力**作为第三者，扩张力和吸引力只有通过重力才成其所是。

但是这个描述只适用于反思或**分析**的立场，完全不能用于**综合**，因此我们的体系止于**康德**及其追随者开启动态物理学的地方，也就是对立在**产物**中出现的地方。

再次，作者将一门思辨物理学的初始根据移交给这个时代的思想者们，他请求他们在这门打开了广阔前景的科学中共同努力，以此来弥补他们在力量、知识或外部环境上所缺乏的东西。

---

① 参考上文的注释，第14页【这里的第279页】。——谢林原注
② 因此是同一个自然通过同样的力产生出有机的和普遍的自然现象，只不过这些力量在有机自然中处于一个更高级的状态。——谢林手稿中的注释

人名索引

（说明：条目后面的页码是指德文版《谢林全集》的页码，即本书正文中的边码。）

B

Baader, Franz Xaver von 巴德尔（1765-1841）III, 242, 265, 267, 313

Bacon, Francis 培根 III, 279, 319

Blumenbach, Johann Friedrich 布鲁门巴赫 III, 60, 194-195, 204

Brandis, Joachim Dietrich 布兰迪斯 III, 173

Brown, John 布朗 III, 61, 87, 89, 145, 153-154, 175-176, 223, 225, 228, 232-233, 235

D

Descartes, René 笛卡尔 III, 188-189

Darwin, Erasmus 达尔文 III, 167

E

Epikur 伊壁鸠鲁 III, 114, 274

Eschenmayer, Carl August von 埃申迈耶尔 III, 23, 228

Euler, Leonhard 欧拉 III, 131

F

Fontana, Felice 冯塔纳 III, 210

Franklin, Benjamin 富兰克林 III, 113, 122

G

Gall, Franz Joseph 高尔 III, 58

Gallini, Stefano 加利尼 III, 148

Gehlen, Adolph Ferdinand 盖勒 III, 254

Goethe, Johann Wolfgang von 歌德 III, 36, 172

H

Haller 哈勒 III, 82, 211

Harvey, William 哈维 III, 192

Herder, Johann Gottfried 赫尔德 III, 195

Herschel, Friedrich Wilhelm 赫舍尔 III, 113, 126

Hunter 亨特尔 III, 133, 170

Humboldt, Alexander von 亚历山大·冯·洪堡 III, 163, 177

I

Ingen-Housz, Jan 英格豪斯 III, 215-216

K

Kant, Immanuel 康德 III, 14, 17, 24, 31, 56, 58, 68, 73, 99, 101, 103, 114-117, 122, 124, 132, 158, 264-265, 267, 281, 299, 323, 326

Kielmeyer, Karl Friedrich 基尔迈尔 III, 195

L

Lambert, Johann Heinrich 兰贝特 III, 134

Lesage, Georges-Louis 勒·萨奇 III, 3, 97-98, 274

Lichtenberg, Georg Christoph 利希滕贝格 III, 109, 128, 257

Linné, Carl von 林奈 III, 65

M

Mendelssohn, Moses 门德尔松 III, 184

N

Newton, Isaac 牛顿 III, 26, 36, 99, 124-125

P

Pallas, Peter Simon 帕拉斯 III, 44

Pfaff, Christoph Heinrich 普法夫 III, 216

Prevost, Pierre 普雷沃斯特 III, 208

R

Reil, Johann Christian 赖尔 III, 74

Reimarus, Johann Albert Hinrich 莱马鲁斯 III, 183-184

Ridley, Henry 里德利 III, 203

Ritter, Johann Wilhelm 里特尔 III, 139, 323

Röschlaub, Andreas 罗施劳布 III, 89, 213, 216

S

Schäfer, Johann Ulrich Gottlieb 谢费尔 III, 238

Scherer, Alexander Nicolaus 舍雷尔 III, 319

Sömmering, Samuel Thomas 泽默林 III, 195, 204, 255

Spinoza, Baruch de 斯宾诺莎 III, 160, 273

Steffens, Henrik 斯蒂芬斯 III, 149

Swammerdan, Jan 斯瓦默丹 III, 46

V

Vergilius Maro, Publius 维吉尔 III, 191

Vicq' d'Azyr, Félix 维克-达齐尔 III, 215

Volta, Alessandro Giuseppe Antonio Anastasio 伏特 III, 139, 163-164, 295, 321

主要译名对照

A

A priori 先天
Abartung 变种
Abhandlung 论著
ableiten/ Ableitung 推演
Absolute, das 绝对者
Abstraktion 抽象物
Aether 以太
Afficirbarkeit 可刺激性
Affinität 亲合性
Affinitätsphäre 亲和范围
Affirmative, das 肯定性东西
affirmiren / Affirmation 肯定
Akt 行动, 活动
Aktion 活动
Alkali 碱
Allgemeine, das 普遍东西

Amphibion 两栖动物
Anatomia comparata 比较解剖学
Anlage 原基
Anorgische, das 无机东西
Ansatz 萌芽
an sich 在其自身
Anzahl 数量
Anziehung 吸引, 引力
Anziehungskraft 吸引力
Art 种类, 类型
Arterie 动脉
assimilieren 同化
Athmen 呼吸
Atmosphäre 大气
Atomistik 原子论
Atomistiker 原子论者
Atomenstrom 原子流

Attraktion 吸引
auflösen / Auflösung 溶解，分解
ausdehnen 延展
Ausdehnung 延展性
Außenseite 外表
Außenwelt 外部世界
Azote 氮/氮气

B

Band / das Bindende 纽带
Beharren 固持
Betrachtung 考察
Bezug 关联
Bilden 构形活动
bilden / Bildung 构形
Bildungskraft 构形力
Bildungstrieb 构形本能

C

Capacität 容量
Causalverhältnis 因果关系
Centralkraft 核心力量
centrifugal 离心的
Centrifugalbewegung 离心运动

Centripetalkraft 向心力
chemisch 化学的
Chemik 化学
Cirkel 循环
Clinamen 偏斜
Cohärenz 连贯
Cohäsion 聚合
Cohäsionskraft 聚合力
concentrieren 浓缩
concret 具体的
concurriren 竞争
Construktion 构造
construiren 构造
Continuität 连续性
Contraktion 收缩
Corpuscularphilosophen 微粒哲学家

D

Daseyn 定在
Dauer 绵延
Decomponibel das 可分解者
dephlogistisch 脱燃素的
dephlogistisiren 脱燃素化

desoxydiren 脱氧化

Dichtigkeit 密度

Differenz 差别，差别物

Dimension 维度

Dritte, das 第三位的东西

Dualismus 二元论

Dualität 二元性

Duplicität 双重性

durchdringen 穿透

durchdringende 穿透性的

Durchsichtigkeit 透明性，透明状态

Durtöne 升调

dynamisch 动力学的，动态的

dynamische Atomistik 动力学原子论

E

Egoismus 利己主义

Eigenschaft 特质

Einbildungskraft 想象力

Eine / Eines, das 一，一个东西

einfach 简单

Einfache, das 简单东西

Eingriff 介入

Einheit 统一性，统一体

Einzelne, das 个别东西

Eisen 铁

Elasticität 弹性

Elektricität 电

Element 元素

Emiprismus 经验主义

Empfänglichkeit 感受性

Endliche, das 有限者

Endlichkeit 有限性，有限状态

Entelechie 隐德莱希

Entgegensetzung 对立

entlassen 放任

Entwicklung 发展，发散

Entwurf 草案

Entzweiung 分化，二分

Epigenesis 后成，后成论

Erde 土地，地球

Erfahrung 经验

erkennen / Erkennen 认识，认识活动

Erkenntnis 认识

Erklärungsgrund 说明根据

Erregbarkeit 可应激性

erregen 激发

Erscheinung 现象，显现

Erscheinungsding 现象事物

Erste, das 第一位的东西

Evolution 演化

Expansion 膨胀, 扩张

Expansivkraft 扩张力

Experiment 实验

F

Faktor 要素

Farbe 颜色

Feld 领域

Feste, das 坚固之物

Festigkeit 坚固性

Figur 形象

Flüssige, das 流体

Flüssigkeit 流体, 流动性

Folge 后果

Folgerung 推论

Form 形式

Formel 公式

Fremde, das 异物

Fremdartige, das 异类东西

für sich 自顾自, 为其自身

G

galvanisch 电的, 电化的

galvanische Fluidum 电流体

Galvanismus 电化学, 电化过程

Gattung 类, 物种

Gefäßsystem 循环系统

Gefühl 感觉

Gegenwart 当前

Gehirn 大脑

Gehörsinn 听觉

Geist 精神

Gemeinschaftlich 共同的

Gemeinschaftliche, das 共通之处

Geruchssinn 嗅觉

Geschlecht 性别, 性

Geschlechtsverschiedenheit 性别差异

Geschmack 味觉

Geschmacksarten 味觉种类

Geschwindigkeit 速度

Gesetz 规律, 法则

Gesetzmäßigkeit 合规律性

Gestalt / Gestaltung 形态/ 塑形

Gestaltlossigkeit 无形态性

Gift 毒

Gleichgewicht 平衡

Gott 上帝，神

Göttliche, das 神性

Göttlichkeit 神圣性

Grad 等级，程度

Gravitation 万有引力

Grenze 界限

Größe 大小

Grund 根据

Grundsatz 原理

H

Handlung 行动

Hauptsatz 基本命题

Haut 皮肤

Hemmung 阻碍

Hemmungspunkt 阻碍点

Herz 心脏

Himmel 天，天空

Homogene, das 同质东西

Homogeneität 同质性

Hypothese 假说，假设

I

Ich 自我

ideal 观念性的

Ideale, das 观念东西

Idee / Idea 理念

Identität 同一性，同一

Inbegriff 总括

Indifferenz 无差别，无差别状态

Indifferenzpunkt 无差别点

Individualität 个体性

Inhalt 内容，面积

Incomponibel das 不可组合者

Indecomponibel das 不可分解者

Insekt 昆虫

Instinkt 本能

Intensität 强度

Intussusception 嵌套

Irritabilität 应激性

Irritament 刺激物

Instinkt 本能

Involution 内演

Involutionsystem 内演系统

K

Keim 萌芽

Kern 核心

Kette 链条

Knochen 骨骼

Knochenbau 骨骼结构

Kohle 炭

Kohlenstoff 碳

Kopf 头, 头脑

Körper 物体, 形体, 身体, 天体

Kraft 力, 力量

Kreis 圆, 范围

Kreislauf 循环

Kunst 艺术

Kunsttrieb 艺术本能

L

lebendig 有生命的, 活生生的

Lebendige, das 有生命者

Lebenskraft 生命力

Leib 身体

Leiter 导体

Licht 光

Lichtstrom 光流

Lichtstrahl 光线

Luft 气体, 空气

Lunge 肺

M

Magnet 磁体

Magnetismus 磁

Magnetnadel 磁针

mannichfaltig 多样的, 多元的

Maß 尺度

Masse 团块, 质量

Materie 物质

Maximum 最大值

mechanisch 机械的

Mechanismus 机械论, 机理

Metall 金属

Metallkalk 金属石灰

Metamorphose 变态

Minus 负数

Mischung 混合

Mittel 中介, 工具, 手段

Mittelpunkt 中点

mittheilen / Mittheilung 传播, 传递

Möglichkeit 可能性

Molltöne 降调
Molluske 软体动物
Moment 环节
Monade 单子
Muskel 肌肉
Muskularsystem 肌肉系统

N

Natur 大自然, 本性, 天性
Natura naturans 创生的自然
Natura naturata 被生的自然
Naturerkenntnis 自然知识
Naturgeschichte 自然史
Naturkraft 自然力
Naturlehre 自然学说
Naturmonade 自然单子
Naturoperation 自然进程
Naturphilosophie 自然哲学
Naturseele 自然灵魂
Negation 否定
Negative, das 否定性东西
negativschwere 负重量
Nerv 神经
Nervensystem 神经系统

niederschlagen 沉淀, 凝结
Nutrition 营养

O

Objekt 客体
Objektive, das 客观东西, 客观因素
Objektivität 客观性
Ordnung 秩序
Organ 器官
Organisation 有机体, 有机组织
Organismus 有机论, 有机体
Original das 原初样态
Oxydation 氧化

P

passiv 被动的, 消极的
Peripherie 圆周
Phlogiston 燃素
permanent 永恒的
Permanenz 永恒, 持存
Phosphor 磷
Pol 极, 极点
Polarität 两极性, 两极结构
Polypen 珊瑚虫

Positive, das 肯定性东西
postuliren 假定
Potenz 潜能阶次
prästabilirte Harmonie 前定和谐
Präformation 预成, 预成论
Princip 本原
Proceß 反应过程, 过程
Produkt 产物
Produktivität 生产力
Prophezeiung 预言
Prozeß 过程
Physiologie 生理学

Q
Qualität 质

R
Raumerfüllung 空间充实
Realität 实在性
Reduktion 还原
reduciren 还原
Reflex 反映, 反射
Reflexion 反思, 反射, 反映
Refraktion 折射

Regung 扰动
reiben 摩擦
Reiz 刺激
Reizbarkeit 可刺激性
Reproduktion 再生产, 繁殖
Reproduktionskraft 再生产力
Repulsivkraft 排斥力
retardieren 延缓
Rezeptivität 接受性

S
Sauerstoff 氧
schaffen 创造
Scheinprodukt 伪产物
Schema 图示
Schlußfolge 推论
Schwere / Schwerkraft, die 重力
Secretion 分泌
Sensibilität 敏感性
Sinn 感官, 意义
Sonnensystem 太阳系
Speculation 思辨
Spielart 变种
Sphäre 层面, 球体

Stamm 大类，主干

Starrheit 僵硬性，僵直性

Stoff 材料，质素

Stoß 撞击

Strahl 光线，流，射线

Stufenfolge 阶序

Substanz 实体

Substrat 载体

Synthesis 综合

System 体系，系统

T

Temperatur 温度

Tendenz 趋势，倾向

thätig 能动的

Thätigkeit 行动，活动，能动性

theilbar 可分割的

Tiefe 深度

Totalität 总体性，总体

Trabant 卫星

Triebwerk 驱动机制

Triplicität 三元结构，三重性

tropfbar 滴液态的

U

Unbedingte 无条件者

Undurchdriglichkeit 不可穿透性

Unendliche, das 无限者

Unendlichkeit 无限性

Universum 宇宙

Unthätigkeit 无为

Urbild 原型

Ursache 原因

ursprünglich 原初的

V

Varietät 变体

Veränderung 变迁，变化

Verbindung/Verknüpfung 结合

verbrennen 燃烧

verbrennbar 可燃的

Vergangenheit 过去

Vegetation der Metalle 金属植被

Verhältniß 关系，比例，比例关系

verlieren 迷失

Verstand 知性

Versuch 实验

vertheilen / Vertheilung 分布

主要译名对照 315

vollkommen 完备的
Volumen 体积，容积
Voraussetzung 预设，前提
Vorstellung 表象
Vorstellungsart 表象方式

W

Wachstum 生长
Wahrheit 真理，真
Wasser 水
Wärmeprincip 热本原
Wechselwirkung 交互作用
Welt 世界
Weltanschauung 世界直观
Weltkörper 天体
Weltseele 世界灵魂

Weltsystem 世界体系
Wesen 本质，存在，存在者
Willkür 自愿
Wirklichkeit 现实，现实性
Wirkung 作用，效果
Wurzel 根源

Z

zerlegen 分解
Zerfällungen 解体
Zeugungstrieb 繁殖本能
Zurückstoßung 排斥
Zoophyte 植物动物
Zusammenhang 整体关联，组合
Zustand 状态